中國学術思想 研究輯刊

十七編

林慶彰 主編

第 21 冊

朱子對北宋四子的理解與詮釋

游騰達 著

花木蘭文化出版社

國家圖書館出版品預行編目資料

朱子對北宋四子的理解與詮釋／游騰達 著 — 初版 — 新北市：
花木蘭文化出版社，2013〔民 102〕
目 4+240 面；19×26 公分
（中國學術思想研究輯刊 十七編：第 21 冊）
ISBN：978-986-322-411-2（精裝）
1.（宋）朱熹　2.學術思想　3.宋元哲學

030.8　　　　　　　　　　　　　　　　　102014758

ISBN-978-986-322-411-2

9 789863 224112

中國學術思想研究輯刊
十七編　第二一冊　　　　　　ISBN：978-986-322-411-2

朱子對北宋四子的理解與詮釋

作　　者　游騰達
主　　編　林慶彰
總 編 輯　杜潔祥
出　　版　花木蘭文化出版社
發 行 所　花木蘭文化出版社
發 行 人　高小娟
聯絡地址　235 新北市中和區中安街七二號十三樓
　　　　　電話：02-2923-1455／傳真：02-2923-1452
網　　址　http://www.huamulan.tw 信箱 sut81518@gmail.com
印　　刷　普羅文化出版廣告事業
封面設計　劉開工作室
初　　版　2013 年 9 月
定　　價　十七編 34 冊（精裝）新台幣 60,000 元

朱子對北宋四子的理解與詮釋

游騰達　著

作者簡介

游騰達，臺灣省桃園縣人，畢業於中央大學中文研究所、臺灣師範大學國文研究所博士班。以宋明理學為主要研究方向，博士論文為「湛甘泉哲學思想的發展與完成」，並發表有〈慈湖學說在明代中葉的迴響——以陽明後學評騭「不起意」說為焦點〉、〈陽儒陰釋：論羅整菴、湛甘泉對楊慈湖的評判〉、〈唐君毅先生的朱子學詮釋之省察——以心性論為焦點〉、〈論朱澤澐《朱子聖學考略》對「朱陸異同論」的文獻探析〉等多篇論文。

提 要

　　本文旨在探討朱子如何理解與詮釋北宋周濂溪、張橫渠、程明道與程伊川等四位大思想家，尋索為朱子所重視、承襲並採納之以建立其自身學說系統的關鍵言論，因而討論的焦點集中於朱子參悟中和的過程、仁說的論議，及其對〈太極圖說〉、〈西銘〉的詮釋觀點。

　　在參悟中和方面，朱子首重伊川「心一也，有指體而言，有指用而言」一語，蓋此語與橫渠「心統性情」說極為相似，依此朱子展開心性課題的探究，最終，使得自己的體悟能獲得伊川文獻的印合。

　　在仁說方面，復承繼伊川「仁性愛情」一語，提出「愛之理、心之德」來定義「仁」。前者是由「以愛論仁」一觀點發展而來，為仁、義、禮、智四者並舉下的「仁」。後者則是指存在於吾人身上的「天地生物之心」，故包得四德，可為眾善之本。但朱子對於明道的「識仁」工夫難以苟同，於是提出「克己」為求仁的方法，並以之收攝伊川所言之「公」與明道所論之「一體」。

　　繼之，朱子又對濂溪的〈太極圖說〉、橫渠的〈西銘〉進行過詳盡的詮解。他以理釋太極，使二程之理與周子之太極重相銜接；又以無形表無極，以突顯出理的超越性。並且用伊川所指點的「理一分殊」來詮釋〈西銘〉，「理一」是指萬物同一本源，「分殊」則是說明具體實踐上，必有小大之分，親殊遠近之別。

　　由上述研究可看出朱子如何擷取四子之言來構築一套系統性的學說，另一方面也顯示出其致力於融貫諸子之說，以確立道學的思想內涵。

目次

第一章 緒 論

　　本章說明本論文之研究課題與研究目標之所在，針對此研究方向進而探討研究之範圍與內容，並進一步說明筆者之研究態度與進路。

第一節　問題陳述

　　朱子是八百多年來，東亞最重要的思想家，這一點應該是沒有人會懷疑的，然而對於朱子的學術地位之評定，當代學者們卻有截然不同的看法，而這一問題的焦點便是本論文寫作的開端。

　　依照傳統學界與官方兩方面主流的觀點，朱夫子被視爲是「集（北宋）理學之大成」的思想家，如宋人洪從龍云：「至若紫陽先生集諸儒之大成」，明人王禕曰：「自孔子而後，曾子、子思繼其微，至孟子而始著。由孟子而後，周、程、張子繼其絕，至朱子而復明。朱子之道，固集聖賢之大成者也。」清人江藩也說：「晦翁是宗孔嗣孟，集諸儒之大成者也。」〔註1〕甚至，在具有代表性的學術史《宋元學案》中，全祖望也認爲：

　　　　楊文靖公四傳而得朱子，致廣大，盡精微，綜羅百代矣。〔註2〕

至於當代學者中認同這一觀點的亦不乏其人，依筆者所見，有呂思勉〔註3〕、陳鐘凡〔註4〕、（日）宇野哲人〔註5〕、范壽康〔註6〕、張君勱〔註7〕、孫振青

〔註1〕 轉引自張立文：《朱熹思想研究》（北京：中國社會科學出版社，2001年），頁504。

〔註2〕 （明）黃宗羲編，全祖望補訂：《增補宋元學案》（臺北市：臺灣中華書局，1984年）卷四十八〈晦翁學案〉，頁一。

〔註3〕 呂思勉：《理學綱要》（臺北市：華世出版社，1977年台一版），頁94。

〔註4〕 陳鐘凡：《兩宋思想述評》（臺北市：華世出版社，1977年台一版），頁230。

〔註8〕、（日）友枝龍太郎〔註9〕、張立文〔註10〕、陳來〔註11〕等人，或者如大陸學者所編寫的《中國哲學史》〔註12〕、《宋明理學史》〔註13〕，日本學者所編的《氣的思想》〔註14〕等也都是如此主張。因贊成此觀點的學者甚多，故筆者以下僅酌取錢穆、陳榮捷、馮友蘭、唐君毅四位先生爲代表展開討論。

　　錢穆先生特別標舉朱子爲學的精神重在「會通和合」，即著重尋求古人之共同處，而不在獨抒己見、表明個人之特異處〔註15〕。因而他認爲朱子之學在心性論、修養工夫上承襲二程而發展，又把周、張的理論拿來彌縫二程之所缺〔註16〕（二程多就人上說，朱子復縮合周、張之重就天道立言以融會天人）〔註17〕，且不僅匯通周、張、二程四家，使之會歸合一，又擴大其範圍，及於邵雍、司馬光等人。至於朱子發明超過周、程之處，乃是爲挽合周程以上通孔孟者。是以朱子之「集大成」不僅止於集北宋理學之大成，而是兼集宋學（政事治道、經史博古、文章子集之學）〔註18〕、漢唐儒學（經學）之大成，總之，可謂是集「孔子以下儒學」之大成〔註19〕。

〔註5〕　（日）宇野哲人撰，馬福辰譯：《中國近世儒學史》（臺北：中國文化大學出版部，1982 年重排），頁 202。

〔註6〕　范壽康：《朱子及其哲學》（臺北市：台灣開明書局，1995 年三版），頁 250。

〔註7〕　張君勱：《新儒家思想史》（臺北市：弘文館出版社，1986 年），頁 206、677。

〔註8〕　孫振青：《宋明道學》（臺北市：國立編譯館，1986 年），頁 374。

〔註9〕　（日）赤塚忠等人合著，張昭譯：《中國思想史》（臺北市：儒林圖書，1981年），〈Ⅳ 近世的思想〉（友枝龍太郎撰），頁 245。

〔註10〕　張立文：《朱熹評傳》（南京：南京大學出版社，2000 年 2 刷），頁 564。

〔註11〕　陳來：《宋明理學》（上海：華東師範大學出版社，2003 年二版），頁 124。

〔註12〕　任繼愈主編：《中國哲學史（三）》（北京：人民出版社，2003 年），頁 242。

〔註13〕　侯外盧、邱漢生、張豈之主編：《宋明理學史（上）》（北京：人民出版社，1997年 2 版），頁 424。

〔註14〕　（日）福永光司、山井湧編著，李慶譯：《氣的思想——中國自然觀和人的觀念的發展》（上海：上海人民出版社，1990 年 1 版 1 刷），頁 422。該章節爲山井湧教授所作。

〔註15〕　錢穆：《宋代理學三書隨箚》（臺北市：東大圖書，1983 年初版），頁 216。

〔註16〕　錢穆：〈朱子學術述評〉，《中國學術思想史論叢（五）》（臺北市：東大圖書，1991 年初版 2 刷），頁 168。

〔註17〕　錢穆：《朱子新學案（三）》（臺北市：聯經出版社，2001 年，錢賓四先生全集版本），頁 79。

〔註18〕　錢穆先生又說：「周、張宇宙論形上學的部門，與二程的心性修養工夫會合融和，又加上他（朱子）自己增入的讀書法，三流交匯，宋學遂臻於完整。」見氏著：《宋明理學概述》（臺北市：蘭臺出版社，2001 年），頁 112。

〔註19〕　錢穆：《朱子學提綱》（臺北市：素書樓文教基金會出版：蘭臺網路總經銷，

　　陳榮捷先生則認爲朱子之集大成，約有三端：即新儒家哲學之發展與完成，新儒學傳受道統之建立，以及論孟學庸之集合爲四子書。

　　在「新儒家哲學之完成」一點上，又可舉出四點以爲證明：(1)、確定新儒家哲學之方向（以「理」之觀念爲核心免淪於佛、老之厄）；(2)、理氣關係之釐清（理氣如何依存與孰爲先後等問題）；(3)、太極觀念之發展（創明太極即理以闡釋形上形下、一與多之關係以及創生之過程）；(4)、仁之觀念發展之極致（爲儒家倫理予以形而上學之根據）。至於另外兩端則是朱子本著哲學性的理由所創立與主張者，而其影響又極爲深遠。總而言之，在朱子建立新儒學之大統系後，爾後之儒者均在其所建立的基礎上展開論議，在這一意義上，便可謂朱子集新儒學整個系統之大成。〔註20〕

　　爲了讓問題的焦點更爲集中，我們先來看蔡仁厚先生針對陳榮捷先生的論點所提出的回應，蔡先生說：

> 從朱子遍注群經、纂輯北宋諸儒之文獻，以及廣泛地講論古今之學術上看，的確顯示他「集大成」的樣態；籠統地從文教學術的立場說一句「朱子集北宋儒學之大成」，也似乎未嘗不可。陳榮捷教授認爲：「朱子之集大成，約有三端：即新儒家哲學之發展與完成，新儒學傳受道統之建立，以及論孟學庸之集合爲四子書。」二三兩端自可無異議，而第一端則必須更作商量。因爲所謂「新儒家哲學」正是指「宋明理學」而言。當我們說朱子集北宋「理學」之大成時，便必然會涉及性理學的『義理系統、工夫入路』的問題，此則不可以含混籠統，而必須明辨其分合異同。〔註21〕

蔡仁厚先生提醒說：欲討論這一問題當深入宋明理學的『義理系統、工夫入路』來明辨其分合異同，而不當僅止於寬泛的從朱子的文教學術之活動與其對後世的影響來作判定（案：錢、陳兩位先生的說法從上面的引述來看，當然並非僅止於籠統地從文教學術的立場來評定朱子的地位，但無疑地，這是

2001 年），頁 30。

　　案：限於錢先生《朱子新學案》的著作體例，實較難明確的看出其論證方式。楊儒賓教授曾指出錢先生是採取史學的立場，從兩方面證成朱子的集大成：一是就學派觀點立論，一是從理學的「主要觀念」入手。見楊儒賓〈戰後臺灣的朱子學研究〉，《漢學研究通訊》第十九卷四期（2000 年 11 月），頁 575。

〔註20〕陳榮捷：〈朱熹集新儒學之大成〉《朱學論集》（臺北市：臺灣學生書局，1988 增訂再版），頁 1～35。

〔註21〕蔡仁厚：《儒家心性之學論要》（臺北市：文津出版社，1990 年），頁 131。

他們立論的考量要素之一）。因而也就是說，不當僅從學術史或思想史的觀點來證成朱子是爾後學術思想上的核心人物，便視其爲「集大成」者，而是應該著眼於義理思想的內涵，以哲學的角度來辨析朱子與北宋理學家們之間的同與異，而後始可討論其間的承繼與發展問題。接下來，以此爲標準可以再舉兩說來加以討論。

馮友蘭先生於《中國哲學史》中論及朱子之哲學思想處，開章即表示：「道學家中，集周邵張程之大成，作理學一派之完成者爲朱子。」又說：

> 朱子之形上學，係以周濂溪之〈太極圖說〉爲骨幹，而以康節所講之數，橫渠所說之氣，程氏兄弟所說形上形下及理氣之分融合之。
> 故朱子之學可謂集其以前道學家之大成也。〔註22〕

馮先生此說已較一般寬泛地講「朱子將周子之太極，張子之氣，程子之理，邵子之數加以綜合，而形成一大系統」的說法來得具體，他認爲朱子是以濂溪的〈太極圖說〉爲骨幹來融合諸家的說法，亦即朱子的兼採各家之說是有一主軸作爲核心去融通各家說法，而非只是諸觀點的總和或累積。

但對於這一主軸爲何，論者容或有不同的看法，如上述錢穆〔註23〕與陳榮捷〔註24〕兩先生都主張朱子之學主要是承繼伊川之說而發展的。又如唐君毅先生，他雖然沒有明言「朱子集理學之大成」，但他或許也是如此肯認朱子的地位：

> 朱子之由性理以通太極之理，即朱子之學之由伊川之學以通濂溪者；由理氣之距離，而更及氣之實現理與心之統性情，即朱子之學之更通於橫渠者；其言天理、人欲之別，人心、道心之別，及主敬、涵養、省察、致知之工夫，則又多本諸二程之教爲說。朱子會通綜合此諸義，以註四書五經與昔先聖賢之言，而其學問規模之廣大弘闊，遂爲秦漢而還所未有。〔註25〕

〔註22〕馮友蘭：《中國哲學史》（臺北市：臺灣商務印書館，1999年增訂臺一版4刷），頁896。

〔註23〕錢穆：《朱子新學案（三）》，頁144。

〔註24〕陳榮捷：《朱學論集》，頁12。

〔註25〕唐君毅：《中國哲學原論 原性篇》（臺北市：臺灣學生，1991年，全集校訂版），頁377。
案：唐先生的朱子學研究確實是值得當代研究者加以留心的一個資源，又楊祖漢先生曾爲筆者指出唐先生之說有前後期的差異，這一點應該加以留意，即唐先生後期的說法：肯定朱子有「本心」的觀點，恐在理論上會遇到很大

唐先生曾表示：他是採取「即哲學史以論哲學」的態度與論述方式，將宋明理學之發展視爲一整體而觀其義理流行之大方向。〔註26〕因而唐先生認爲朱子之學乃是由伊川之學、理氣論與心統性情說以融通濂溪、橫渠，而在修養工夫上更是多本於二程之教，甚而以其說遍註四書五經與先賢之言，此即朱子之學之所以爲大，爲秦漢以來所未有者。

　　然而對反於此，則有牟宗三先生極力反對「朱子集理學之大成」一評定〔註27〕。

　　牟宗三先生以其《心體與性體》之巨作，在層層問題的釐清中，步步逼顯二程義理思想的差別，明道以其圓頓的智慧，盛發「一本」之論，完成了內聖圓教的模型。而伊川則本其直線思考的方式，將性體與道體理解爲「只存有而不活動」，因此不自覺地形成了義理的轉向（所謂的「轉向」，簡言之，是指心性爲二，性是理，心屬氣，無本心義；工夫爲後天的順取之路。依牟先生的三系說而言，乃是一與其他可相會通的兩系有本質上的差異之「橫攝系統」）〔註28〕。至於南宋朱子，因爲他的心態同於伊川，故自覺的順成伊川

的困難，即「在宇宙論上視心爲氣，但在心性論上，心不屬於氣」，這樣的說法是很勉強的。可參考游騰達：〈唐君毅先生的朱子學詮釋之省察——以心性論爲焦點〉，《鵝湖學誌》第42期（2009.06）頁31～94。

〔註26〕唐君毅：《中國哲學原論 原性篇》，頁9；《中國哲學原論 原教篇：宋明儒學思想之發展》（臺北市：臺灣學生，1990年，全集校定版二刷），頁9。對於唐君毅先生的宋明理學研究述評，參考高柏園：〈論唐君毅先生對二程理學之理解態度（上）、（下）〉，《鵝湖》第二八卷一一、一二期（2003年05、06月），頁33～40；15～22。高柏園：〈論唐君毅與牟宗三對朱子思想之理解態度〉，華梵大學哲學系主辦：「第四次儒佛會通暨文化哲學學術研討會」（2000.05），http://www.hfu.edu.tw/~lbc/BC/4TH/BC0432.HTM。楊祖漢：《從當代儒學觀點看韓國儒學的重要論爭》（臺北市：臺大出版中心，2005年），頁58～59：459～461。

〔註27〕此外，勞思光先生雖肯定這一評定，但他有一特殊的批判。他認爲朱子學具「綜合系統」之特色，此乃所謂的「集大成」之義。然而他認爲若取嚴格的理論標準與客觀的歷史標準來衡量，則朱子此一綜合工作的成就著實可疑，甚至實構成儒學內部最大之「混亂」。參勞思光：《中國思想史（三上）》（臺北市：三民，2001年初版9刷），頁315～318。
案：勞先生的兩個批判標準，前者是其個人獨特的哲學主張與其對中國哲學史的解釋，後者涉及他對道統的理解。故筆者於此不列入討論。關於前者的評述，參考楊祖漢：《當代儒學思辨錄》（臺北市：鵝湖，1998年初版），頁107～138：315～327。

〔註28〕見牟宗三：《心體與性體（一）》（臺北市：正中，1990年）〈第一部 綜論〉，頁1～113。此處援引蔡仁厚先生之語以說明之，「只存有而不活動」：不活動，是說其道體性體只是靜態的實有、形式的標準，不能妙運氣化而生生不息。「順

的轉向而發展。因此牟宗三先生說：

> 朱子亦並不眞能繼承北宋四家也。其所眞能繼承者亦只伊川而
> 已。……雖大講〈太極圖說〉，然實以伊川之思理理解太極，……是
> 則朱子對於濂溪所默契之道妙根本不能有相應也。至於其對於橫渠
> 隔閡尤甚。是即其並未眞能繼承北宋四家也。〔註29〕

對於牟先生這一觀點，蔡仁厚先生有一詳盡的說明，他說：「朱子雖盛推周張
二子，但他將周子的『太極』解爲『理』（只是理），並不合周子之本意。他
對張子《正蒙》，只欣賞『心統性情』一語而引歸自己系統作解說，至於張子
體悟道體性體心體之實義，則朱子甚爲隔閡。對於程明道之思路，朱子尤其
不能相契；他所讚賞明道之處，都與義理綱領無關。他的系統全以伊川爲綱
領。」〔註30〕且值得注意的是牟先生《心體與性體》三大冊幾乎處處都在證
立此說，如第一、第二冊在論析周濂溪、張橫渠、程明道之義理思想的篇章
中，特別以《朱子語類》卷九十三至九十九，朱子論周張二程之書的文獻作
爲材料兼論朱子對此三人的理解與詮釋之不相契；第三冊之作更是針對朱子
的思想進行縝密的文獻分析以闡明其義理系統之眞相。

　　至此，筆者已將意見不同兩方之觀點作一說明，以下筆者嘗試提出幾點
討論：

　　第一，「集大成」一詞的意義。

　　陳榮捷先生曾表示：著眼於朱子的思想實多有創新，故「集大成」一詞
應重在「成」字而非「集」字〔註31〕。即朱子之所爲非僅只綜合諸儒之不同
概念，非僅爲一結構上之重組或綜合，而實爲一「有機之重建」。〔註32〕蒙培
元先生也說：所謂「集大成」，決不是簡單地兼收并蓄，將各種思想拼湊在一
起，而是經過批判、改造和揚棄，把各種思想加以鍛造，融爲一體，構造出
一個有系統的哲學體系。〔註33〕

取之路」：順心知之明以認知攝取事物之理。「橫攝系統」：心知之明與事物之
理，主客相對，是橫列的認知攝取之關係。見蔡仁厚：《新儒家與新世紀》（臺
北市：臺灣學生，2005年），頁151。
〔註29〕牟宗三：《心體與性體（一）》，頁51～52。
〔註30〕蔡仁厚：《儒家心性之學論要》，頁137，註20。
〔註31〕陳榮捷：《新儒學論集》（臺北市：中研院文哲所，1995年），頁139。
〔註32〕陳榮捷：《朱學論集》，頁8。
〔註33〕蒙培元：《理學的演變——從朱熹到王夫之戴震》（福建：福建人民出版社，
1998年2版2刷），頁21。

從陳、蒙兩先生的討論可知，「集」之活動本身首先已進行了選擇與揚棄，而「成」之活動則有「意義再造」與「系統重建」之意涵，在這兩個步驟之後如何判定其與原作者的本義之距離，實是一大問題。如以橫渠「心統性情」為例，此語為朱子心性論的核心思想，但這一句話在張載的著作中僅為一孤語，意義尚不明確，在這意義上看，恐怕個人的創造多過於繼承。

再者，或可將「集大成」一詞定義為「集問題意識之大成」〔註34〕，此當然亦無不可，而且朱子之學思確有此一特點，但上文討論過筆者主張將此問題限定在以哲學的角度，著眼於義理思想的內涵來辨析朱子與北宋理學家們之間的承繼與發展，故此一定義又將「集大成」一詞的意義放寬了。

故筆者以為既然「集大成」一詞可容受論者不同的詮釋觀點與看法，因此欲採用這一詞語來評定朱子的學術地位當特別小心其產生歧義的可能性，是以終究不妥。

第二，異質的義理系統如何會通。

唐君毅先生曾說「朱子之學原兼綜周張之緣天道以立人道之義，及二程之由性理以一貫天人之義，……朱子之所以能兼綜此二義，亦即因為在理論上，此二義之原有可會通之處。」〔註35〕引發筆者注意的是唐先生強調此兩套義理系統（周張與二程）在理論上「本有」可相會通之處，故朱子得以融通之。

然而若如牟先生所分析的，二程之間具有本質上的差異，而朱子又僅承繼伊川之說，則是否有可能跨越此思想上的鴻溝，融通周、張、明道之說呢？即此兩異質之義理系統是否「本有」可相會通之處？若有，又該如何融通之呢？

牟先生認為伊川、朱子為橫攝系統，「縱貫系統」與「橫攝系統」的關係猶如主幹與輔翼，兩者有主從之別，故最高的綜合型態是「以縱攝橫、融橫于縱」〔註36〕，而非以橫代縱。也就是說當「以直貫衡，則融而為一矣。但

〔註34〕楊儒賓：〈宋儒的靜坐說〉，《台灣哲學研究》第四期（2004.03），頁63。
　　　　杜保瑞先生也有相近的主張：「說朱熹是北宋儒學的集大成者的意義就是在這些哲學問題思路的繼承下成立的。」見杜保瑞：〈朱熹哲學研究進路〉，《哲學與文化》第卅二卷第七期（2005.07），頁98。
〔註35〕唐君毅：《中國哲學原論　導論篇》（臺北市：臺灣學生，1993年，全集校定版二刷），頁421。
〔註36〕牟宗三：《心體與性體（三）》，頁352。
　　　　案：林安梧先生提出朱子之學乃是相對於陽明的「縱貫而橫推」而為「橫攝

朱子若不肯認直貫型態，則不足與言融一。」〔註37〕

易言之，若以工夫論來說，伊川、朱子的義理型態下的工夫論，只能作爲第二義的預備工夫、助緣工夫〔註38〕，無法包含、統括先秦儒學（乃至周、張、大程、陸王心學）的逆覺本心之第一義的立大本工夫，故此兩義理系統充其量只能在有主從的區別下進行互補而不可會通。故就此一方面的意義言，欲評定朱子「集北宋理學之大成」更是難以成立。

由以上的討論，筆者認爲朱子之學恐難以承當「集大成」一評定，但是透過這一問題的探討卻引發筆者進一步研究的興趣，即爲何會產生朱子是否「集北宋理學之大成」一議題呢？

這一問題，就現實上來說，當然是因爲有正反雙方的意見出現始成爭議。但論辯的雙方均同意朱子確實進行了綜合與融通北宋諸子之思想的嘗試性工作（問題只在方向是否正確），故更進一步且較明確的提問是，爲什麼這一問題會發生在朱子身上，而非在其他思想家（同時代或不同時期者）身上呢？

筆者以爲，這或許可以從兩方面來說，一者以朱子討論「仁說」的因緣爲例，朱子曾經致書呂祖謙談到他對「仁」字之義眾說紛紜一狀況的疑惑，並向東萊請教他對諸說的看法。

> 「仁」字之義如何？周子以愛言之，程子以公言之，謝子以覺言之，
> 三者孰近？程子言「仁，性也；愛，情也。豈可專以愛爲仁？」又
> 曰：「或謂訓人、訓覺者，皆非也。」然則言愛、言覺者皆非耶？孟
> 子曰：「仁，人心也。」前輩以爲言仁之切無如此者，其說安在？且
> 程子以爲性，孟子以爲心，其不同者又何耶？〔註39〕

在該函中，朱子僅發問而未提出任何主張與看法，故此函當在進行「仁」說的論議之前。此封信之所以有意義乃在於其反映出在朱子當時（也是其思想成立之際），南宋初期的思想界存在著多元的聲音，不同的看法，或者說進入

而歸縱」，以回應牟先生的觀點。見林安梧：〈我對朱子哲學的一些看法〉，華
梵大學哲學系主辦：「第八屆儒佛會通暨文化哲學學術研討會」（2005.03），
http://www.hfu.edu.tw/~lbc/BC/8th/pdff/8.pdf。

〔註37〕 牟宗三：《從陸象山到劉蕺山》（臺北市：臺灣學生書局，2000年再版4刷），
頁99。

〔註38〕 牟宗三：《從陸象山到劉蕺山》，頁91～92。

〔註39〕 （宋）呂祖謙撰，呂祖儉、呂喬年編：《東萊別集》（《文淵閣四庫全書》第1150
冊）卷十六〈答朱侍講所問〉，頁八。（ 以下本文引用《東萊集》，《東萊別集》，
《東萊外集》皆爲此版本。）

一分歧的發展境況，光是「仁」之一字，就有以愛言、以公言、以覺言三說，然而程子卻反對以愛言、以覺言；至於龜山先生盛讚孟子「仁，人心也」一句，稱其語仁最爲親切〔註40〕，此又何故？然而程子卻以仁爲「性」，又不同於孟子以仁爲「心」，其不同又何別？

　　身處此一時代風潮下的朱子敏銳的感受到有必要針對諸如此類的現象一一探個究竟，尤其是洙泗之統豈可與孔、孟之說有異。然而在朱子的一番大刀闊斧之努力下，「宋代道學話語」〔註41〕之基礎得以確立，往後理學的發展便幾乎是在朱子的基礎上進行。因而也就是說，朱子之所以會進行這一會通諸子之說的工作乃是有一獨特的時代因素，有一特殊的歷史背景始然。

　　然而另一方面，何以此一工作的進行會落在朱子身上，由朱子來完成呢？這就關係到思想家的學問性格了。最明顯的例子莫過於同處該時代的陸象山，他說自己的學問是「讀孟子而自得之」；又如稍早於此的程明道，他說：「吾學雖有所受，天理二字，卻是自家體貼出來。」〔註42〕然而朱子卻是一個承繼意識極強的儒者，又極力要求己所體悟者當可與先賢所言相印合〔註43〕，故在此一融通北宋諸子之說的工作上可謂當仁不讓。

　　總而言之，朱子基於時代的需要與個人自覺地要求進行了會通北宋諸子之說的大工程。

　　然而，再進一步的問題是朱子如何進行這一工作？即他如何使北宋諸儒的義理思想相融貫？或者說，他如何指出他所理解的北宋諸儒之義理思想中的內在一致性？

〔註40〕見（宋）朱熹撰；朱傑人、嚴佐之、劉永翔主編：《朱子全書》（上海：上海古籍出版社：合肥：安徽教育出版社，2002年）第七冊《論孟精義・孟子精義》卷十一，「孟子曰仁人心也」章。

〔註41〕引自陳來：〈論宋代道學話語的形成和轉變──論二程到朱子的仁說〉，《中國近世思想史研究》（北京：商務印書館，2003年），頁78～79。
　　　　案：此一思想史研究之角度，在朱子學的研究上開拓一不同的思考向度，即有關「朱子對儒學的重建」（或稱爲思想清理）問題。相關研究可參考田浩：《朱熹的思維世界》（西安：陝西師範大學出版社，2002年）；何俊：《南宋儒學建構》（上海：上海人民出版社，2004年）等書。

〔註42〕（宋）程顥、程頤著；王孝魚點校：《二程集》（北京：中華書局，2004年重印）《河南程氏外書》卷十二，頁424。（以下本文引用《二程集》，皆以此版本爲主，並簡稱爲《二程集・遺書》、《二程集・文集》、《二程集・外書》、《二程集・易傳》與《二程集・粹言》）

〔註43〕詳見本論文〈第二章　朱子對伊川「中和」說之理解與詮釋〉之前言部分。

除了上文的引述所涉及者外，牟宗三先生也曾說：

> 朱子所根據之原則只有以下四條：一、心統性情；二、涵養須用敬，進學在致知；三、性即理也；四、陰陽氣也，所以陰陽理也。此四條為朱子之主觀地說為靜涵靜攝系統，客觀地說為本體論的存有之系統，所以形成之綱領原則，亦即其義理間架所由成之主要關節。〔註44〕

牟先生說這四條原則是朱子學所以形成的綱領，是其義理間架之構築的主要關節。同時也是他走向橫攝系統的關鍵，以及藉以理解與詮釋北宋諸子的核心觀念。

如此一來，筆者的問題是朱子何以會選擇此四條原則為其思想之綱領〔註45〕？除此之外，還有其他的話語同樣的為朱子所看重、所標舉嗎？又他如何運用這些資源去詮釋（涵蓋）其他說法以將北宋諸子融貫為一體呢？

言至此，這恐怕是當代朱子學研究中較薄弱的一環，也是筆者的研究興趣之所在，故本論文的寫作目標就在：

> 尋索為朱子所重視、承襲與採納入其自身之義理思想系統中而組成其思想之重要骨幹的周、張、二程（北宋四子）之言。

並透過朱子對北宋四子的理解與詮釋探討其如何承繼與詮釋先賢的文化遺產而形成（或完整）其自身的義理系統。

第二節　研究範圍與進路

上文，從當代朱子學研究之爭議點出發，經問題的提出與討論，迄於成立本論文的問題焦點與寫作目標，接著，筆者擬依本論文之研究方向，對論文之研究內容作一範圍的界定與說明。

首先，在朱子學的義理思想之評定一議題上，牟宗三先生在反對「集大成」之說後，評定朱子「不是儒家之大宗，而是『別子為宗』也。此一系統因朱子之強力，又因其近於常情，後來遂成為宋明儒之大宗，實則是以別子

〔註44〕牟宗三：《心體與性體（三）》，頁194。

〔註45〕案：這一問題，牟宗三先生或許可有一回答，即朱子實在論的心態、直線分解的思考方式實相近於伊川，故較能欣賞伊川之語，且相契於伊川的思理。（見牟宗三：《心體與性體（三）》，頁484。）然筆者的提問主要是針對朱子如何在其思想的形成與圓熟之歷程中逐步釐清與選取這些關鍵性概念。

（案：伊川）爲宗。」〔註46〕

　　牟先生此說只是一個取譬的說法，旨在說明朱子只繼承伊川之學，但也別開生面地創闢了一個卓偉的大系統，而且這個系統在歷史事實上更成爲一個偉大的傳統。

　　但這個評判本身涉及到義理系統的分判（判教），其中所關涉的主要關鍵有三：

　　　　1. 朱子對「道體、性體」的體會，是否合乎先秦儒家的本義？
　　　　2. 朱子對孔子之「仁」、孟子之「心性」，有沒有相應眞切的了解？
　　　　3. 朱子對北宋諸儒（可以明道爲代表）所體悟的「性理」義，是否
　　　　　眞能相應契會？

　　牟先生於《心體與性體》中經過繁複的文獻分析以及複雜而細密的論證便是在釐清這一問題。也就是說，欲討論到朱子是否是「繼別爲宗」一問題，不僅要明辨朱子對北宋諸儒相契應與否，更必須涉及到先秦孔孟的義理思想，以及與北宋諸儒（主要是周、張、大程）乃至伊川、朱子做一精密的異同比較〔註47〕。如此一來，問題層面牽涉甚廣，恐非筆者所能掌控，故在此一方面不得不有一取捨，即本論文所進行的是一最初步的研究，之所以稱「最初步」乃是僅探究「朱子」對北宋諸子的理解與詮釋，意即本論文實著重探討「朱子如何理解與詮釋」北宋諸子。因爲想要辨明上述所說的第三點分判關鍵（朱子是否眞能相應契會北宋諸儒所體悟的「性理」義）是必須立基在

〔註46〕牟宗三：《心體與性體（一）》，頁45。關於「別子爲宗」（繼別爲宗）之說，參考蔡仁厚：《新儒家的精神方向》（臺北市：臺灣學生，1984 年再版），頁176、218；《儒家心性之學論要》，頁130～135；《宋明理學　南宋篇》（臺北市：臺灣學生，1989 年增定三版），頁9、222～223、357～358、391～396。

〔註47〕案：牟先生以「仁義内在，性由心顯」說明孟子的性善論，以「道德的形上學」闡發儒家的形上智慧確實是再諦當不過的了。但近年來學界在孟子學相關領域的開拓，姑且不論同意與否，如筆者以爲袁保新先生有一說法極富開創性意義，其言曰：「朱子之所以是『繼別爲宗』，其中一個理由就是因爲朱子未能承接先秦孟子的心學，……但是，若據本文的研究，孟子心性論中原本涵具著『道德心』『實存心』的區別，也就是說，朱子將心理解爲氣心並非全無依據，那麼，朱子理學與先秦儒學的差距是否仍舊那麼大，恐怕就值得在商榷了。」（見袁保新：《孟子三辨之學的歷史省察與現代詮釋》（臺北市：文津，1992 年），頁195～196。） 再如近來對東亞儒學的研究，也爲朱子學的理解與詮釋開闢更多的可能性，這也是相當值得注意的發展，例如韓儒李東對「未發之中」的體會便很有啓發性。（參考楊祖漢：《從當代儒學觀點看韓國儒學的重要論爭》（臺北市：臺大出版中心，2005 年），頁425～461。）

此一研究上的。

　　但在分析朱子對前賢之言的承繼與發展時（尤其是「發展」），又無可避免地會涉及詮釋者與被詮釋者之間意義的差距問題，這一部份筆者當然也有責任隨文說明，然而若欲切實地確立被詮釋者的原義，最穩妥的方法唯有回到被詮釋者的著作材料中始能得到充分的文獻證明，可是如此一來，筆者之作就必須隨文論證諸位被詮釋對象其本身的義理內涵，這一部份恐怕也非本研究論文所能承擔的，故筆者不得已退而求其次改採用當代研究成果來取代被詮釋者的義理內涵之論證。不過在筆者對當代研究觀點的選擇、採用中也表現了筆者對這一問題的理解程度與基本看法。總而言之，本論文所進行的是一最初步的研究，著重探討「朱子如何理解與詮釋」北宋諸子，因而對於朱子與北宋諸子的異同之比較則居次要地位。這一點必須特別在此聲明。

　　接下來的問題是，欲探討「朱子如何理解與詮釋」北宋諸子，而筆者所要擇取的被詮釋之對象有哪些？

　　朱子本著「兼綜眾說，融會通徹」〔註48〕的觀點，其經典詮釋與義理思想的形成除了兼採周濂溪、張橫渠、程明道、程伊川外，亦及邵康節、司馬君實，乃至蘇東坡等，但筆者認為若以朱子的道統觀為原則與他同呂祖謙編纂的《近思錄》一書為根據，則很有理由選擇周、張、二程四人為研究對象。是以本論文乃定名為「朱子對北宋四子的理解與詮釋」。

　　至於研究議題的選擇一問題，筆者以為若欲了解朱子如何承繼與發展北宋四子之說以接續孔、孟之統，並對各種異說有一安排與定位，最顯明的例子莫過於他對「氣質之性」的詮釋，而且此部份的研究材料也相當地豐富〔註49〕。但此一課題乃是在朱子思想較完備、較圓熟之後所進行的融攝工作，筆者較關切的重點是朱子選擇了哪些北宋四子之言（或文獻）為其代表性的文本或思想架構。故欲探討這一問題便當該回到朱子思想發展與形成的關鍵點上來探求，此即是朱子的參悟「中和」與「仁說」的論議。

〔註48〕轉引自錢穆：《朱子學提綱》，頁160。

〔註49〕眾所周知，「氣質之性」一詞為橫渠所提出，而二程亦有使用。但朱子強調：「近世被濂溪拈掇出來，而橫渠、二程始有『氣質之性』之說。」也就是說，是源於濂溪〈太極圖說〉有陰陽、五行（氣）之見，故張、程始能發此語。然而朱子的理論綱領又明顯是二程「性即理」、「論性不論氣，不備；論氣不論性，不明」二語。且在朱子對「氣質之性」的理解下，更得以安排孔子的「性相近」、孟子的「性善」、告子的「生之謂性」之說，乃至荀子、揚雄、韓愈等人的見解。以上所論見《朱子語類》卷59。

因此本論文的第二章所展開的是探討在參悟「中和」一關鍵點上，朱子對伊川的理解與詮釋，之所以單論伊川一人，乃是因為針對此一課題留存下來的主要文獻僅有伊川之作；至於第三章則是朱子對二程論「仁」之諸文獻資料的理解與詮釋，在這一部份的探討中，將涉及二程的差異點。但以上兩章的討論範圍多重在心性論與修養工夫論，而且僅論及二程（還有橫渠的「心統性情」），因此第四章筆者擬討論朱子對濂溪、橫渠的理解與詮釋，焦點在朱子對〈太極圖說〉與〈西銘〉的詮解上，以突顯朱子的理氣論思想。

此外，如朱子的「格物」說部分則是明確地承伊川之說而發展，這一點應較無問題，故本文暫不討論。

有了議題的決定，關於研究之文獻材料的選擇便是環繞在這些主要議題上。如在第二章從朱子對伊川的理解與詮釋探討其對「中和」問題的看法，《中庸章句》的註語應可作為朱子的定論，但其對伊川論中和之相關文獻的分析，則散見於《朱子語類》、《朱子文集》與《中庸或問》等相關著作中；再如第三章論析朱子的「仁」說觀點當中對二程論「仁」之語的理解與詮釋，則除《語類》、《文集》外，《論語集註》、《孟子集註》、《論語或問》、《孟子或問》也是值得重視的材料。最後第四章面對濂溪的〈太極圖〉、〈太極圖說〉與《通書》以及橫渠的〈西銘〉等著作，朱子俱以一種解經的態度與方法為之「句句而解，字字而求」〔註50〕，朱子又曾為濂溪寫作大量的〈祠堂記〉，此亦頗具參考價值。故本論文在文獻材料的資源上，因為朱子的著作豐富，故應該較無問題。

在議題的選定與文獻材料的揀擇後，當筆者面對這些文獻材料時，則是希望能努力嘗試採用徐復觀先生所提出的研究方法以求將朱子思想中「潛伏著的結構」掘發出來，徐先生說：

> 我在寫「象山學述」一文時，先是按著象山的各種觀念，問題，而將其從全集的各種材料中抽了出來：這便要把材料的原有單元（如書札、雜文、語錄等）加以拆散。再以各觀念，各問題為中心點，重新加以結合，以找出對他所提出的每一觀念、每一問題的比較完全的了解。更進一步把各觀念，各問題加以排列，求出他們相互間的關連及其所處的層次與方位，因而發現他是由那一基點或中心點

〔註50〕引自錢穆：《朱子學提綱》，頁31。

（宗旨）所展開的思想結構（或稱爲體系）。……當然，在這種笨工
夫中，還要加上一種「解釋」的工作。……解釋提出了以後，依然
要回到原文獻中去接受考驗。〔註51〕

筆者便擬以此一「笨工夫」來自我要求，首先是對相關文獻的收集與整理，
在反復的閱讀後，將這些紛雜的材料加以拆散跟分類，繼之，嘗試著把這些
看似分散的眾多觀點或看法，藉由個人的理解力之發揮或推論（此與文獻材
料成反比，若文獻不足徵或收集工夫有所不足，則此一不穩定因素將相對地
提高），從中尋找出一觀點與另一觀點彼此的相互關聯性，盡量讓所有的文獻
材料都具有意義，且相互關聯起來，最後把所有的觀點再加以重新的安排與
定位，安立絕大部分的說法，使每一觀點都處於一個與前、後說法相互呼應
的位置，因而便可以從中發現一通貫諸觀點之脈絡，由此脈絡乃能提煉出問
題的中心點，至此始能嘗試形之於文字以呈現朱子由此中心點所展開的思想
結構。

另外，錢穆先生在《朱子學提綱》的最末一節〔註52〕亦述及研究朱子學
之方法，筆者亦願意本此態度與進路展開研究。

（1）依朱子所以教人讀書爲學之方，以讀朱子之書，求朱子之學。〔註53〕

（2）欲求明朱子學之眞相，莫如返求之朱子之書（原典閱讀）。

（3）兼讀朱子之著述書與《文集》、《語類》〔註54〕，並留意其間思想
之遞轉、遞進。

〔註51〕 徐復觀：《中國思想史論集》（臺北市：臺灣學生書局，1975年四版（臺再版）），
頁2～3。

〔註52〕 錢穆：《朱子學提綱》，頁203～213。

〔註53〕 案：實在說來，讀書法與修養工夫是分不開，故朱子的「讀書法」，廣義地視
之，可包含《語類》卷七至卷十三，此外，《語類》卷一一三至一二一〈訓門
人〉亦可包括在內。
對於朱子的「讀書法」，近年來之研究多喜以之與詮釋學相比較，如余英時：
〈怎樣讀中國書〉，《錢穆與中國文化》（上海：上海遠東出版社，1996年2
刷），頁309～315。邵東方：〈朱子讀書解經之詮釋學分析〉；鄭宗義：〈論朱
子對經典詮釋的看法〉，鍾彩鈞編：《朱子學的開展──學術篇》（臺北市：漢
學研究中心，2002年），頁69～93；頁95～127。陳立勝：〈朱子讀書法〉，李
明輝編：《儒家經典詮釋方法》（臺北市：喜馬拉雅基金會發行，2003年），頁
207～234。潘德榮：〈閱讀與理解〉；李清良：〈朱子對理解之蔽的認識〉，黃
俊傑編：《中日《四書》詮釋傳統初探（下）》（臺北市：臺大出版中心，2004
年），頁435～452；453～474。

〔註54〕 案：錢先生之意在強調當重視《文集》與《語類》。

（4）門戶之見，實爲治朱子學之一大障蔽，當有所自覺。

（5）治朱子學，則必明朱子其人及其時代。

最後要加以說明的是，本論文收有兩篇附錄：

附錄一 朱子「中和舊說」之當代研究現況考察

此文可補本章未設「研究現況考察」〔註55〕一章節的不足，蓋筆者以爲：一者本論文議題的提出已是建立在當代朱子學研究之爭議上；再者朱子學之研究領域甚廣，若欲考察研究現況當可由一議題（如中和說、工夫論等）或選取一角度（如研究方法）切入，將更能精確的掌握當前學術界之研究成果，故此〈附錄〉乃基於以上的理由彙整而成。此外，此附錄亦可作爲本論文第二章「朱子對伊川『中和』說之理解與詮釋」的研究基礎。

附錄二 關於仁說之考證

本文乃筆者基於「考證與義理在研究歷程中當是不可分割的」一原則，而於第三章探討「朱子對二程『仁』說之理解與詮釋」之過程中所發現的一點證據，因其篇幅過長，故抽取出來獨立成一附錄。

〔註55〕對於宋明理學的研究回顧與考察有以下幾篇文章頗值得參考：范立舟：〈二十世紀中國大陸的宋明理學研究與新課題〉，《中國文哲研究通訊》第十卷第三期（2000.09），頁 263～291；鄭宗義：〈大陸學者的宋明理學研究〉，劉述先主編：《儒家思想在現代東亞：中國大陸與臺灣篇》（臺北市：中研院文哲所籌備處，2000 年），頁 123～159；彭國翔：〈20 世紀宋明理學研究的回顧與前瞻（上）（下）〉，《哲學動態》（2003 年第 4、5 期），頁 41～44、38～40。
關於朱子學研究之研究概況有：楊儒賓：〈戰後臺灣的朱子學研究〉，《漢學研究通訊》，頁 572～580；鍾彩鈞：〈現代日本學者有關中國朱子學研究之概況〉，黃俊傑主編：《儒家思想在現代東亞：日本篇》（臺北市：中研院文哲所籌備處，2000 年），頁 333～379。

第二章　朱子對伊川「中和」說之理解與詮釋

　　中和問題的參究是朱子學思確立的關鍵，這一點是學界普遍的共識。而探討朱子對「中和」問題發展之始末最有效力的文獻，便是《文集》卷七十五的〈中和舊說序〉[註1]，在該序中有一現象頗堪玩味，朱子自陳其中和舊說之悟與「程子之言有不合者」，但他認為這可能記者之誤，故對自己與程子有別的體悟所得未有太大的質疑[註2]。但是在乾道五年春，同蔡季通問辯之際，忽然有疑的觸發下，於是「復取程氏書，虛心平氣而徐讀之，未及數行，

〔註1〕（宋）朱熹撰，朱傑人、嚴佐之、劉永翔主編：《朱子全書》（上海：上海古籍出版社；合肥：安徽教育出版社，2002年），第貳拾肆冊，《晦庵先生朱文公文集》（五）卷七十五（以下本文引用《晦庵先生朱文公文集》時，以此版本為主，一概簡稱《文集》）
　　案：在該序中，我們可以清楚地看到朱子的中和思想曾經有過兩次重要的轉變，第一次即序中「一日，喟然嘆曰」所陳之見解，後一次即序中言「乾道己丑之春」的「凍解冰釋」。學界一般多將前者稱「中和舊說」（或者以紀年名之，主此悟在乾道二年丙戌，朱子時年37歲，曰「丙戌之悟」；主此悟在乾道四年戊子，朱子時年39歲，曰「戊子之悟」），後者稱「中和新說」（或稱「己丑之悟」）。

〔註2〕朱子在中和舊說階段已很重視將自身體悟所得印合於前賢之說，如「因復取凡聖賢之書，以及近世諸老先生之遺語，讀而驗之，則又無一不合」（《文集》卷三十二〈答張敬夫〉書四（前書所稟）），但在他發現到自己的體悟與程子之說不同時，他認為：「雖子程子之言，其門人所紀錄，亦不能無失。蓋記者之誤，不可不審所取也」（《文集》卷四十〈答何叔京〉書三（昨承不鄙）），這正是〈中和舊說序〉所說的「雖程子之言有不合者，亦直以為少作失傳而不之信也」，也就是說，朱子在中和舊說的階段強調取捨的標準是「曷若默會諸心以立其本，而其言之得失自不能逃吾之鑒耶？」（《文集》卷四十〈答何叔京書〉書十一（奉親遣日如昔）），從這裡可以看到他在舊說階段對程子之言的態度。

凍解冰釋」。於此處，我們已可發現「程氏之言」在朱子參悟中和的歷程中具有舉足輕重的地位，若進一步審視朱子討論中和問題之書信，則將更爲顯明，如在〈與湖南諸公論中和第一書〉中，朱子認爲其中和舊說的建立與草率的接受程子已承認「未當」的「凡言心者，皆指已發而言」一語有關。且在陳述己丑新悟所得時，認爲其所表達的義理乃是「按《文集》、《遺書》諸說」；又如在給林擇之的書信中，一再強調「舊疑《遺書》所記不審，今以此勘之，無一不合」〔註3〕、「用此意看《遺書》，多有符合。讀之，上下文極活絡分明，無凝滯處」〔註4〕。由此可知，朱子確實是認爲其「舊說」對於二程之言有所忽略或誤解，而己丑新悟所得則是本於二程，亦可在二程之言中得到印合。當然，以上所述純屬於朱子個人之獨白，朱子中和新說之義理內涵是否真能合於二程之思想仍然值得當代學者嚴格的檢視，而本章立論的基礎，乃基於上述朱子個人的認定，旨在探討：在「中和」問題上，朱子對「程子之言」的理解與詮釋，故討論之焦點將集中在朱子對二程語的引述與詮解，希望透過此一研究方向進入朱子的思想世界，並豐富當代朱子學詮釋中對「已發未發」問題之討論。

第一節　對伊川語的徵引與述評

朱子關於《中庸》一書的相關著作除了《中庸章句》之外，又「復取石氏書，刪其繁亂，名以《輯略》，且記所嘗論辯取舍之意，別爲《或問》，以附其後」〔註5〕，而《中庸輯略》〔註6〕一書，前身即石子重所輯《中庸集解》，其中收有周、張、二程及其門人游、楊、謝、侯、呂、尹諸家之《中庸》說。在此書中，於「喜怒哀樂之未發謂之中，發而皆中節謂之和。中也者，天下

〔註3〕　《文集》卷四十三〈答林擇之〉書六（所答二公問）
〔註4〕　《文集》卷四十三〈答林擇之〉書二十二（精一之說）
〔註5〕　〈中庸章句序〉。朱子關於《中庸》一書的相關著作有：《文集》卷六十七〈中庸首章說〉；自乾道八年（壬辰1172年43歲）草成至淳熙四年（丁酉1177年48歲）始正式序定的《中庸章句》；作於乾道九年（癸巳1173年44歲）的〈中庸集解序〉（《文集》卷七十五）；作於淳熙四年（丁酉1177年48歲），正式序定於淳熙十六年（己酉1189年60歲）的〈中庸章句序〉、《中庸或問》、《中庸輯略》。以上年代考證據束景南：《朱子年譜長編》（上海：華東師範大學出版社，2001年），頁479、496、585、955。
〔註6〕　（宋）朱熹編：《中庸輯略》（臺北：臺灣商務印書館，《文淵閣四庫全書》第198冊）（以下引用《中庸集略》皆出自此版本）

之大本也；和也者，天下之達道也。致中和，天地位焉，萬物育焉」一節下，收錄文獻計十二條，第一條即是著名的程伊川〈與呂大臨論中書〉〔註7〕；第三條、第四條是程伊川與蘇季明討論中和問題之語錄〔註8〕。這兩部分的文獻普遍被認爲是了解伊川對中和問題之看法的主要材料，若根據朱子己丑新悟後所著〈已發未發說〉〔註9〕一文，亦可知朱子極重視此兩份文獻，且他本人也是透過這兩份文獻材料的解讀來理解二程（以伊川爲主）的已發未發說，並進而參悟中和問題，故以下首先將〈已發未發說〉中所徵引的十八條文獻作一分類與出處的說明。

一、〈已發未發說〉徵引文獻分析

若將〈已發未發說〉十八條引文標以序號1～18，可進一步分類爲：

Ⅰ.「中」之名義（第1～7條）：

1. 《文集》云：中即道也。

2. 又曰：道無不中，故以中形道。

3. 又云：「中即性也」，此語極未安。中也者，所以狀性之體段，如天圓地方。

4. 又云：中之爲義，自過不及而立名。若只以中爲性，則中與性不合。

5. 又云：性、道不可合一而言。中止可言體，而不可與性同德。

6. 又云：「中者性之德」，此爲近之。

7. 又云：不若謂之性中。

Ⅱ.赤子之心（第8～9條）：

8. 又云：「喜怒哀樂之未發謂之中」，赤子之心，發而未遠乎中。若便謂之中，是不識大本也。

9. 又云：赤子之心，可以謂之和，不可謂之中。

〔註7〕《二程集・文集》卷九〈與呂大臨論中書〉，頁605～609。
　　　案：（明）黃宗羲編，全祖望補訂：《宋元學案》（臺北市：臺灣中華書局，1984年）卷三十一〈呂范諸儒學案〉　述呂大臨處，亦列有此文，有刪略，題曰：〈未發問答〉。

〔註8〕《二程集・遺書》卷十八，頁200～202。案：以下本文將此兩條語錄簡稱爲〈與蘇季明論中和〉。

〔註9〕《文集》卷六十七〈已發未發說〉

Ⅲ. 未發之境況（第 10～13 條）：

10.《遺書》云：只喜怒哀樂不發便是中。

11. 又云：既思便是已發，喜怒哀樂一般。

12. 又云：當中之時，耳無聞、目無見，然見聞之理在始得。

13. 又云：未發之前謂之靜則可，靜中須有物始得。這裡最是難處。能敬則自知此矣。

Ⅳ. 敬而無失（第 14～15 條）：

14. 又云：「敬而無失」，便是「喜怒哀樂未發謂之中」也，敬不可謂之中，但「敬而無失」即所以中也。

15. 又云：「中者，天下之大本。」天地間亭亭當當、直上直下之正理，出則不是。惟「敬而無失」最盡。

Ⅴ. 相應於已發、未發之修養工夫（第 16～18 條）：

16. 又云：存養於未發之前則可，求中於未發之前則不可。

17. 又云：未發更怎生求？只平日涵養便是。涵養久，則喜怒哀樂發而中節。

18. 又云：善觀者卻於已發之際觀之。

關於諸引文的出處，第 1～9 條見於〈與呂大臨論中書〉；10～13、16～18 見於〈與蘇季明論中和〉；第 14 條見於《遺書》卷第二上　二先生語二上，頁 44；第 15 條見於《遺書》卷第十一　明道先生語一，頁 132。

從以上引文的出處，我們不難看到朱子的確極重視〈與呂大臨論中書〉、〈與蘇季明論中和〉兩文，此外，我們也可以來看看朱子在《中庸輯略》與《近思錄》中對此等文獻材料的取捨。

《中庸輯略》雖載〈與呂大臨論中書〉一文，但有刪略，未收第 2.5.7 三條，〈答蘇季明論中和〉中數條則全數收錄，但第 18 條「善觀者」改為「善學者」，此外，第 15 條明道語也未獲收錄。

而《近思錄》中對於〈與呂大臨論中書〉僅錄「心一也，有指體而言者，寂然不動是也。有指用而言者，感而遂通天下之故是也」一語於「卷一　道體」，其餘（關於「中」之名義者，第 1～9 條）皆不采錄。第 15 條也收在「卷一　道體」；而第 14 條及第 11.12.13.16.17 條則編入「卷四　存養」中，也就是說，關於〈與蘇季明論中和〉一文，刪除第 10 條「只喜怒哀樂不發，便是中」與第 18 條「善觀者卻於已發之際觀之」兩則。

二、朱子對二程文獻的觀感

　　若鑒於朱子面對學問之一貫的嚴謹態度，我們不禁會想，在此刪節取捨之間，朱子是否別有用心呢？是否隱含深意呢？且在《近思錄》、《中庸輯略》兩書中所收錄者亦不盡相同，除了基於兩書之編輯目的、編纂體例等條件因素之考量外，是否還有其他的原因呢？此等問題恐怕難以得到確解，但透過相關文獻的探討，我們似乎也可以看到朱子本人對這些文獻材料的評判與解讀。首先，我們先來看看朱子這些文獻資料的基本觀感。

　　在《程氏文集》〈與呂大臨論中書〉一題下，有一小注：「此書其全不可復見，今只據呂氏所錄到者編之」，由此可知，所謂的〈與呂大臨論中書〉一函在《程氏文集》的編纂時已不復見，或僅存隻字片語，故編者以呂大臨所收錄之相關材料補充之，是以該篇呈現一問答形式，而大不類書信。《中庸或問》中有一段話亦是為此而發：

> 曰：程、呂問答如何？曰：考之文集，則是其書蓋不完矣。然程子初謂凡言心者，皆指已發而言，而後書乃自以爲未當，向非呂氏問之之審，而不完之中，又失此書，則此言之未當，學者何自而知之乎？以此又知聖賢之言，固有發端而未竟者，學者尤當虛心悉意以審其歸，未可執其一言而遽以爲定也。（《中庸或問》，頁 56～57。）

〔註10〕

朱子認爲此書雖然在文獻的完整性上、可信度上有所不足，但若非有呂大臨的明辨、審問與紀錄留存，則後世何以能知伊川已承認前說「凡言心者，皆指已發而言」一語爲「未當」，故此文獻的留存仍極富價值。至於〈答蘇季明論中和〉一文，朱子認爲此段語錄仍有相當多的謬誤，所幸將此文與其他資料參看，其間錯誤亦甚顯明，故不足爲患，只是此一文獻的紀載中，又有許多前後問答不相連貫之處，朱子認爲這是因爲紀錄者不能深刻的體會問答雙方所討論的義理內容所致，而這樣的紀錄終造成伊川之微言不得明於後世，這一點是非常令人惋惜的。

> 曰：諸說如何？曰：程子備矣，但其答蘇季明之後章，紀錄多失本眞，答問不相對値……大抵此條最多謬誤，蓋聽他人之問，而從旁竊記，非惟未了答者之意，而亦未悉問者之情，是以致此亂道而誤

─────────────

〔註10〕　（宋）朱熹撰，黃珅校點：《四書或問》（上海：上海古籍出版社，2001 年），《中庸或問》，頁 56～57。（以下本文引用《中庸或問》一書時，皆以此版本爲主）

人耳。然而猶幸其間紕漏顯然，尚可尋繹以別其僞，獨微言之湮沒
者，遂不復傳，爲可惜耳。(《中庸或問》，頁 57〜58。)

總而言之，在諸說中，朱子認爲伊川之說最爲完備，其說所幸得以藉由程、
呂問答而留存，只是在此問答中，不知是何原故，伊川對呂大臨的錯誤「略
無所辨」，因此朱子便不遺餘力地希望能將它指明出來，此將於下文中陸續討
論，故以下我們將以朱子於〈已發未發說〉中所引證的十八條材料爲方向，
探討朱子如何透過理解與詮釋伊川的中和說（以〈與呂大臨論中書〉、〈與蘇
季明論中和〉兩文爲核心），說明其「中和」觀點。

第二節　人自有未發時節〔註11〕

在己丑新悟後，朱子認爲他自己『中和舊說』之建立與程子「凡言心者，
皆指已發而言」〔註12〕一語關係密切，但在其粗心的解讀與有意、無意的忽
略下，沒有注意到伊川實際上在呂與叔的質疑之後，已經承認此句話是未當
的不諦之言，終而有進一步的修正。

於是朱子在〈已發未發說〉、〈與湖南諸公論中和第一書〉兩文中皆曾辨析
伊川「凡言心者，皆指已發而言」一語之義涵與所以未當之原因，然而朱子所
作的解析在兩文中卻有不同，這一細微的不同，牟宗三先生析之甚當〔註13〕。
在〈已發未發說〉中，朱子認爲「凡言心者」是指「心體流行」而言，「未當」
的原因是因爲「與《中庸》本文不合」；但在〈與湖南諸公論中和第一書〉中，
則說伊川此語是特指「赤子之心」而言，「未當」的原因是草率的使用「凡言」
二字。若衡之伊川言此語之意義與呂大臨的反駁，皆是針對赤子之心究竟屬已
發或未發一問題，故應以後一說爲是。

然而在〈已發未發說〉中所徵引的文獻裡面，無一語涉及心性情三者之
界分與關聯者，這不禁啓人疑竇，難道熟讀二程文獻的朱夫子在心性情方面

〔註11〕筆者以爲朱子的中和舊說與新說對「未發」一概念有不同的理解，在舊說時，
　　　　朱子將「未發」理解爲非「別有一物，拘於一時，限於一處」之『寂然本體』。
　　　　（參本文附錄一）但在新說時，「未發」乃是就喜怒哀樂之情尚未激發或思慮
　　　　尚未萌發來說，是一階段性概念，故可著一「時」字，因此本節以此爲名。
〔註12〕「《中庸》未發、已發之義，前此認得此心流行之體，又因程子『凡言心者，
　　　　皆指已發而言』，遂目心爲已發，性爲未發。」(《文集》卷六十四〈與湖南諸
　　　　公論中和第一書〉)
〔註13〕牟宗三：《心體與性體（二)》，頁 358。

的體悟得不到二程之言的印合嗎？〔註 14〕筆者以爲恐不如此，因爲在《近思錄》中所收錄「心一也，有指體而言者，寂然不動是也。有指用而言者，感而遂通天下之故是也」一語便是朱子採用以對心性問題立說的基本模式。

一、心，有指體、有指用而言

若仔細比對中和新說的主要代表性文獻：〈已發未發說〉、〈與湖南諸公論中和第一書〉與〈答張欽夫〉〔註 15〕的內容，我們不難發現這三篇文章雖大致相同，但仍小有差異處〔註 16〕。〈已發未發說〉僅陳「當此之時，即是心體流行，寂然不動之處，而天命之性體段具焉」，尚未說明何謂已發之「和」；〈與湖南諸公論中和第一書〉則兼論中和，「當此之時，卻是此心寂然不動之體，而天命之性當體具焉⋯及其感而遂通天下之故，則喜怒哀樂之情發焉，而心之用可見。」此處將「心」分爲「寂然不動之體」與「心之用」兩方面說，已明顯具有試圖融通伊川「心一也，有指體而言者，寂然不動是也。有指用而言者，感而遂通天下之故是也」一語的痕跡，到了〈答張欽夫〉書，更修正爲「是乃心之所以爲體、而寂然不動者也⋯⋯是乃心之所以爲用，感而遂通者也」，則與伊川之語更爲相似。

以上是就立說之模式相仿而言，至於朱子本人如何理解伊川「心一也，有指體而言者，寂然不動是也。有指用而言者，感而遂通天下之故是也」一句話呢？

> 「心一也，有指體而言者，有指用而言者。」伊川此語，與橫渠「心統性情」相似。（《語類》卷 95，頁 2416。）〔註 17〕

〔註 14〕朱子曾討論過二程「稟於天爲性，感爲情，動爲心」（《二程集・遺書》卷二十四，頁 312。）、「自性之有形者謂之心，自性之動者謂之情」（《二程集・遺書》卷二十五，頁 318。）二段文獻，但朱子認爲此兩條語錄有不可理會處，所以這兩段文獻必存在著紀錄上的錯誤。見《語類》卷 59，頁 1385，以及《文集》卷七十三〈知言疑義〉。

〔註 15〕指《文集》卷三十二〈答張敬夫〉書十八（諸書例蒙印可）。
　　案：牟宗三先生嘗以「一說二書」簡稱此三封信函，並認爲此〈答張敬夫〉書「可名曰『中和新說書』，此大體是朱子成熟之思想，可視爲定論。」見牟宗三：《心體與性體（三）》，頁 147。

〔註 16〕陳來先生認爲其中的差異在：1. 不再講心體流行；2. 不只是把人心區分爲不同時段（心的已發、未發），而且包含著對性與情的某種理解（未發指性，已發指情）。見陳來：《朱子哲學思想研究》（上海：華東師範大學出版社，2000 年），頁 177。

〔註 17〕（宋）黎靖德編，王星賢校點：《朱子語類》（北京：中華書局，2004 年重印），

《近思錄》中一段云：心一也，有指體而言者，注云：『「寂然不動」是也』；有指用而言者，注云：『「感而遂通天下之故」是也。』夫『寂然不動』是性，『感而遂通』是情。故橫渠云：「心統性情者也」，此說最為穩當。（《語類》卷 59，頁 1385。）

程子曰「有指體而言者，『寂然不動』是也」，此言性也；「有指用而言者，『感而遂通』是也」，此言情也。（《語類》卷 5，頁 94。）

先生取《近思錄》，指橫渠「心統性情」之語以示學者。力行問曰：「心之未發，則屬乎性；既發，則情也。」曰：「是此意。」因再指伊川之言曰：「心一也，有指體而言者，有指用而言者。」（《語類》卷 98，頁 2515。）

朱子認為伊川這一句話是說明心、性、情三者之關聯的關鍵性表達，所以他解「有指體而言者，寂然不動是也」為「性」，「有指用而言者，感而遂通天下之故是也」為「情」，如此一來，便與張橫渠「心統性情」相似，所以他肯斷說：「此語甚圓，無病」〔註18〕。又參照朱子〈答何叔京〉書中言：「心主於身，其所以為體者性也，所以為用者情也。是以貫乎動靜而無不在焉」〔註19〕，是亦可知朱子在此處的討論是就心、性、情三者而論的。然而朱子又是如何理解橫渠「心統性情」一觀點的呢？

張子曰：心統性情者也。有形則有體，有性則有情。發於性則見於情，發於情則見於色，以類而應也。〔註20〕

「心統性情」一語雖發自張載，但橫渠並沒有詳細地展開論述，單依上文一句話，實難以明白橫渠對心與性、心與情之具體看法，可是朱子對此語卻是推崇備至。

伊川「性即理也」，橫渠「心統性情」二句，顛撲不破！（《語類》卷 5，頁 93。）

「惟心無對」。「心統性情」。二程卻無一句似此切。（《語類》卷 98，頁 2513。）

卷 95，頁 2416。（以下本文引用《朱子語類》時，皆以此版本為主，一概簡稱《語類》）

〔註18〕 《語類》卷 62，頁 1512。
〔註19〕 《文集》卷 40〈答何叔京〉書二十九（未發之前）
〔註20〕 （宋）張載撰：《張載集》（北縣：頂淵文化公司，2004 年，四部刊要本）〈性理拾遺〉，頁 374。

舊看五峰說，只將心對性說，一個情字都無下落。後來看橫渠「心統性情」之說，乃知此話有大功，始尋得個「情」字著落，與孟子說一般。(《語類》卷5，頁91。)

如橫渠「心統性情」一句，乃不易之論。孟子說心許多，皆未有似此語端的。子細看，便見其他諸子等書，皆無依稀似此。(《語類》卷100，頁2550。)

朱子批評五峰：「將心性對說」〔註21〕，誠然，「性體心用」確實是五峰論學的宗旨，但在五峰的義理系統中，以性為體，以心為用，「心」是本心，不同於朱子所理解的「氣之靈」之心，只是五峰沒有簡別本心之發與情緒之發的不同，這便造成朱子後來的疑惑，故此後常常批評五峰：「一個情字都無下落」。〔註22〕

朱子更認為橫渠「心統性情」一語超越二程、孟子，然這是在朱子本身心性情三分的義理系統下橫渠此語便具有提綱挈領之效，但若單就孟子學而言，孟子學強調仁義內在，性由心顯，心性是一，如此一來，則與朱子之學思有著偌大的差別，因而朱子此處所作的比較恐怕是不合理的。

當代學者多已注意到朱子所說的「心統性情」有兩個主要的意義，第一個意義是心兼性情；第二個意義是心主性情。〔註23〕本文也以此分類為基礎展開論析。

1. 心「兼」性情：心之體、用

朱子論「心統性情」之「統」字，有「兼」、「包」之義，其言曰：

「心統性情。」統，猶兼也。(《語類》卷98，頁2513。)

性是未動，情是已動，心包得已動未動。蓋心之未動則為性，已動則為情，所謂『心統性情』也。(《語類》卷5，頁93。)

性，其理；情，其用，心者，兼性情而言，兼性情而言者，包括乎

〔註21〕朱子說：「伊川初嘗曰：凡言心者，皆指已發而言，後復曰此說未當。五峰卻守其前說，以心為已發，性為未發，將心性二字對說，《知言》中如此處甚多。」(《語類》卷101，頁2585。)

〔註22〕楊祖漢：〈胡五峰之體用論與朱子「中和舊說」的關係〉，編輯小組編：《含章光化──戴璉璋先生七秩哲誕論文集》(臺北市：里仁書局，2002年)，頁21～44。

〔註23〕例如陳來先生便表示：「心兼性情」指心是賅括性情的總體；「心主性情」是指心對於性情具有統率管攝的主宰作用。見陳來：《朱子哲學思想研究》，頁251～263。

性情也。(《語類》卷 20，頁 475。)

就字面上的意思，似乎可以將「心兼性情」理解成「心是賅括性情的總體」(陳來語)。或說「心將性、情均包於己中」〔註24〕，即「所謂兼，指把性情都包括在心之中」〔註25〕。或者說，「就「兼」義而言，是指心包容性與情的未發與已發、動與靜、體與用等⋯「兼」就是包括、包容的意思」〔註26〕。

　　但筆者對此不能無疑，蓋雖然在己丑之悟後，朱子對未發已發的體悟不同於以往將「心」視為「已發」的看法，而提出：

　　心則貫通乎已發未發之間，乃大易生生流行，一動一靜之全體也。
　　(《文集》卷四十三〈答林擇之〉書六（所答二公問）)

　　大抵心體通有無、該動靜，故工夫亦通有無、該動靜，方無透漏。(《文集》卷四十三〈答林擇之〉書二十二（精一之說）)

　　蓋理便是性之所有之理，性便是理之所會之地。⋯⋯須知未動為性，已動為情，心則貫乎動靜而無不在焉，則知三者之說矣。(《文集》卷四十一〈答馮作肅〉書四（敬義之說甚善）)

　　已發未發，只是說心有已發時，有未發時。方其未有事時，便是未發；纔有所感，便是已發，卻不要泥著。(《語類》卷 62，頁 1509。)

　　心無間於已發未發。(《語類》卷 5，頁 86。)

即心有已發時，亦有未發時，周流貫徹乎已發未發、動靜、體用之間，但此並不足以表示心能「包括」性、情二者於其中，因為在朱子心性情三分的義理系統中，性是理，心是氣之靈、氣之精爽，情是氣之發（氣之變），三者必然有別，如何能直接的說心包含得住性、情二者呢？是故筆者以為此處言「兼」、言「包」，只是泛說。若進一步言之，筆者以為這或許是將心、性、情三者總起來看，「論心必兼性情，然後語意完備」〔註27〕，三者之間有一動態的連結，於是乎以心為樞紐，從不同的角度言之，故可曰性、曰情。正如前引伊川語：「心一也，有指體而言者，有指用而言者，觀其所見何如耳」的「觀其所見何如」一句。

〔註24〕彭永捷：《朱陸之辯：朱熹陸九淵哲學比較研究》（北京：人民出版社，2002年），頁 181。

〔註25〕蔡方鹿：《朱熹與中國文化》（貴陽：貴州人民出版社，2000年），頁 83。

〔註26〕張立文：〈朱熹「心統性情」論和現代價值〉，朱杰人主編：《邁入 21 世紀的朱子學：紀念朱熹誕辰 870 週年、逝世 800 週年論文集》（上海：華東師範大學出版社，2001 年），頁 5。

〔註27〕《文集》卷七十三〈知言疑義〉

> 橫渠『心統性情』之說甚善。性是靜，情是動。心則兼動靜而言，
> 或指體，或指用，隨人所看。（《語類》卷 62，頁 1512～1513。）
> 然「心統性情」，只就渾淪一物之中，指其已發、未發而爲言爾；非
> 是性是一個地頭，心是一個地頭，情又是一個地頭，如此懸隔也。（《語
> 類》卷 5，頁 94。）

正因「心」周流貫徹乎已發未發、動靜、體用之間，無間斷隔截處，在性情
對言的情況下（已發爲情，未發爲性；動是情，靜是性〔註 28〕；性是體，情
是用〔註 29〕），「或指體，或指用」，「指其已發、未發而爲言」，是以能說「心
兼性情」，因而筆者以爲韓國學者金忠烈教授所採用的「兼通」一詞〔註 30〕，
可能是較適切的說法。

而朱子在此處最重視者乃體、用一義。

> 心是包得這兩個物事，性是心之體，情是心之用。（《語類》卷 119，
> 頁 2867。）
> 心者，兼體、用而言。（《語類》卷 20，頁 475。）
> 「心統性情」，故言心之體用，嘗跨過兩頭未發、已發處說。仁之得
> 名，只專在未發上。惻隱便是已發，卻是相對言之。（《語類》卷 5，
> 頁 94。）
> 蓋心便是包得那性情，性是體，情是用。（《語類》卷 5，頁 91。）
> 心有體用。未發之前是心之體，已發之際乃心之用，如何指定說得。
> （《語類》卷 5，頁 90。）

從這裡亦可看出伊川對朱子的影響，而「心之體」、「心之用」又當該如何理
解呢？筆者以爲我們或許可以參照朱子〈答張欽夫〉一文來看：

> 因復體察，見得此理須以心爲主而論之，則性情之德、中和之妙，
> 皆有條而不紊矣。然人之一身、知覺運用、莫非心之所爲，則心者，

〔註 28〕 「一心之中自有動靜，靜者性也，動者情也。」（《語類》卷 98，頁 2513。）

〔註 29〕 「性是體，情是用」一語見《語類》卷 98，頁 2513。然而須留意的是此處不
可理解爲由性理本身起用，因爲在朱子的義理系統中，性理本身不能發用，
其言用，是在情已發而動時，心使情之活動能依理，因而使理之意義具體表
現在情上。此正如說「情是性之發」，同樣不可以理解爲情由性直接發出來，
而仍只是以「性」作爲情發之根據之意。

〔註 30〕 （韓）金忠烈〈張橫渠「心統性情」說直解──兼介曹南冥「心統性情圖」
及其要義〉，趙吉惠、劉學智主編：《張載關學與南冥學研究》（北京市：社會
科學文獻出版社，2004 年），頁 9。

固所以主於身，而無動靜語默之間者也。然方其靜也，事物未至，思慮未萌，而一性渾然、道義全具，其所謂中、是乃心之所以爲體、而寂然不動者也。及其動也，事物交至，思慮萌焉，則七情迭用，各有攸主，其所謂和、是乃心之所以爲用，感而遂通者也。

此處已發、未發就喜怒哀樂之「情」說，寂然、感通就「心」說〔註31〕，而「一性渾然、道義全具」是心之所以能爲「體」之條件，「七情迭用，各有攸主」是心之所以能爲「用」之條件，則我們可以將此段詮釋爲：

在靜（情未發）時，心是寂然的，此時性理以渾然的狀態（整全不可分）內具於心中，此之謂「心之體」（簡稱：心體）；而在動（情已發）時，心便是感通的，此時情緒之活動若皆能無過不及（中節），則性理的意義，亦得以由情之發而具體彰顯、表現出來，此時謂之「心之用」。因而，也就是說，這是以心爲主而關聯到性與情，而由情之未發、已發而言心之體與用。〔註32〕

故「未發之心體」是特指在事物未至、思慮未萌之際，性理渾然全具於寂然的心中之境況，雖然此時性理「本具」心中，但「心」仍然屬於「氣」，心性依舊平行爲二，此「具」只是「綜合的具」，仍不同於心性爲一的本心。〔註33〕

〔註31〕在《文集》卷六十七〈易寂感說〉中，朱子明確地表示：「中和以情性言者也，寂感以心言者也」。

〔註32〕楊祖漢著：《從當代儒學觀點看韓國儒學的重要論爭》，頁333。

〔註33〕當代朱子學研究中對於「心體」一概念的詮釋有相當大的分歧，如牟宗三先生說：「此『體』是『寂然不動』之心之自身爲體，是相對其感發時之發用之爲『用』說。……是則心固不能爲眞正的超越之體也。由其寂然而言其爲體是對其發用之用言。其本身有體用不表示其可以爲超越之實體也。」亦即靜時心當體自己或心之自體也。氏著：《心體與性體（三）》，頁138～139。陳來先生認爲：「在朱熹，『心體流行』指心之作用的不間斷過程。這裡心體指全體、總體」。並且在「淳熙初年心說之辯」中更直接的表示：「由於朱熹反對在本體（Noumenon）的意義上使用心之本體（心體）的概念，因而他所說的心體與心之本體實際上是作爲靜的意識狀態來理解的。」見氏著：《朱子哲學思想研究》，頁175、249。然而唐君毅先生卻說：「（朱子）未嘗不言『超乎一般之動靜存亡之概念之上』之本心或心體。此本心或心體，乃內具萬理以爲德，而能外應萬事以爲用，亦原自光明瑩淨，廣大高明，而無限量者。」也就是說：「朱子…其所欲涵養之心體…近乎與伊川問答之呂與叔與象山所言之心體」見氏著：《中國哲學原論 原性篇》，頁638～639、554。

案：筆者此處所論近唐氏之說，認爲未發時，寂然之心中內具性理，但又與唐先生所說稍有不同，蓋筆者認爲此「未發心體」仍是在「心性爲二」的說法下提出者，不能等同於孟子所說的本心良知。

　　因此朱子說：「性是心之體，情是心之用」，不可依字面直接理解，而應是將心性情三者總起來看，以心爲樞紐從不同的角度觀察之，在情未發時，心寂然，性理渾然而具於心，所以可由心之寂然處見作爲超越的根據之性理，此時雖亦可說是性，但乃是性理渾然在心的意思，非直接就性說；而在情已發之時，則性理之意義具體表現出來，是爲心之用。

　　以上是就朱子可能在受到伊川「心一也，有指體而言，有指用而言」一語的影響下討論朱子「心統性情」說的第一層義涵（心「兼」性情），然而朱子「心統性情」說中更爲重要的意義乃在「心「主」性情」一方面。兩者之間的差別可借牟宗三先生所作的分疏來看，前者是縱說，即存有論地說，來看心、性、情三者的關係；後者則是橫說，即工夫地說，看心對性、情的主宰作用。〔註34〕

2. 心「主」性情

　　「心統性情」之「統」字，又有「主宰」、「管攝」之義，朱子曰：

> 統，如統兵之『統』，言有以主之也。（《語類》卷98，頁2513。）
>
> 問：「『心統性情』，統如何？」曰：「統是主宰，如統百萬軍。心是渾然底物，性是有此理，情是動處。」（《語類》卷98，頁2513。）
>
> 性以理言，情乃發用處，心即管攝性情者也。（《語類》卷5，頁94。）

朱子對「心主性情」一觀點的注意可追溯到〈知言疑義〉的討論〔註35〕，而朱子所謂「主性情」之實義，可從下面兩條文獻看出：

> 心者，主乎性而行乎情。故「喜怒哀樂未發則謂之中，發而皆中節則謂之和」，心是做工夫處。（《語類》卷5，頁94。）
>
> 履之問未發之前心、性之別。曰：「……蓋主宰運用底便是心，性便

〔註34〕牟宗三著：《心體與性體（三）》，頁475。但牟先生認爲縱說（存有論地說）的心統性情並無實義，而筆者則嘗試給出一詮釋的可能。且牟先生將「心統性情」詮釋爲：心是認知地統攝性而具有之，行動地統攝情而敷施發用之（頁474）。

〔註35〕《文集》卷七十三〈知言疑義〉載：「熹謂：『以成性者也』，此句可疑。欲作『而統性情也』，如何？○栻曰：『統』字亦恐未安，欲作『而主性情』，如何？○熹謂：所改『主』字極有功。」

陳來先生據此認爲，朱子提出「統性情」一詞，卻未語及橫渠，又立刻支持張南軒的修正，這表明朱、張二人都尚未注意到橫渠本有「心統性情」之說。也就是說，「心統性情」一語的提出，亦可說是朱子自己個人的心得。陳來：《朱子哲學思想研究》，頁183。

是會恁地做底理。性則一定在這裡，到主宰運用卻在心。情只是幾
個路子，隨這路子恁地做去底，卻又是心。」(《語類》卷5，頁90。)
言「主乎性而行乎情」、「主宰運用卻在心」，可見「心主性情」一觀點的提出
與強調確實是落在工夫論的意義上，即落在「心」之修養工夫上言主宰、統
攝乎性、情二者。倘若能回到本文討論之核心——中和問題上來說，此一意
義將更為顯明，如朱子說：

> 心主乎性者也，敬以存之，則性得其養而無所害矣。(《文集》卷三
> 十二〈答張敬夫問目〉書十（孟子曰盡其心者）)

> 情根於性而宰乎心，心為之宰，則其動也無不中節矣。(《文集》卷
> 三十二〈問張敬夫〉書六（熹謂感於物者）)

朱子認為心之主乎性就是「敬以存之」的工夫，茍如此，則性能得其養而無
害；至於已發之「情」若在其發用之際，能受心的主宰、控制，則其活動亦
能適切而無不中節。

朱子在中和新說成立以後，主張「先涵養後察識」，並與湖湘學者展開了
關於涵養、察識工夫之先後問題的論辯，若論其依據，朱子的主張正在伊川
「存養於未發之前則可」、「只平日涵養底便是也」、「善觀者卻於已發之際觀
之」三句，此正〈已發未發說〉的第 16 條、17 條與 18 條。

首先，朱子將伊川「於已發之際觀之」的「觀」字理解為「察識」，而此
工夫之落實處乃在「已發之情」上，蓋情之發乃是感於物而有，其本身不一
定中節，因此當以心為情之主宰，使喜怒哀樂之情於應事接物之際均能無過
猶不及。

> 熹謂感於物者心也，其動者情也，……惟心不宰而情自動，是以流
> 於人欲而每不得其正也。然則天理人欲之判、中節不中節之分，特
> 在乎心之宰與不宰，而非情能病之，亦已明矣。蓋雖曰中節，然是
> 亦情也，但其所以中節者乃心爾。(《文集》卷三十二〈問張敬夫〉
> 書六（熹謂感於物者）)

「心」對「情」的主宰作用落實來說便是所謂的「省察」，而這一工夫又可細
分為二，一者僅在情欲已肆，行事已成之後，強加省察克治之功以使行為合
乎規矩，一者則更進一步地在「將發之際」的「幾」上用功，即在念慮之微
之幾上、心氣之始動上努力。

> 謂省察於將發之際者，謂謹之於念慮之始萌也；謂省察於已發之後

者，謂審之於言動已見之後也。(《文集》卷五十三〈答胡季隨〉書
六（所示問答）)

這樣的工夫，朱子又關聯到《中庸》的「慎獨」來說明：

> 至於慎獨，又是或恐私意有萌處，又加緊切。若謂已發了更不須省
> 察，則亦不可。如曾子三省，亦是已發後省察。(《語類》卷 62，頁
> 1514。)

> 尤於隱微幽獨之際，而所以謹其善惡之幾者，愈精愈密，以至於無
> 一毫之差謬，而行之每不違焉，則為有以致其和，而達道之行，日
> 以益廣矣。(《中庸或問》，頁 55。)

朱子在《中庸》首章中，特將「戒慎恐懼」與「慎獨」分為前後兩段工夫〔註36〕，
將「獨」字詮釋為「獨者，人所不知而己所獨知之地也。言幽暗之中，細微之
事，跡雖未形而幾則已動」〔註37〕，「慎獨」是「遏人欲於將萌」〔註38〕，是
「隨其念之方萌而致察焉，以謹其善惡之幾」〔註39〕，是「察之於將然，以審
其幾」〔註40〕的工夫。

　　故朱子在中和新說成立以後，其所理解的「察識」工夫，一方面是省察
念慮之始萌，一方面是察識應事接物之際喜怒哀樂之情是否中節合理的修養
工夫。〔註41〕

　　據此亦可知，朱子所謂動（已發）時省察（察識）的工夫乃是針對「心
氣」而施設者，而與其在中和舊說中所可能含蘊之義理系統——由『良心萌
蘗』、『因事而發見』處『致察而操存』之工夫，迥然有別。

　　此外，若論中節與否之標準，則不在「心」，乃在「性理」，錢穆先生說：
「已發而為情，情非不善，而有中節不中節，始見其善不善。而所以定其為

〔註36〕陳榮開：〈朱子《中庸》首章說試釋〉，黃清連編：《結網集》（臺北：東大圖
　　　書公司，1998 年），頁 433～449。林月惠〈朱子與劉蕺山對《中庸》首章的
　　　詮釋〉，楊儒賓編：《朱子學的開展 東亞篇》（臺北市：漢學研究中心，2002
　　　年），頁 142～146。
〔註37〕（宋）朱熹著：《四書章句集註》，《中庸章句》（臺北：鵝湖出版社，1984 年），
　　　頁 18。（以下本文引用《四書章句集註》，《中庸章句》時，皆以此版本為主，
　　　一概簡稱《中庸章句》）
〔註38〕《中庸章句》，頁 18。
〔註39〕《中庸或問》，頁 50。
〔註40〕《語類》卷 62，頁 1502。
〔註41〕蔡仁厚：〈朱子的工夫論〉，鍾彩鈞主編：《國際朱子學會議論文集》（臺北市：
　　　中研院文哲所，1993 年），頁 591。

中節與不中節者則仍屬於性」〔註42〕。此亦正如牟宗三先生所說：心主情的「主」「是管家之主，而不是真正的主人之主。真正的主人之主當在性，而不在心。」〔註43〕

> 橫渠云：「心統性情。」蓋好善而惡惡，情也；而其所以好善而惡惡，性之節也。且如見惡而怒，見善而喜，這便是情之所發。至於喜其所當喜，而喜不過；謂如人有三分合喜底事，我卻喜至七八分，便不是。怒其所當怒，而怒不遷；謂如人有一分合怒底事，我卻怒至三四分，便不是。以至哀樂愛惡欲皆能中節而無過，這便是性。（《語類》卷98，頁2514。）

> 又曰：「物至而知知，而後好惡形焉。」何也？曰：上言性情之別，此指情之動處為言，而性在其中也。物至而知知之者，心之感也。好之、惡之者，情也。形焉者，其動也。所以好惡而有自然之節者，性也。（《文集》卷六十七〈樂記動靜說〉）

然朱子又說：

> 心，主宰之謂也。動靜皆主宰，非是靜時無所用，及至動時方有主宰也。言主宰，則渾然體統自在其中。心統攝性情，非儱侗與性情為一物而不分別也。（《語類》卷5，頁94。）

可見心之主宰、統攝作用不僅在已發時必須充分發揮（致和），實則在未發時也必須能起作用，雖然我們可以知道這裡所謂的「有所用」，當是指未發時的工夫而言，但所謂的「心主性」當該如何理解呢？若直接地理解為心對性理的主宰作用，則恐怕有違朱子「性即理也」、「心是氣之精爽」的原則性之義理規定，因而陳來先生也曾在此處感到困難，而說「嚴格說來，心本不好說主宰性的」，此處恐「不可拘泥于詞語」〔註44〕，然則朱子所謂的「心主性」，其所含蘊的意義又是什麼呢？筆者以為從下面一條文獻中我們似乎可以看到線索：

> 心主性情，理亦曉然，今不暇別引證據，但以吾心觀之，未發而知覺不昧者，豈非心之主乎性者乎？已發而品節不差者，豈非心之主

〔註42〕錢穆：《朱子新學案（二）》，頁127。
〔註43〕牟宗三：《心體與性體（三）》，頁472。
〔註44〕陳來：《朱子哲學思想研究》，頁184、255。陳來先生認為：「朱熹所謂心主乎性，只是指未發時要用主敬來保持心的『中』，否則『只此便昏了天性』」（頁184）。

　　乎情者乎？（《文集》卷四十二〈答胡廣仲〉書五（熹承諭向來爲學
　　之病））

朱子說：「心主乎性者」是指「未發而知覺不昧」，但「知覺不昧」說的仍然
是「心」，而不是「性」，何以能說「主乎性」呢？

　　且如果所謂的「未發」，其首要的特徵是「思慮未萌、事物未至」，則是
否只要心尙未感物而動，未有已發之情，亦未有思慮，則皆可以是「未發之
中」呢？

　　日：「喜怒哀樂未發而不中者如何？」日：「此卻是氣質昏濁，爲私
　　欲所勝，客來爲主。其未發時，只是塊然如頑石相似，劈斫不開；
　　發來便只是那乖底。」（《語類》卷62，頁1509。）

　　未感物時，若無主宰，則亦不能安其靜，只此便自昏了天性，不待
　　交物之引，然後差也。……雖事物未至，固已紛綸膠擾，無復未發
　　之時，既無以致夫所謂中，而其發必乖，又無以致夫所謂和。（《文
　　集》卷四十三〈答林擇之〉書二十（所引人生而靜））

　　情本乎性，故與性爲對，心則於斯二者有所知覺而能爲之統御者也。
　　未動而無以統之則空寂而已，已動而無以統之則放肆而已。（《文集》
　　卷四十一〈答馮作肅〉書四（敬義之說甚善））

在朱子看來，恐怕不能未發之時就是「中」，蓋方此之時，雖未有外物交至、
牽引，但其自身亦可能因氣質之昏濁而紛擾昏亂，或者只是塊然如槁木死灰
〔註45〕、頑石一般，或者只是如一昏睡初醒的人不辨東、西，凡是此等，又
豈可稱之爲「未發之中」呢！因而在「未發」之際，仍須有一工夫，使此心
恢復其本有的知覺不昧、虛靈明覺，此乃所謂「方其未發，必有事焉」〔註46〕，
即未發之際不可昏然不醒，當有一工夫以喚醒此心本有之明〔註47〕，因此朱
子說未發時必須「聳然提起在這裡」〔註48〕，「略略地約住在這裏」〔註49〕，

〔註45〕「主敬存養雖說必有事焉，然未有思慮作爲，亦靜而已。所謂靜者，固非槁
　　　　木死灰之謂；而所謂必有事焉，亦豈求中之謂哉？」（《文集》卷四十〈答何
　　　　叔京〉書二十九（未發之前））
〔註46〕《文集》卷六十七〈程子養觀說〉
〔註47〕朱子曰：「人之本心不明，一如睡人都昏了，不知有此身。須是喚醒，方知。
　　　　恰如磕睡，彊自喚醒，喚之不已，終會醒。某看來，大要工夫只在喚醒上。」
　　　　（《語類》卷12，頁200。）
〔註48〕朱子曰：「戒愼恐懼是未發，然只做未發也不得，便是所以養其未發。只是聳
　　　　然提起在這裡，這個未發底便常在，何曾發？」（《語類》卷62，頁1499。）

時時主宰嚴肅，則能虛靈不昧，這就是「敬」的工夫〔註50〕，正是〈已發未發說〉中所徵引的第 14 條「『敬而無失』即所以中也」〔註51〕。朱子又常以「靜中之動」來說此一「未發而知覺不昧」的修養境界。

> 其靜時，思慮未萌，知覺不昧，乃復所謂「見天地之心」，靜中之動也。(《語類》卷 62，頁 1517。)
>
> 就程子此章論之，方其未發，必有事焉，是乃所謂靜中之知覺……然則靜中之動，非敬其孰能形之……故又曰：「學者莫若先理會敬，則自知此矣。」(《文集》卷六十七〈程子養觀說〉)

此「靜中之動」（未發而知覺不昧）正由「敬」之工夫所致，因而朱子說：「敬則心之貞」〔註52〕，牟宗三先生對此語，言之甚明，其曰：「敬，外在地說，即是齋莊之儀容；內在地通於心說，即是心氣之貞定」〔註53〕。而未發時的「主敬」工夫便如陳來先生所說：「是指在無所思慮與情感未發生時，仍努力保持一種收斂、謹畏和警覺的知覺狀態。」〔註54〕然而回到本節討論的核心，心於未發之時仍然要使其知覺不昧的修養境界何以能稱之為「心主乎性」呢？

蓋上節我們討論過，在未發（事物未至、思慮未萌）之際，渾然之性理當可固有而全具於「寂然的心」中，對於此義，朱子也曾表達：

> 正淳曰：「未發時當以理義涵養。」曰：「未發時著理義不得，纔知有理有義，便是已發。當此時有理義之原，未有理義條件。只一箇主宰嚴肅，便有涵養工夫。伊川曰：『敬而無失便是，然不可謂之中。但敬而無失，即所以中也。』」(《語類》卷 62，頁 1515。)
>
> 未發之前，萬理備具。……蓋是吾心本具此理，皆是合做底事，不

〔註49〕《語類》卷 62，頁 1516。

〔註50〕戴君仁先生指出所謂的「敬」，原含有「精神集中，不敢放逸的意思」，參〈原敬〉《梅園外編》，《戴靜山先生全集》（臺北市：戴靜山先生遺著編輯委員會，1980 年），頁 1877。而錢穆先生也曾歸納朱子論「敬」，共含六義：1. 敬只如畏字相似；2. 敬是「收斂」、「心中不容一物」（尹和靖之說）；3. 主一之謂敬（伊川之說）；4. 敬須隨事檢點、敬義夾輔（伊川之說）；5. 敬是常惺惺法（謝上蔡之說）；6. 敬是整齊嚴肅（伊川之說）。錢穆：《朱子學提綱》（臺北市：素書樓文教基金會出版：蘭臺網路總經銷，2001 年），頁 89～92。

〔註51〕朱子曾讚賞此語，見「喜怒哀樂未發，程子『敬而無失』之說甚好。」《語類》卷 62，頁 1511。

〔註52〕《文集》卷三十二〈答張敬夫〉書十八（諸說例蒙印可）

〔註53〕牟宗三：《心體與性體（三）》，頁 161。

〔註54〕陳來：《宋明理學》，頁 139。

　　容外面旋安排也。今説爲臣必忠、爲子必孝之類，皆是已發。然所

　　以合做此事，實具此理，乃未發也。(《語類》卷62，頁1509。)

未發時，「吾心本具此理」。倘若單看此語，似乎與「心即理」一義中「超越的實體性的「本心」」相差不遠，若眞同於此，則苟能充之便足以保四海，何以朱子不直接言擴充、推擴之工夫呢？

　　筆者以爲關鍵所在正是「心不即是理」，朱子所説的「心」仍然屬於「氣」，心性依舊平行爲二，「吾心本具此理」的「具」只是「綜合的具」，性理雖然是本有且可具於心中，但仍有不具的可能性存在，此即昏然不醒，如槁木、死灰一般者，因此在未發時，以「敬」提撕此心〔註55〕，使有所警覺後，吾心得以清明、湛然、知覺不昧，於是乎渾然而在（本有）的性理便眞正得以具於寂然的心中〔註56〕，而有「一性渾然，道義全具」之未發氣象，爲了讓此「心具理」的狀態得以不斷的保持，因而朱子又強調以敬來「涵養」保持此一未發氣象。

　　學者須當於此心未發時加涵養之功……方其未發，此心之體寂然不

　　動，無可分別，且只恁混沌養將去。(《語類》卷6，頁119。)

　　蓋義理、人心之固有，苟得其養，而無物欲之昏，則自然發見明著，

　　不待別求。(《文集》卷四十三〈答林擇之〉書二十一（古人只從幼

　　子〉)

當學生問到朱子《中庸章句》的注語「自戒懼而約之」的「約」是否就是「不放失」之意時，朱子回答説：固然是不放失，但這裡更強調的是要「存得」，此存得而不放失即是伊川所謂的「只平日涵養底便是也」(〈已發未發説〉第17條) 一工夫〔註57〕。從這裡我們可以知道朱子認爲伊川所謂的「只平日涵養底便是也」，即是「存得」、「不放失」的工夫，而且朱子在〈已發未發説〉中也曾引用「存養於未發之前則可」(第16條) 一語，所以「涵養」與「存

〔註55〕朱子曰：「人之爲學，千頭萬緒，豈可無本領！此程先生所以有『持敬』之語。只是提撕此心，教他光明，則於事無不見，久之自然剛健有力。」(《語類》卷12，頁209。)

〔註56〕朱子曰：「敬則萬理具在」(《語類》卷12，頁210。)

〔註57〕問：「先生云：『自戒慎而約之，以至於至靜之中，無所偏倚，而其守不失，則天地可位。』所謂『約』者，固異於呂、楊所謂『執』、所謂『驗』、所謂『體』矣，莫亦只是不放失之意否？」曰：「固是不放失，只是要存得。」問：「孟子所謂『存其心，養其性』，是此意否？」曰：「然。伊川所謂『只平日涵養底便是也』。」(《語類》卷62，頁1518。)

養」並沒有太大的區別，其旨皆重在使未發之前，萬理具備於吾心的本然狀態得以保持。

> 當其未發，此心至虛如鏡之明，如水之止，則當敬以存之，而不使其小有偏倚。（《中庸或問》，頁 59。）
>
> 靜而不知所以存之，則天理昧而大本有所不立矣……惟君子自其不睹不聞之前，而所以戒謹恐懼者，愈嚴愈敬，以至於無一毫之偏倚，而守之常不失焉，則爲有以致其中，而大本之立，日以益固矣。（《中庸或問》，頁 55。）

然這不是說「敬」與「存養」是未發時的兩套工夫，筆者之意在：若能主敬，則「心」便能知覺不昧，恢復其如「鏡之明」、「水之止」般的狀態，而超拔於氣質之昏蔽與物欲之雜之外，恢復其本有的「未發時渾然之性理具於其中」的氣象，一旦喚醒，更當存養而不失，而存養之際，「敬」之工夫仍無一刻放下，一稍有怠便失此氣象，涵養工夫便無所用力，故必合而言之曰：「敬以存之」、「以敬存養」。此正如唐君毅先生所說的：

> 其（未發工夫）精切之義之存在，則又不在有此一知覺不昧之心之本有，而在此心能長保此知覺不昧，則人得以自拔于其氣質之昏蔽與物欲之雜之外，使在中而無偏倚之性理，更能呈現，以發而中節，則得漸契于聖人之不思而中，不勉而得之境矣。〔註58〕

唐先生亦說：「朱子所謂人在未應事接物時之主敬涵養工夫……其目標只在呈現心靈之清明，使渾然之天理，得粲然於中。」〔註59〕，故所謂的「心主乎性」，乃是就未發時「主敬涵養」的工夫而言，也就是說，在未發時，不要過於著意〔註60〕，只是稍稍提起精神，使「心」恢復其本然的知覺不昧之狀態，當此之時，「渾然之性理」將即心而在，故當「敬以持之，使此氣象常存而不失」〔註61〕。因此「心主乎性」，便是就知覺不昧之心而關聯到性說，非直接

〔註58〕唐君毅：《中國哲學原論 原性篇》，頁 591。

〔註59〕唐君毅：《中國哲學原論 原性篇》，頁 601～602。但筆者以爲唐先生用「粲然於中」一詞稍嫌強烈，蓋當未發之時，性理只是渾然固有而具於心中，尚未顯現爲條理分明，此即「未發時著理義不得，纔知有理有義，便是已發」，因爲一旦心有其指涉之對象（無論事物或義理皆然），便落入「已發」一邊了。

〔註60〕朱子曰：「只心有所主著，便是發。如著衣喫飯，亦有些事了。只有所思量，要恁地，便是已發。」（《語類》卷62，頁1516。）

〔註61〕《文集》卷六十七〈已發未發說〉

說「心」主宰「性」〔註62〕，一如論「心之體」是以心爲主而關聯到性，由情之未發、心之寂然而言渾然之性理。

　　總之，朱子在對於心性情三者的分屬、關聯上採用伊川「心一也，有指體而言者，有指用而言者」之立言模式，而歸結爲橫渠的「心統性情」說，此說的第一義──「心兼性情」，即表現出受伊川影響的痕跡；而「心統性情」說的第二義──「心主性情」，則更落實到工夫論上說，而關聯到程子所言的「惟敬而無失最盡」（第15條）所強調「主敬」之修養工夫，相應於心有已發時，亦有未發時而開出已發、未發之工夫，一方面是當「於已發之際觀之」（第18條）的「省察」工夫；一方面是「敬而無失即所以中也」（第14條）的主敬工夫，又是「存養於未發之前則可」（第16條）、「只平日涵養底便是也」（第17條）中的「存養」、「涵養」工夫，於是將「敬」與「涵養」之工夫歸結起來，「只一個主宰嚴肅，便有涵養工夫」〔註63〕，終於印證了伊川「涵養須用敬」一語，因此朱子中和新說後所建立的心性論與修養工夫論便皆可以在「程子之言」中得到印合了。

二、赤子之心──發而未遠乎中

　　如果我們追問朱子之所以參究中和問題的動機何在？於延平歿後（隆興二年甲申朱子三十五歲），「追思延平遺教」應該是一個重要的動力根源〔註64〕。而無法由其回憶中的延平遺教契悟《中庸》已發未發之旨，或深覺延平所說與自己所體悟者不盡相同，應該是朱子參悟「中和舊說」之前困心衡慮的癥結所在，但以朱子求道精神之篤實，其必以自己的方式不斷地前進去尋求能夠令自己安心的答案，是以有參究中和問題之一段曲折。而二程（以伊川爲主）所遺留下的文本便成爲其參悟過程中最可靠的印證。因而對於文本中所存在的爭論，朱子也必須給出一合理的解釋與評判，首先相關於已發未發說者就是伊川師徒對「赤子之心」是已發、是未發的爭議。

〔註62〕如金春峰先生認爲：「『心主乎性者也』，既可以說心是性的主腦、主宰，也可以說性以心爲載體（基體、浮廓）」見氏著：《朱熹哲學思想》（臺北市：東大，1998年），頁61。

〔註63〕《語類》卷62，頁1515。

〔註64〕劉述先：《朱子哲學思想的發展與完成》（臺北市：臺灣學生，1995年，增訂三版），頁111。

　　所謂的「赤子之心」原出於《孟子》〈離婁 下〉「大人者，不失其赤子之心」，而呂大臨首將此「赤子之心」一概念放入已發未發說中來討論，呂氏認為：言「赤子之心」只取其純一無偽，無所偏倚之義，故即是喜怒哀樂之「未發」，蓋此心至虛，無所偏倚，所以又可謂之「中」。而且此心所發純是義理，足以應萬事之變。但呂氏此說遭到伊川嚴厲的批判，於是面對伊川的質疑，呂大臨再次強調：他並非不辨聖人與赤子之異（聖人智周萬物，赤子全未有知），但只是就「純一無偽」而言其同而已，且此義乃昔聞之先生君子之教（案：應是張橫渠）〔註65〕，更是反求諸己，實有所得之言。至於若論「已發」，則恐不可言心。

　　按呂大臨之義，赤子之心之所發純是義理，就是無過猶不及之準則，故其所論之「赤子之心」（未發、中）實近於孟子所謂的「本心」。若單就義理來看，呂氏此論確實近於陽明所說的「心即理」之義。

　　然而呂氏此說卻遭到伊川的強烈反對，伊川認為「赤子之心」是「發而未遠乎中」（已發而去道未遠），若逕謂之「中」，是「不識大本」。但伊川的理由與論據在文獻中卻未有清楚的記錄，僅存者只有「凡言心者，皆指已發而言」一經呂與叔的質疑而自認「未當」之語，是以朱子為此所作的解釋便特顯其個人獨特的思想特色。筆者嘗試將朱子所論製成一表格以便審覽：

	同		異1（未發時，因工夫而異）	異2（已發時）
赤子之心				純一無偽全未有知	未有私意人欲之累
眾人	心皆有未發、已發之時	若論原頭，未發都一般	庸則憒憒	有所知	發時多邪僻、雜乎私意人欲而失之
大人、聖人			聖則湛然	純一無偽又通達萬變	私意人欲終無所入於其間

p.s 朱子認為赤子亦有未發時之心，但孟子言「赤子之心」乃是就已發言。

　　依朱子己丑之悟所得，心有已發時，亦有未發時，這一點應是眾所皆然的〔註66〕，若就已發之情而言，聖凡之間當然千差萬別，但若單就未發而論，

〔註65〕鍾彩鈞：〈二程心性說析論〉，《中國文哲研究集刊》創刊號（1991.03），頁26。
〔註66〕朱子曰：「夫赤子之心、眾人之心，各有未發、已發之時。」（《孟子或問》卷八，頁456。）

則聖人與眾人是否有別呢？面對這個問題，朱子和他的學生曾有過以下的討論：

> 曰：「……然若論未發時，眾人之心亦不可與聖人同。」曰：「如何不同？若如此說，卻是天理別在一處去了。」曰：「如此說，即《中庸》所謂未發之中，如何？」曰：「此卻是要存其心，又是一段事。今人未發時心多擾擾，然亦有不擾擾時。當於此看。」（《語類》卷97，頁 2504。）

> 此大本雖庸、聖皆同，但庸則憒憒，聖則湛然。某初言此者，亦未嘗雜人欲而說庸也。（《語類》卷62，頁 1515。）

> 「喜怒哀樂未發之中，未是論聖人，只是泛論眾人亦有此，與聖人都一般。」或曰：「恐眾人未發，與聖人異否？」曰：「未發只做得未發。不然，是無大本，道理絕了。」或曰：「恐眾人於未發昏了否？」曰：「這裏未有昏明，須是還他做未發。若論原頭，未發都一般。只論聖人動靜，則全別；動亦定，靜亦定。自其未感，全是未發之中；自其感物而動，全是中節之和。眾人有未發時，只是他不曾主靜看，不曾知得。」（《語類》卷62，頁 1508。）

朱子說：若單就未發而論，眾人之心與聖人之心如何能有不同呢！「中」所形容者是「天下之大本」，既名為「大本」，則是眾理的超越根據之所在〔註67〕，應具有絕對的普遍性，不以聖凡賢愚而有別，然而這是就根源處來說，若回到現實上說，「未發之中」之於聖凡的差別正在動靜之工夫上，聖人乃是真能達到「致中和」者（靜中有動：未發而知覺不昧；動中能靜：發皆中節，止於其則），而眾人則是雖本有未發之時，卻不曾聳然提起、戒慎恐懼，使此心恢復其知覺不昧，以呈現「一性渾然，道義全具」的未發境界，而繼之以不斷地存養，只任其昏然不醒，故與聖人未發時有異。故聖凡在未發之際之所以有別是因為是否有落實「以敬涵養」的工夫所致，若就大本而言，實則此大本乃庸、聖俱同。

　　同樣的，若論赤子之心，亦不可說赤子無未發時之心，則其未發時當然也與聖人同〔註68〕，然則朱子何以必強調「赤子之心」屬「已發」呢？

〔註67〕《中庸》「中也者，天下之大本也」一語，朱子註：「大本者，天命之性，天下之理皆由此出，道之體也。」（《中庸章句》，頁 18。）

〔註68〕厚之問「赤子之心」。曰：「止取純一無偽，未發時雖與聖人同，然亦無知。

曰：然則程子卒以赤子之心爲已發，何也？曰：衆人之心，莫不有未發時，亦莫不有已發時，不以老稚賢愚而有別也。但孟子所指赤子之心純一無僞者，乃因其發而後可見，若未發，則純一無僞，又不足以名之，而亦非獨赤子之心爲然矣。是以程子雖改夫心皆已發之一言，而以赤子之心爲已發，則不可得而改也。（《中庸或問》，頁57。）

朱子認爲孟子所說的「大人者不失其赤子之心」的「赤子之心」是取『純一無僞』之義，若是如此，則這就是對一狀態的形容，凡可以加以形容者必具有「可見」這一項條件，而唯有已表現（作用）出來者始能爲人所見，因此採『純一無僞』來加以形容的「赤子之心」當然屬於「已發」。又，在朱子的理解中，並不是說『純一無僞』一詞不足以形容「未發」，實在說來，作爲天下之大本的「未發之中」是無法用任何的言語來加以掌握、形容的〔註69〕，此正如同「性不可言」一般〔註70〕，所以朱子反覆提醒學生，雖然伊川承認「凡言心者，皆指已發而言」一語未當，但千萬不可因此而懷疑「赤子之心爲已發」的說法。

此外，朱子在《語類》卷九十七中對「赤子之心爲已發」的說法有一獨具特色的補充：

鄭問呂氏與伊川論中書。曰：「呂說大概亦是，只不合將『赤子之心』一句插在那裏，便做病。赤子飢便啼，寒便哭，把做未發不得。如大人心千重萬折，赤子之心無恁勞攘，只不過飢便啼、寒便哭而已。未有所謂喜，所謂怒，所謂哀，所謂樂，其與聖人不同者只些子。」（《語類》卷97，頁2505。）

但衆人既發時多邪僻，而赤子尚未然耳。」（《語類》卷62，頁1341。）淳曰：「只是大人有主宰，赤子則未有主宰。」曰：「然」。（《語類》卷62，頁1515。）

〔註69〕 問：「《中庸或問》曰：『若未發時，純一無僞，又不足以名之。』此是無形影，不可見否？」曰：「未發時，僞不僞皆不可見。不特赤子如此，大人亦如此。」（《語類》卷62，頁1515。）

〔註70〕 朱子曰：「性不可言。所以言性善者，只看他惻隱、辭遜四端之善則可以見其性之善，如見水流之清，則知源頭必清矣。四端，情也，性則理也。發者，情也，其本則性也，如見影知形之意。」（《語類》卷5，頁89。）又云：「性無形影可以摸索，只是有這理耳。惟情乃可得而見，惻隱、羞惡、辭遜、是非是也。故孟子言性曰：『乃若其情，則可以爲善矣。』蓋性無形影，惟情可見。」（《語類》卷6，頁108。）

施問「赤子之心」。曰：「程子道是已發而未遠，如赤子飢則啼，渴則飲，便是已發。」（《語類》卷97，頁2505。）

朱子說赤子飢則啼，渴則飲，寒則哭，如何能做「未發」呢！，若借用牟宗三先生對如何理解「赤子之心」所作的兩種分判：取義的觀點與實然的觀點〔註71〕。此處朱子確實是採取「實然的觀點」看待赤子自然流露的行為表現，所以朱子甚而斷言孟子說「赤子之心」定是就「已發」來說〔註72〕。

那麼，伊川說「赤子之心」是「發而未遠乎中」，所謂的「未遠乎中」又該如何理解呢？且就已發言，聖人、眾人、赤子其別何在？

朱子認為赤子之心雖全未有知，但當其發之際未有私意人欲之累，所以只是純一無偽而已，雖未必中節，卻仍未遠乎中。至於眾人，則已有所知，其發也，又會混雜私意、人欲於其中。但是聖人，不僅不失赤子之純一無偽，又能明於庶物，察於人倫，通達萬變，而私意人欲卻絲毫不能入於其間。

> 曰：「……赤子之心，未有私意人欲之累，故雖其已發而未必中節，要亦為未遠乎中耳。」曰：程子所謂聖人之明鑑止水，其所以異於赤子之純一無偽者，何也？曰：赤子之心，全未有知，然以其未有私意人欲之累也，則亦純一無偽而已爾。眾人既有所知，則雜乎私意人欲而失之，聖人則察倫明物，酬酢萬變，而私意人欲終無所入於其間，是以若明鑑止水之湛然不動而物無不照也。（《孟子或問》卷八，頁456。）

> 蓋赤子之心，純一無偽，而大人之心，亦純一無偽。但赤子是無知覺底純一無偽，大人是有知覺底純一無偽。　夔孫錄云：「大人之所以為大人者，卻緣是它存得那赤子之心。而今不可將大人之心只作通達萬變，赤子只作純一無偽說。蓋大人之心，通達萬變而純一無偽；赤子之心，未有所知而純一無偽。」（《語類》卷62，頁1341。）

在朱子師徒的討論中，採「明鏡止水」來形容聖人之心，這也是本於伊川，見〈與蘇季明論中和〉一書最末：

> 曰：「赤子之心與聖人之心若何？」曰：「聖人之心，如鏡，如止水。」

但實在說來，在文獻的紀錄中，伊川並沒有對赤子之心何以是「已發」，為何

〔註71〕牟宗三：《心體與性體（三）》，頁355。

〔註72〕問：「赤子之心，指已發而言，然亦有未發時。」曰：「亦有未發時，但孟子所論，乃指其已發者耳。」（《語類》卷62，頁1341。）

仍是「未遠乎中」，赤子、聖人與眾人之心在已發、未發處各有何異同等問題，給出清楚的說明。但是從上面的討論來看，朱子確實做了很多補充性的發揮，讓伊川的結論得以成立，而且我們也可以看到，朱子所作的解答完全是建立在他本人的中和新說上的，此處正表現出朱子對自我體悟所得當與前賢所說有一高度的融貫之自我要求。此外，朱子看待「赤子之心」的角度，亦甚具有其個人特色。

　　然而朱子師徒何以要詳於比較赤子、聖人與眾人之心在已發、未發處各有何異同的問題呢？筆者以為這是要為了對聖人可學而至，做一必要的肯定與說明，設若聖人並非為天所降，則其當有與眾人相同之處，朱子認為這就是「未發之中」，只是眾人自泯失之，故當有一成聖的工夫，只要肯實下工夫，眾人終是可以達至聖人之境。

　　對此一問題的討論，我們也可以看到朱子深受五峰的影響，五峰曾說：

> 某愚謂方喜怒哀樂未發，沖漠無朕，同此大本，雖庸與聖無以異也；而無思無為，寂然不動，乃是指易而言，易則發矣。故無思無為，寂然不動，聖人之所獨，而非庸人所及也。（《五峰集》〈與僧吉甫書三首〉）

五峰以中為性，是未發之體，此體是超越的大本，這一點應該是聖凡同有者，於是聖凡之別只在已發上。依五峰之意，寂、感都是就心言，唯有聖人始能寂然不動，感而遂通，這就是「感物而靜」的境界，而一般庸眾之人雖有此大本（性），但一有所感，便為物所動，所以不能得其正。〔註73〕

> 問：「伊川言：『「喜怒哀樂未發謂之中」，中也者，「寂然不動」是也。』南軒言：『伊川此處有小差，所謂喜怒哀樂之中，言眾人之常性；「寂然不動」者，聖人之道心。』又，南軒辨呂與叔論中書說，亦如此。今載《近思錄》如何？」曰：「前輩多如此說，不但欽夫，自五峰發此論，某自是曉不得。今湖南學者往往守此說，牢不可破。某看來，『寂然不動』，眾人皆有是心；至『感而遂通』，惟聖人能之，眾人卻不然。蓋眾人雖具此心，未發時已自汩亂了，思慮紛擾，夢寐顛倒，曾無操存之道；至感發處，如何得會如聖人中節！」（《語類》卷95，頁2415。）

問者引張南軒之語以扣問於夫子。張南軒認為「未發之中」是指眾人之常性，

〔註73〕楊祖漢：〈胡五峰之體用論與朱子「中和舊說」的關係〉，頁34～36。

而能「寂然不動」者，乃是聖人獨有之道心。從這裡看，南軒之說的確本於其師五峰，朱子也看出其中學問授受的關聯，但他卻認為此說難以令人理解，這就隱含了對這種看法的否定。其實在朱子的看法中，他同樣認為聖凡皆本具此「未發之中」，「寂、感」一詞亦就「心」而言，這兩點是同於五峰的。但朱子認為聖凡之間在已發、未發處仍當有分別，在未發時，庸眾之輩不知持敬涵養，所以當其處未發之際早已汩亂、紛擾，不復為「未發之中」了，依此而發，便多邪僻，雜乎私意人欲，如何能如聖人般發而皆中節。聖人之所以為「聖」，便在於其能無所不知，無所不能，通達萬變，而私意、人欲卻始終無所入乎其中，是乃謂「感而遂通」的境界。

第三節　心之思與知覺

　　以上，我們討論了朱子怎麼從理解與詮釋伊川「心一也，有指體而言，有指用而言」一語來建立以「心統性情」為核心的心性觀點與修養工夫論，以及他如何替伊川主張赤子之心為「發而未遠乎中」的觀點加以說明與擴充其意義。接下來，我們可以來看朱子如何本其個人的中和體悟，來詮釋伊川所反對的「求中」工夫，以及「既思便是已發」、「耳須聞、目須見」等觀點，解決伊川師徒留存下來的文獻資料中所可能隱含的矛盾性。

一、既思即是已發

　　觀察朱子對所謂「未發」一詞的條件之描述：「思慮未萌，事物未至」，此處所特別提出的「思慮」一概念，在己丑以前的書信中並不曾出現過，筆者以為朱子之所以注意到這一概念，是原於〈已發未發說〉所引第十一條「既思便是已發，喜怒哀樂一般」一語，按此語原見於〈答蘇季明論中和〉一文中。

> 或曰：「喜怒哀樂未發之前求中，可否？」
> 曰：「不可。既思於喜怒哀樂未發之前求之，又卻是思也。既思即是已發。思與喜怒哀樂一般。纔發便謂之和，不可謂之中也。」

　　1. 反對「求中」

　　伊川發此語乃是為了指出「求中」工夫有弊。即伊川反對所謂的「於未發之前求中」的工夫，他的理由是當你一「有意」去掌握「中」之際，實際上，此「思慮、意識」活動之本身便是「心」的活動之表現，也就是說，當

「心」一有意識、思慮活動產生時，此刻便立即落入「已發」的狀態，而遠離「未發」了，所謂「思與喜怒哀樂一般」。因此「求中」必不可得，這一反對「求中」的理由，朱子極為贊同。如言：「纔涉思，即是已發動」〔註74〕、「未發之前，則宜其不待著意推求，而瞭然心目之間矣；一有求之之心，則是便為已發，固已不得而見之，況欲從而執之，則其為偏倚亦甚矣，又何中之可得乎？」〔註75〕。

原本「求中」之說，乃呂與叔論中和的主要觀點，但伊川在〈與呂大臨論中書〉中並未予以反對。朱子認為依上面所引述之文獻，與「存養於未發之前則可，求中於未發之前則不可」（第16條）、「未發更怎生求？」（第17條），便足以證明程子「決不以呂說為然」〔註76〕，朱子又認為呂大臨之病根「正在欲於未發之前，求見夫所謂中者而執之，是以屢言之而病愈甚。」〔註77〕

然而若回歸到呂大臨對「中」、「赤子之心」的規定來看，呂氏《中庸解》云：「情之未發，乃其本心。本心元無過與不及，所謂『物皆然，心為甚』，所取準則以為中者，本心而已」〔註78〕，則所謂「求中」的工夫乃是「異質地跳越一步指目一『超越的性體』或『本心』」，即於靜復中肯認一「超越實體」以為中也。「求」即「見」義，引申為「肯認」或「體證」〔註79〕，恐非如伊川、朱子兩人將「求」字理解為「思」。正因為雙方對「求中」一工夫存在著歧義，因而引生出「既思便是已發」的觀點，如此一來，心的活動——「意識、思慮」反倒成了已發、未發的決定特徵之一。

> 「只是這箇心自有那未發時節，自有那已發時節。謂如此事未萌於思慮要做時，須便是中、是體；及發於思了，如此做而得其當時，便是和、是用。」（《語類》卷62，頁1509。）

未發只是思慮事物之未接時，於此便可見性之體段，故可謂之中而

〔註74〕《語類》卷62，頁1509。
〔註75〕《中庸或問》，頁59。
〔註76〕《中庸或問》，頁57。
〔註77〕《中庸或問》，頁59。
〔註78〕（宋）呂與叔著：《中庸解》，引自《二程集‧經說》卷八，頁1152。關於《中庸解》一書的版本與作者問題，可參考 郭曉東：〈論朱子在對《中庸》的詮釋過程中受呂與叔的影響及其對呂氏的批評〉，黃俊傑編：《中日《四書》詮釋傳統初探（上）》（台北市：台大出版中心，2004年），注18。
〔註79〕牟宗三著：《心體與性體（二）》，頁361～366。

不可謂之性也。發而中節，是思慮事物已交之際皆得其理，故可謂之和，而不可謂之心。心則貫通乎已發未發之間，乃大易生生流行，一動一靜之全體也。(《文集》卷四十三〈答林擇之〉書六（所答二公問））

問：「《中庸或問》說：未發時耳目當亦精明而不可亂。如平常著衣喫飯，是已發，是未發？」曰：「只心有所主著，便是發。如著衣喫飯，亦有些事了。只有所思量，要恁地，便是已發。」(《語類》卷62，頁1516。)

在朱子看來，縱使尚未與外部事物接觸，激發喜怒哀樂等情緒的反應之前，舉凡一有「思慮」的活動產生，便屬於「已發」了。然而若回歸《中庸》文本，其原文是「喜怒哀樂之未發謂之中，發而皆中節謂之和」，依此段的文義脈落而言，未發與已發應當是就「喜怒哀樂」來說，也就是說，當是就「情」而論，未發即是感性之情未被激發，如此一來，《中庸》所謂的「已發未發」似乎沒有涉及「心之思慮」一概念，且細究之，感性的「情緒」之激發、本於良知本心的「四端」之發見與意識層次的「思慮」之作用當是不同的活動表現〔註80〕，當代學者徐復觀先生便以上面所引的「既思即是已發」一段為據，指出：「程伊川對中和思想的最大誤解，是把『思』與『喜怒哀樂』，混為一物」〔註81〕，而朱子更落入其中，於此誤解中打轉。至此，我們不禁會追問：朱子若果真是承伊川反對「求中」的理由（ 既思即是已發 ）而發展，他是否曾自覺到「思」與《中庸》所言「喜怒哀樂」之間的差異，而作一妥當的安排呢？或只是隨順伊川所說的觀點，而在此被誤解了的「未發」之「死巷」〔註82〕中打轉，而終不能相應於《中庸》的思想？

〔註80〕陳來先生認為「情在朱熹哲學中的意義至少有三種，一是指作為性理直接發見的四端，二是泛指七情，三是更包括某些具體思維在其中。」陳來：《朱子哲學思想研究》（上海：華東師範大學出版社，2000年），頁210。
〔註81〕徐復觀：《中國人性論史　先秦篇》，（台北市：台灣商務，1969年），頁129。
〔註82〕依徐復觀先生之意，把思與喜怒哀樂混淆，以言未發之中，便無形中把《中庸》的中和思想，轉換為禪宗明心見性的思想，在禪宗，因為要「超知」，所以「明心見性」是通過「心行路絕」的工夫而達到，所以對禪宗而言，此無不可，並非死巷。但若以此禪宗思想為背景，尋求有別於禪宗而可通向儒學之活路，徐先生以為即便找到一出路，也無法相應於《中庸》誠、智仁勇之思想、孟子仁義禮智之四端的道德精神，故由此混淆而前進必是一不通的死巷。《中國人性論史　先秦篇》，頁128～137。

2. 心知、耳聞、目見

《中庸》的思想爲何？一時恐難以討論。我們在此僅看朱子是否果眞未曾意識到此兩者有不同存在？筆者以爲朱子可能有意識到這一差別。首先朱子在《中庸章句》言「喜怒哀樂，情也。其未發，則性也，無所偏倚，故謂之中。」已發、未發完全不涉入「思慮萌否」的考量，依朱子對經傳注疏字字斟酌的嚴謹態度，此處如此處理當是有其用心。但這只是間接的、消極的表明朱子認爲兩者有所差別，而朱子是否曾明言兩者之異呢？而對此差異作一積極、正面的回應呢？筆者以爲針對此等問題，《文集》卷四十八〈答呂子約〉書三十九（所示四條）一文是極具價值的參考資料。

> 夫「未發」、「已發」，子思之言已自明白。程子數條引寂然感通者，皆與子思本指符合，更相發明。……至《遺書》中「纔思即是已發」一句，則又能發明子思言外之意，蓋言不待喜怒哀樂之發，但有所思，即爲已發。此意已極精微，說到未發界至十分盡頭，不復可以有加矣。〔註83〕

朱子認爲程子引《易》〈繫辭 上〉「《易》無思也，無爲也，寂然不動，感而遂通天下之故」的『寂然』、『感通』之詞語來詮釋《中庸》所說的「未發」、「已發」，這樣的引用、互證不僅符合子思本意，而且更有相互發明之功。至於「纔思即是已發」一句，更是將子思的「言外之意」全盤托出，說到隱微的未發界之盡頭，子思作《中庸》言已發未發，乃是就「喜怒哀樂之情」而論，故朱子於《中庸章句》的注解中只言及「性、情」，而不及「思慮」；然伊川所言則是將『未發』的領域進一步開發、推擴至「思慮未萌」之境況，這對於子思所言者是一有別但不矛盾的補充說明，在朱子看來兩者可並行而不悖。故依此可知，朱子實已注意到「思」與「喜怒哀樂之情」有所差異。〔註84〕

〔註83〕《文集》卷四十八〈答呂子約〉書十一（所示四條）依陳來《朱子書信編年考證》（上海：上海人民出版社，1989 年）該卷〈答呂子約〉書三十八、三十九、四十四、四十五與四十七，皆作於丁巳年，朱子年 68 歲（頁 422）。

〔註84〕陳來先生認爲朱子有兩種已發未發說，一者是就「心」言，指心理活動的不同階段或狀態，以「思慮意念」的產生與否爲劃分標準；一者就「性情」言，指性與情之間的體用關係。前者的意義主要在工夫論，後者的意義主要在心性論。見陳來：《朱子哲學研究》，頁 173～180。《宋明理學》，頁 133～134。按：筆者以爲就「心之有思」判斷已發、未發在朱子的說法中確實是可以成立的，但朱子並不因此而說有兩種已發未發說，此就「心之有思」而說的已

在宋寧宗慶元三年丁巳（1197年），朱子之所以與呂子約引發此討論，乃因呂氏「欲守程門問者之說，謂未發時耳無聞、目無見」〔註85〕，即是說呂子約主張以「耳無聞、目無見」為「未發」時節之特徵，此觀點的提出立即遭到朱子極力反對，故致書辯曰：「至靜之時，但有能知能覺者，而無所知所覺之事」〔註86〕，又試以「心思、耳聞、目見三事校之，以見其地位、時節之不同」〔註87〕。

> 蓋心之有知與耳之有聞、目之有見為一等時節，雖未發而未嘗無；心之有思乃與耳之有聽、目之有視為一等時節，一有此則不得為未發。故程子以有思為已發則可，而記者以無見無聞為未發則不可。若苦未信，則請更以程子之言證之。……此「未發」、「已發」之辨也。（《文集》卷四十八〈答呂子約〉書十一（所示四條））

從「能」、「所」的相對立說外，進一步言明：「心之有知」與「目之有見」、「耳之有聞」為『未發』之能；「心之有思」與「目之有視」、「耳之有聽」為『已發』之表現。即處『未發』之際，心知、目見、耳聞雖處於一種尚未起作用的潛存之狀態，但並非「沒有」此等能力的存在，所謂「未發而未嘗無」也。若事物交至之時，一旦有「思」、「視」「聽」的活動產生，則便屬於已發。此外，文末「此未發、已發之辨」一句，亦可印證本文所論，在朱子中和的體悟中確實有以「思慮萌否」分別已發、未發的想法。

但呂子約之說實本於〈答蘇季明論中和〉一文：

> 曰：「當中之時，耳無聞，目無見否？」（伊川）曰：「雖耳無聞，目無見，然見聞之理在始得。」

其實這段文字，朱子也曾引入〈已發未發說〉中，作為代表性文獻（第12條）。單就此段文字來看，伊川似乎並無明確地反對「未發時，耳無聞、目無見」的說法，但朱子認為此段文字的紀錄必定有誤。

朱子認為伊川的學生（問者）有此不諦之問——無聞無見否？乃是因為問者不能切己體會，深入的了解伊川言「既思便是已發」一語的精妙深微所致。朱子又推測說：依照伊川之性格，面對如此不當之提問，正該拒絕回答，

發、未發當只是對已發未發說的一個補充。
〔註85〕《文集》卷四十八〈答呂子約〉書十一（所示四條）
〔註86〕《文集》卷四十八〈答呂子約〉書十（代語之喻）　此一語亦見於《中庸或問》「蓋當至靜之時，但有能知覺者，而未有所知覺也」（頁58）。
〔註87〕《文集》卷四十八〈答呂子約〉書三十九（所示四條）

然而此時卻不知何故，一反常態，有所回應，以致於留下如此乖舛的紀錄，
若參照他處，其中的差謬亦甚顯明。

> 如耳無聞目無見之答，以下文前旒黈纊之說參之，其誤必矣。蓋未
> 發之時，但爲未有喜怒哀樂之偏耳，若其目之有見，耳之有聞，則
> 當愈益精明而不可亂，豈若心不在焉，而遂廢耳目之用哉？……程
> 子之言，決不如是之過也。（《中庸或問》，頁 58。）

> 故前旒黈纊之說，亦只是說欲其專一於此而不雜他事之意，非謂奉
> 祭祀時都無見聞也……程子云：「若無事時，耳須聞，目須見。」既
> 云耳須聞，目須見，則與前項所答已不同矣。（《文集》卷四十八〈答
> 呂子約〉書十（代語之喻））

朱子認爲從〈答蘇季明論中和〉後一段有言：「若是大事，如祭祀，前旒蔽明，
黈纊充耳，凡物之過者，不見不聞也。若無事時，目須見，耳須聞。」當中的
「若無事時，目須見，耳須聞」一句話便足以證明「無聞無見之說」必定有誤。

在朱子的理解中，程子舉祭祀時不聞不見爲例，只是在說：當此（已發）
之時，必須要心志專一，心無旁鶩，對於其他事物的紛擾，有若不聞不見一
般。而非眞得要人做到無聞、無見。此外，在事物未至之時（無事時）〔註88〕，
程子曰：「耳須聞，目須見」，則不僅隱含耳聞、目見「雖未發而未嘗無」，這
一必然存在的肯斷。且此處特下一「須」字，更表明了未發之際須工夫修養，
始能讓靜（未發）時不是昏然不醒〔註89〕，是所謂「當愈益精明而不可亂」，
亦即「學者須當於此心未發時加涵養之功，則所謂惻隱、差惡、辭遜、是非
發而必中。方其未發，此心之體寂然不動，無可分別，且只恁混沌養將去。
若必察其所謂四者之端，則既思便是已發」〔註90〕。

〔註88〕 筆者以爲朱子此處是將伊川言「無事」、「有事」理解爲「事物未至」與「事
物交至」，故做此詮釋。如《語類》卷 96 載：用之問「蘇季明問喜怒哀樂未
發之前求中」一條。曰：「此條記得極好，只中間說『謂之無物則不可，然靜
中須有個覺處』，此二句似反說。『無物』字，恐當作『有物』字。」（頁 2469）
案：朱子認爲『無物』兩字，恐當作『有物』，也就是說，應改作「事物交至」
（已發），否則依照原文「謂之「無物」（事物未至）則不可」，是說不可稱作
「未發」，但後文言「靜」，卻是就未發而言，所以前後兩句造成矛盾（似反
說），所以朱子認爲應該修改。
〔註89〕 「未發不是漠然全不省，亦常醒在這裏，不恁地困。」（《語類》卷五，頁
86。）
〔註90〕 《語類》卷 6，頁 119。
《語類》卷 96 也載一條：「『雖耳無聞，目無見，然見聞之理在始得』雖是耳

　　是故朱子譏諷呂氏若仍堅持以無見無聞為「未發」，乃是「不曾識得自家有見聞覺知而無喜怒哀樂時節」〔註91〕，則只有「神識昏昧底人，睡未足時被人驚覺，頃刻之間，不識四到時節」〔註92〕，才可能有此氣象，並且必將導致「使人有生已後、未死已前更無一息未發時節，惟有爛熟睡著可為未發，而又不可以立天下之大本」〔註93〕的嚴重問題。於是，朱子最終勸呂子約云：「不若放下，只白直看子思說底」〔註94〕。相似於呂子約將中和問題轉向見聞上說，朱子的門人也曾以手足行動判分已發未發就教於朱子，朱子同樣強調：「便是書不如此讀。聖人只教你去喜怒哀樂上討未發已發，卻何嘗教你去手持足履上分未發已發？都不干事。」〔註95〕由此可見，朱子認為討論已發未發的判分問題，雖程子的「既思便是已發」對子思之說有所發明、補充，但還是要以《中庸》「喜怒哀樂」為主，能掌握此義，乃可論「未發」的引申義（思慮）。〔註96〕

　　論及心之知與思的問題，語其源當可追溯到孟子所說的「心之官則思」〔註97〕一語，牟宗三先生曾對此有一明確的疏解，他認為孟子此處的「思」是指仁義本心的本質作用，亦即道德本心對其自身的明覺，所以「思能使你超拔乎耳目之官之拘蔽之外，它是能開擴廣大你的生命者」〔註98〕，此是天所與我者。但是朱子在《孟子集注》中將心之官與耳目之官等同視之，認為此三者是天所與我者，再加上此處將心知、耳聞、目見平列，我們也可以從中看到朱子所理解的「心」或「心之思」確實不同於孟子所論，反倒似生命

無聞，目無見，然須是常有個主宰執持底在這裏，始得。不是一向放倒，又不是一向空寂了。」（頁2469）從這裡我們也可以看到朱子強調未發時要做「持敬」的工夫，但此處仍說「雖是耳無聞，目無見」，筆者以為此恐是紀錄之誤，或朱子遲至晚年才將知、聞、見與思、聽、視作一清楚的界定，但朱子認定「無聞無見之說」有誤，可推溯至《中庸或問》的完成，故此處當可依上文所論，改作：「雖是耳無聽，目無視」。

〔註91〕《文集》卷四十八〈答呂子約〉書十六（不睹不聞既即是隱微之間）
〔註92〕《文集》卷四十八〈答呂子約〉書十六（不睹不聞既即是隱微之間）
〔註93〕《文集》卷四十八〈答呂子約〉書十一（所示四條）
〔註94〕《文集》卷四十八〈答呂子約〉書十六（不睹不聞既即是隱微之間）
〔註95〕《語類》卷96，頁2468。
〔註96〕錢穆：《朱子新學案（二）》，頁336～344。
〔註97〕《孟子集註》〈告子　上〉第十五章，頁335。
〔註98〕牟宗三：《圓善論》（臺北市：臺灣學生，1985年），頁51。袁保新先生將「思」詮釋為「鑑照價值的『明善』功能」，亦值得參考。見袁保新：《孟子三辨之學的歷史省察與現代詮釋》（臺北市：文津，1992年），頁84。

構造中的一種「機能」或「能力」。且因為如此，朱子雖然能注意到感性的情緒之激發與意識層次的思慮活動有別，但對於本心良知之四端（道德情感）的發見仍未予以充分正視。

然而在〈已發未發說〉第 12 條「當中之時，耳無聞、目無見，然見聞之理在始得」中，朱子雖質疑「無聞無見之說」，卻沒有反對「見聞之理在始得」一句，其本身依然使用此一詞語，認為「有聞見之理在，即是『靜中有物』」〔註99〕，這又是什麼意思？什麼原因呢？因此接下來當看朱子究竟如何理解與詮釋「靜中須有物始得」一語。

二、靜中須有「物」始得

朱子在〈已發未發說〉引文中，摘有「未發之前謂之靜則可，靜中須有物始得。這裡最是難處。能敬則自知此矣」（第 13 條），〈答蘇季明論中和〉中原文作：

> 或曰：「先生於喜怒哀樂未發之前下動字，下靜字？」曰：「謂之靜則可，然靜中須有物始得，這裏便一作最。是難處。學者莫若且先理會得敬，能敬則自知此矣。」

依程伊川此處所言，「靜」是指喜怒哀樂未發，但「靜中須有物」，究竟須有何物？伊川並沒有明確說出此物為何，他只是給出了一個能夠靜中「有物」的修養方法——「敬」，若能持敬主一，便自知矣。若關聯相關語句來看，我們可以發現伊川又有言：「既有知覺，卻是動也，怎生言靜？」因此，在伊川看來，「知覺」是「動」（已發），故非此靜中之「物」。

1. 動靜——可兼用於心與情

但在朱子而言，他似乎並不全然贊同伊川「既有知覺，卻是動也」一語。

> 其言靜時既有知覺，豈可言靜，而引〈復〉以動見天地之心為說，亦不可曉。蓋當至靜之時，但有能知覺者，而未有所知覺也。故以為靜中有物則可。（《中庸或問》，頁58。）
>
> 曰：「……所謂『靜中有物』者，只是知覺便是。」曰：「伊川卻云：『纔說知覺，便是動。』」曰：「此恐伊川說得太過。若云知個甚底，覺個甚底，如知得寒，覺得煖，便是知覺一個物事。今未曾知覺甚事，但有知覺在，何妨其為靜？不成靜坐便只是瞌睡！」（《語類》

〔註99〕《語類》卷96，頁2470。

卷 96，頁 2470。）

朱子同樣認為，「靜」、「動」兩字可用來代稱未發、已發〔註100〕，則「靜中有物」一語可詮釋為「未發時但有『知覺』在」，此同於「心之有知」為未發，所以朱子不得不說伊川「既有知覺，卻是動也」這句話恐怕說得太過，蓋雖有知覺在，但未有所知覺之事，何妨其為「靜」，即上文所引「至靜之時，但有能知能覺者，而無所知所覺之事」。

　　但依下一條語錄所示，朱子似乎也能肯定伊川「既有知覺，卻是動也」一語，若是如此，則其中是否有前後不能一致的地方呢？或者這是《朱子語類》本身所存在的錯誤呢？

　　　　曰：「常醒，便是知覺否？」曰：「固是知覺。」曰：「知覺便是動否？」
　　　　曰：「固是動。」曰：「何以謂之未發？」曰：「未發之前，不是瞑然
　　　　不省，怎生說做靜得？然知覺雖是動，不害其為未動。若喜怒哀樂，
　　　　則又別也。」曰：「恐此處知覺雖是動，而喜怒哀樂卻未發否？」先
　　　　生首肯曰：「是」。（《語類》卷 96，頁 2469～2470。）

朱子門人的疑惑在：老師教導我們未發之前「當戒慎恐懼，提撕警覺」，「須常惺地醒」，若能如此，便是所謂的「知覺不昧」，但小程夫子卻說「既有知覺，卻是動也」，則老師您所說的「知覺不昧」究竟屬於未發（靜）之時，還是已落入已發（動）了呢？

　　針對門人的追問，朱子肯定的回答：「知覺是動」。如此一來，門人的疑惑更甚了，此「動」字何以能與「未發」混用呢？於是朱子進一步解釋說：「未發之前，不是瞑然不省，怎生說做靜得？」據此可知，朱子此處使用「靜」、「動」一詞不是單就喜怒哀樂之未發、已發說，而是扣緊「知覺」（心）立論，所以若就「心」之「知覺不昧」說「動」是以其並非死物，並非昏昧不能省而稱其為「動」，此動不同於生發動靜之動，亦非激發而為情之動。因此「知覺雖是動，不害其為未動」一句，便可以有兩種詮釋：一者，就心本身之寂而能感、感而能寂之特性說，即「心」本身是一「天機活物」，心之有知，必隨感而應，當然是「動」；再者，就未發之工夫須猛然提起以保持此心常惺惺〔註101〕而言，則知覺之「不昧」（常醒，而非瞑然不省）當然也可言「動」。

─────────────

〔註100〕「所引『人生而靜』，不知如何看靜字？恐此亦指未感物而言耳。」（《文集》
　　　　　卷四十三〈答林擇之〉書二十（所引人生而靜））

〔註101〕「敬只是常惺惺法，所謂靜中有個覺處，只是常惺惺在這裡，靜不是睡著了。」
　　　　　（《語類》卷六十二，頁 1503。）

這兩種方式詮釋「知覺」皆可說「動」，且均不害其處未發之時，所以朱子能接受學生最後的歸結：「知覺雖是動，而喜怒哀樂卻未發」。

此處所以能如此詮釋乃基於朱子在中和新說確立後，認為心有已發時，亦有未發時，貫通乎動靜之間，且寂、感乃是就心說。如此一來，對朱子而言，「動／靜」一詞可以針對不同的討論對象而有不同的義涵，若用在喜怒哀樂之情上，便相當於「未發／已發」，則動靜兩者截然有別，不可並存，只要一激發喜怒哀樂之情、一有思慮營為之意識活動，便屬已發，便是動。但若針對知覺之心而論，則「動／靜」一詞相當於「寂／感」一觀念，蓋「寂，含活意，感則便動」〔註102〕，因此「心」是寂而能感，感而能寂，正所謂「其寂然者無時而不感，其感通者無時而不寂也。是乃天命之全體、人心之至正，所謂體用一源，流行不息者也。疑若不可以時處分矣。」〔註103〕

2. 靜中之物與心體昭昭

若能較清楚的掌握朱子對「動／靜」一詞的靈活運用，則我們也可以理解朱子何以批評伊川「知覺是動」的觀點，而他自己本人卻又說「知覺固是動」，這是因為朱子認為伊川直接的論斷「既有知覺，卻是動也，怎生言靜？」說得太死，然而如果回到伊川本人的表述來看，未發是指未有知覺運動之前，一旦有知覺運動產生就屬已發（既思便是已發），能「敬」則能知此靜中之「物」（同於「『敬而無失』即所以中也」），又伊川答語中言「當中之時，耳無聞、目無見，然見聞之理在始得」，將兩者合觀，於是伊川的本旨當可以是指「見聞之理」而言，亦即「性理」是也，此正符合伊川未發為性，已發為心的論旨。

但是朱子顯然不是這樣認為，他曾雖將「靜中有物」一語理解為「未發時但有『知覺』在」，則此「物」即是指「知覺（不昧）」〔註104〕，即指氣之靈、氣之精爽〔註105〕——「心」而言。但又云：

〔註102〕《語類》卷96，頁2470。
〔註103〕《語類》卷96，頁2470。
〔註104〕錢穆先生曰：「靜中有物，乃是有個知覺。雖有個知覺，但非知覺了甚麼，此乃未發時體段。」錢穆：《朱子新學案（二）》，頁345。
〔註105〕陳來先生曾指出：「心的意義除指知覺思維的能力外，亦指具體的知覺思維。」前者是狹義的「知覺」，後者是廣義的「知覺」，此處筆者所論是就未發時，心之有知而言，所以是指狹義的「知覺思維的能力」。陳來著：《朱子哲學思想研究》，頁214。

　　問：「程子云：『須是靜中有物始得。』此莫是先生所謂『知覺不昧』
之意否？」曰：「此只是言靜時那道理自在，卻不是塊然如死底物也。」
（《語類》卷96，頁2470。）

　　「『靜中有物』如何？」曰：「有聞見之理在，即是『靜中有物』。」
（《語類》卷96，頁2470。）

　　問：「伊川言：『靜中須有物始得。』此物云何？」曰：「只太極也。」
（《語類》卷96，頁2471。）

朱子在此處言未發時有物，此「物」是『道理』，是『聞見之理』，是『太極』。
凡此皆是就「性理」說，則與前面就「知覺」（氣）說略有差異，這是因為隨
朱子所悟而有前後不同的解釋〔註106〕，還是在朱子本身的義理思想中這樣的
詮釋也是可以接受的呢？

　　問：「知覺是心之靈固如此，抑氣之為邪？」曰：「不專是氣，是先
　　有知覺之理。理未知覺，氣聚成形，理與氣合，便能知覺。」（《語
　　類》卷6，頁85。）

筆者以為「靜中有物」固然是指「心之知覺不昧」，但「不專是氣，是先有知
覺之理」，也就是說心之有知、耳目之有聞見不只是其本身之「氣」如此，『然』
的背後必有作為根據的『所以然』，故知覺背後必有其所以能知、能覺之理在，
是故朱子此處從知覺進一步指點出有所以能知覺的「知覺之理」。且本朱子的
義理系統，「理一分殊」，物物一太極，眾理一理，所以對「靜中有物」的詮
釋，朱子亦可將之推言至「太極」，但這只是「靜中有物」的一個引申、發揮，
其首要之意應仍是指「知覺不昧」而言。

　　此外，在程、呂問答中，呂大臨也有「未發之前，心體昭昭具在，已發
乃心之用也」一語，這句話也常常引發朱子師徒的討論，學生們往往指出張
南軒反對呂氏此語以就教於朱夫子。

　　曰：「南軒云：『『心體昭昭』處，分作兩段。」曰：「不是如此，
　　此說極好。敬夫初唱道時，好如此說話。」（《語類》卷97，頁
　　2505。）

　　問：「南軒辨心體昭昭為已發，如何？」曰：「不消如此。伊川
　　只是改它赤子未發，南軒又要去討它病。」（《語類》卷97，頁
　　2505。）

〔註106〕唐君毅：《中國哲學原論 原性篇》，頁588，註二。

問：「呂與叔云：『未發之前，心體昭昭具在；已發乃心之用。』南
軒辨昭昭為已發，恐太過否？」曰：「這辨得亦沒意思。敬夫太聰明，
看道理不子細。(《語類》卷62，頁1512。)

朱子認為呂氏「未發之前，心體昭昭具在」，說得亦好，且伊川並未破此說
〔註107〕，伊川所要辯破者乃是呂與叔將「赤子之心」視為「未發」的看法，
所以張南軒硬要辯呂氏此語，在朱子看來，這是沒有意思的。

但實在說來，南軒之學傳自胡五峰，五峰之學主性體心用，已發為心，
未發為性，所以面對呂大臨的說法，南軒自然是有微言的，但令人好奇的是
朱子何以如此肯定「未發之前，心體昭昭具在，已發乃心之用也」這句話呢？
朱子說：

隱微之間，有昭昭而不可欺，感之而能應者，則固心之謂矣。(《中
庸或問》，頁53。)

這是因為在朱子看來，這句話不僅合於伊川「心一也，有指體而言，有指用
而言」，「心兼體用」的立言模式，而且若將「昭昭」理解為「不昧」，將「具
在」理解為「性理渾然而在」，則呂與叔這句話便明白地指出朱子中和新說所
體悟到的：心體昭昭（知覺不昧）而性理渾然具在的未發境界。所以此語在
朱子看來，如何會有病呢！因此，朱子疑南軒硬要辯破此語，乃是緣於他太
聰明導致看道理不夠仔細所致。

其實呂大臨之說，固然有似「心兼體用」的立言模式，這或許是因為與
伊川論辯所以有此發展，但若照呂氏之說，「中即性也」，「此心（赤子之心）
所發，純是義理」，且參考呂氏《中庸解》一書，「未發」指本心，則其所謂
的「心之用」（已發）當是指本心之明覺作用，所以必能給出一審度、權衡之
判準。而「心體」一詞只是為了有別於「本心之用」而說者，其實仍是指「性」，
在呂大臨的看法中，此「心體」是指本心、性體，心性是一。至於「昭昭具
在」則是對未發時本心之明覺能力必然存在的肯定。是以，朱、呂二人對「心」
的體會有別，故呂大臨所體會的未發之「心體」恐非朱子所言「知覺不昧而
性理渾然具在」者〔註108〕。

〔註107〕《語類》卷62，頁1512。
〔註108〕唐君毅先生認為呂與叔之論正是朱子言「心體」之近宗。唐君毅：《中國哲學
原論 原性篇》，頁554、588及該頁註三。

第四節　「中」之名義問題

關於〈已發未發說〉所徵引的十八條文獻，約略可分為五類：一者「中」之名義；二者亦子之心；三者未發時之境況；四者敬而無失；五者相應於已發、未發之修養工夫。依上文的討論，我們已經處理了關於心性論問題的第二類與第三類以及關於修養工夫論的第四類與第五類，至於第一類在在〈已發未發說〉中雖列舉了七條之多，但實在說來，朱子於中和新說之悟時（乾道五年己丑）實尚未解決此一名義問題，故對於字義訓解有高度敏感性的朱夫子看來，此仍有進一步衡定的必要。

一、己丑年後的持續討論

於是乎，在乾道七年，朱子再度致書南軒，希望能夠聽聽南軒的看法。

> 按《遺書》：「或問：『中之道與喜怒哀樂未發謂之中，同否？』先生曰：『喜怒哀樂之未發是言在中之義，只一個中字，用處不同。』又曰：『中所以狀性之體段。』又曰：『中之為義，自無過不及而立名。』又曰：『不偏之謂中。道無不中，故以中形道。』又曰：『與叔謂不倚之謂中，甚善。而語猶未瑩。』或問何故未瑩，曰：『無倚著處』。」熹按：此言「中之道」與「在中」之義不同，不知如何分別？既（狀性）曰「狀性」，又曰「形道」，同異如何？所謂「自過不及」而得名之中，所謂「不偏」之中，所謂「無倚著處」之中，與所謂「中之道」、「在中之義」復何異同？皆未能曉然無疑，敢請其說。（《文集》卷三十一〈答張敬夫〉書六（類聚孔孟言仁處））〔註109〕

朱子所疑的問題大致是：伊川反對呂大臨的「中者道之所由出」，而提出「中即道」，則此「中」字似乎是採取「名詞」來使用，但伊川又說「道無不立，故以中形道」，則「中」字是對「道」的形容，這樣說來就是採「形容詞」的用法。但若以「形容詞」的用法來說，伊川又說「中也者，所以狀性之體段」，則伊川用此「中」字是對「性」的形容，於是乎其所狀之對象有前後不一致的地方。

再者，伊川說「中之為義，無過不及而立名」，又說「不偏之謂中」，對於呂大臨所提出的「不倚之謂中」亦甚讚許，則「中」字究竟何意呢？

〔註109〕此函據陳來先生的考定，當作於乾道七年（辛卯1171年42歲）。見陳來：《朱子書信編年考證》，頁80。

　　此外，伊川答蘇季明之問，曰「中之道」與「喜怒哀樂未發之中」（未發之中）不同，後者是言「在中」之義。但是除此之外，又有所謂就發而中節言的「時中」與「中庸之中」等用法，以上諸相關於「中」的詞語又該如何分別呢？

　　面對朱子的提問，張南軒首陳：「中庸之云中，是以中形道也；喜怒哀樂未發之謂中，是以中狀性之體段也」〔註110〕，狀性、形道的說法得到朱子的贊同，於是朱子本南軒之說，再加上伊川「只一個中字，但用不同」之語，做了更進一步的詮釋：

> 所謂「只一個中字」者，中字之義未嘗不同，亦曰不偏不倚，無過不及而已矣。然「用不同」者，則有所謂在中之義，有所謂中之道者是也。蓋所謂在中之義者，言喜怒哀樂之未發，渾然在中，亭亭當當，未有個偏倚過不及處。其謂之中者，蓋所以狀性之體段也。有所謂中之道者，乃即事即物，自有個恰好底道理，不偏不倚，無過不及。其謂之中者，則所以形道之實也。（《文集》卷三十一〈答張敬夫〉書九（中字之說甚善））〔註111〕

朱子此時認為伊川說「只一個中字」，表示諸字義其實並沒有實質上的不同，說「不偏不倚」、說「無過不及」皆可，但是此「中」字的使用則可以分別用以形容「性之體段」與「道之實」，如此一來就可以將「在中」與「中之道」區別開來。

　　此處與南軒稍有不同者在南軒用「未發之中」與「中庸之中」來區別狀性、形道，而朱子則以「在中」與「中之道」來區分。但這還不是兩人之後展開討論的癥結之所在，引發討論的關鍵點是針對「在中」一詞究竟應該如何理解的問題。南軒針對朱子得之於林擇之的說法「在中」是「裡面底道理」〔註112〕，提出：「在中之義，作中外之中，未安。蓋喜怒哀樂未發，此時蓋在乎中也。……若只說在裡面底道理，然則已發之後中何嘗不在裡面乎？」〔註113〕

〔註110〕（宋）張栻著；朱熹編：《南軒集》（《文淵閣四庫全書》第1167冊）卷二十〈又答朱元晦秘書〉書五（中字之說）（以下本文引用《南軒集》，皆為此版本。）
〔註111〕此函據陳來先生的考定，當作於乾道八年。見陳來：《朱子書信編年考證》，頁89～90。據此可知朱子對中和問題的探究一直延續到乾道八年「仁說」的階段。
〔註112〕《文集》卷四十三〈答林擇之〉書十七（喜怒哀樂渾然在中）
〔註113〕《南軒集》卷二十〈又答朱元晦秘書〉書五（中字之說）

但朱子針對南軒之說，朱子再次強調：「所謂『在中』之義，猶曰在裡面底道理云爾，非以『在中』之『中』字解『未發』之『中』字也。」〔註114〕可是南軒仍然認爲：「發而中節，即其在中之理形乎事事物物之間而無不完也。非是方其發時，別爲一物以主張之於內也。情即性之發見也，雖有發與未發之殊，而性則無內外耳。」〔註115〕於是乎，朱子復又致書表達其所欲言明之義，但書未至而南軒已遺書朱子，肯定朱說爲是，因而結束了這場討論。〔註116〕

何以南軒最後能同意朱子「在中」之說呢？設若《文集》卷三十一〈答張敬夫〉書二十是朱子最後的復書，南軒未讀此書便表示同意朱子之說，則從〈答張敬夫〉書十九中，筆者以爲恐怕很難推測南軒如何重新了解朱子的說法，而肯定其說。而此一問題亦非本節的重點所在，本節旨在探討朱子如何解決伊川所遺留下來的「中」、「和」之名義混雜的問題，以上所論主要在強調朱子對中和問題的參究雖始悟於己丑年，但對相關問題的討論則是一直持續者，恐怕到〈中和舊說序〉的寫成，乃至《中庸章句》、《中庸或問》的初步完稿都還持續著，且其觀點亦有得於當時學人，這也表現出朱子對於學問善取眾家之長的特點〔註117〕。

從朱子與南軒的來回書信中，我們已可看出他們兩人將「中」字用來「狀性」、「形道」，這已清楚表示兩人對「中」字的使用已克服伊川與呂大臨的混擾（或做名詞，或做形容詞），將「中」、「和」二字做形容詞使用，這一點，在下面的語錄表達得更爲清楚。

> 問：「呂氏言：『中則性也。』或謂此與『性即理也』語意似同。銖疑不然。」先生曰：「公意如何？」銖曰：「理者，萬事萬物之道理，性皆有之而無不具者也。故謂性即理則可。中者，又所以言此理之不偏倚、無過不及者，故伊川只說『狀性之體段』。」曰：「『中』是虛字，『理』是實字，故中所以狀性之體段。」銖曰：「然則謂性中可乎？」曰：「此處定有脫誤，性中亦說得未盡。」（《語類》卷62，

〔註114〕《文集》卷三十一〈答張敬夫〉書九（中字之說甚善）
〔註115〕《南軒集》卷二十〈又答朱元晦秘書〉書九（仁之說）
〔註116〕朱子曰：「某嘗論『未發之謂中』，中字爲『在中』之義。南軒深以爲不然。及某再書論之，書未至而南軒遺書來，以爲是。」（《語錄》卷41，頁1053。）
〔註117〕陳榮捷先生認爲朱子亦有承於司馬光之說，以中和爲養生作樂之本。見陳榮捷：《宋明理學之概念與歷史》（臺北市：中研院文哲所，1996年），頁210。

頁 1512。）

又問「若只以中爲性」以下云云，至「卻爲近之」。曰：「此語不可曉。當時問時，辭意亦自窘束。」……曰：「不雜訓和不得，可以訓不純。游定夫云『不乖之謂和』，卻好。」（《語類》卷97，頁 2504。）

朱子認爲「中」是虛字（形容詞），「理」是實字（名詞），故「中」字只可用來狀性（〈已發未發說〉第2條）、形道（第3條），這樣一來，便否定了「中即性」、「中即道」（第1條）的說法，而且朱子認爲伊川所言「性中」（第7條）一語，此處的紀錄定有脫誤，故已不可得而曉。另外，在「和」字的字義方面，程子僅反對呂大臨以「不雜」釋「和」，但伊川本人卻沒有給出他的看法，因此朱子取游定夫「不乖」之說，加以改造，而於《中庸章句》言「無所乖戾，故謂之和。」

二、中，一名而二義

至於「中」字之名義實又可進一步細究，試看朱子在《中庸或問》中，借或者之問，而對「中」之名義所做的詳盡之說明：

或問：名篇之義，程子專以不偏爲言，呂氏專以無過不及爲說，二者固不同矣，子乃合而言之，何也？

曰：中，一名而有二義，程子固言之矣，今以其說推之。（《中庸或問》，頁44。）

所謂的「名篇之義」是指「中庸」兩字之名義。問者曰：此「中」字，程子釋之：「中則不偏，常則不易」，而呂大臨說：「中則過與不及皆非道也」〔註118〕，然而朱子卻在《中庸章句》中釋此「中庸」之「中」字爲「不偏不倚，無過不及之名」，此乃是兼取兩人之說，何以如此呢？

朱子回答說：程子有言：「只一個中字，但用不同」，而他如此說便是本程子之言而加以引申推廣的。

不偏不倚云者，程子所謂「在中」之義，未發之前無所偏倚之名也；

無過不及者，程子所謂「中之道」也，見諸行事各得其中之名也。

蓋不偏不倚，猶立而不近四旁，心之體、地之中也。

無過不及，猶行而不先不後，理之當，事之中也。

故於未發之大本，則取不偏不倚之名；

於已發而時中，則取無過不及之義，語固各有當也。

然方其未發，雖未有無過不及之可名，而所以為無過不及之本體，
實在於是；

及其發而得中也，雖其所主不能不偏於一事，然其所以無過不及者，
是乃無偏倚者之所為，而於一事之中，亦未嘗有所偏倚也。

故程子又曰：「言和，則中在其中；言中，則含喜怒哀樂在其中。」
而呂氏亦云：「當其未發，此心至虛，無所偏倚，故謂之中；以此心
而應萬物之變，無往而非中矣。」是則二義雖殊，而實相為體用，
此愚於名篇之義，所以不得取此而遺彼也。（《中庸或問》，頁 44。

案：以上文句之格式為筆者所調整。）

朱子在此處較其與南軒答書進一步者乃是其清楚地將「不偏不倚」、「無過不
及」兩辭區別開來，「不偏不倚」者乃是形容「未發之大本」，程子所謂「在
中」也；而「無過不及」者乃是形容「已發而時中」，程子所謂「中之道」也。
前者為體，後者為用。如此配對，實相當完善，筆者試以一圖表示之如下：

未　發	已　發
中	和
無所偏倚	無所乖戾
【中，一名而有二義】	
不偏不倚	無過不及
未發之大本（未發之中）	已發而時中（時中）
在中	中之道
狀性之德（體段）	語情之正
形道之體（大本）	顯道之用（達道）

筆者以為，這裡值得進一步探討的問題有：

1.「不偏不倚」、「無過不及」兩義朱子如何加以理解與區別。

2. 朱子特別使用「在中」一詞，其實義究竟為何？

試看第一個問題，以「不偏」、「無過不及」兩詞釋「中」本自伊川，以
「不倚」一詞釋「中」則本自呂與叔，而伊川甚稱許之。

蓋未發之時，在中之義，謂之無所偏倚則可，謂之無過不及，則方
此之時，未有中節不中節之可言也，無過不及之名，亦何自而立乎？
（《中庸或問》，頁 57。）

問：「『渾然在中』，恐是喜怒哀樂未發，此心至虛，都無偏倚，停
停當當，恰在中間。《章句》所謂『獨立而不近四傍，心之體，地
之中也』。」曰：「在中者，未動時恰好處；時中者，已動時恰好
處。才發時，不偏於喜，則偏於怒，不得謂之在中矣。然只要就
所偏倚一事，處之得恰好，則無過不及矣。蓋無過不及，乃無偏
倚者之所爲；而無偏倚者，是所以能無過不及也。」（《語類》卷
62，頁 1510。）

但朱子認爲「中」字此二義當可稍作區別，蓋未發之時渾然在中，本是不偏
於一側，不倚著一邊，「猶立而不近四旁」，而一旦有所發則必有所倚著，就
喜怒哀樂之情而言，非喜則爲怒，非哀即是樂，所以於已發之後始能度其中
節與否，判其過與不及，但只要能「各因其事，無所乖逆」，則亦不失其爲「和」。
所以「未發之中」、「在中」當取「不偏不倚」之義，而已發之「中」、中節之
「中」、「時中」之「中」則當取「無過不及」之義。

朱子又曾以「處室中」、「端坐」爲例。當一人處於屋內，尚未出門之前，
則其前進之方向猶未有定向，若一旦出門，必擇一而行，不可能再像未發之
前可東復可西，且必達至目的地乃可言止，朱子便以處室中喻未發之不偏不
倚，出門而達至目的地喻已發之無所乖戾。而端坐之例亦同樣用以喻未發時
「無所偏倚」的氣象。

答徐彥章問「中和」，云：「喜怒哀樂未發，如處室中，東西南北未
有定向，所謂中也。及其既發，如已出門，東者不復能西，南者不
復能北。然各因其事，無所乖逆，所謂和也。」（《語類》卷 62，頁
1507。）

且如今在此坐，卓然端正，不側東，不側西，便是中底氣象。（《語
類》卷 62，頁 1511。）

朱子又將「中」、「和」二字的形容落實於「性」、「道」上來看，這是爲了相
應於《中庸》的文本，蓋《中庸》首章言「天命之謂性，率性之謂道，修道
之謂教」，在朱子看來，前兩句是就天道，乃至天地萬物而論，後一句則專就
人道而設，故「中」、「和」兩字原來分指「道之體」與「道之用」，而以人言

之，則是未發、已發〔註119〕，是以「中」、「和」亦可相對應於性、情來看，「中」是性之德（〈已發未發說〉第6條），「和」是情之德〔註120〕。朱子說：

> 中者，所以狀性之德而形道之體；和者，所以語情之正而顯道之用。（《文集》卷四十二〈答胡廣仲〉書五（熹承諭向來爲學之病））
> 方其未發，渾然在中，無所偏倚，故謂之中；及其發而皆得其當，無所乖戾，故謂之和。謂之中者，所以狀性之德，道之體也，以其天地萬物之理，無所不該，故曰天下之大本。謂之和者，所以著情之正，道之用也，以其古今人物之所共由，故曰天下之達道。（《中庸或問》，頁54。）

「道之體」與「道之用」意謂著「天下之大本」與「天下之達道」，即表示「天下萬物之理無所不該」與「古今人物之所共由」。而就人而言，「狀性之德」與「著情之正」則意謂著「渾然在中」與「發而得當」。

朱子在此一脈絡的論述中，又特重伊川「中也者，所以狀性之體段」（〈已發未發說〉第3條）與「在中」兩義。在上面曾引及的《文集》卷三十一〈答張敬夫〉書九中，朱子有言曰：

> 所謂在中之義者，言喜怒哀樂之未發，渾然在中，亭亭當當，未有個偏倚過不及處。其謂之中者，蓋所以狀性之體段也……非以『在中』之『中』字解『未發』之『中』字也。（《文集》卷三十一〈答張敬夫〉書九（中字之說甚善））

朱子又說：

> 疑未發只是思慮事物之未接時，于此便可見性之體段，故可謂之中而不可謂之性也。發而中節，是思慮事物已交之際皆得其理，故可謂之和，而不可謂之心。（《文集》卷四十三〈答林擇之〉書六（所答二公問））

會合此兩段以觀，則朱子認爲未發之中取「不偏不倚」之義，此可用以形容「性之體段」，所謂於未發之際「見性之體段」意即透過未發時持敬涵養的工夫之後所體證到的未發氣象（或精神狀態），此氣象可謂之「中」，而不可直呼爲「性」（理），此可呼應上文所引「『中』是虛字，『理』是實字，故中所

〔註119〕「蓋中和二字皆道之體用。以人言之，則未發已發之謂」《文集》卷四十三〈答林擇之〉書二十　（所引「人生而靜」）。

〔註120〕《語類》卷62，頁1508。

以狀性之體段」一段。然何以朱子特別強調「性之體段」的用法呢？朱子曾在〈已發未發說〉中有言：

> 周子曰：「無極而太極。」程子又曰：「人生而靜以上不容說，纔說時，便已不是性矣。」蓋聖賢論性，無不因心而發。若欲專言之，則是所謂無極而不容言者，亦無體段之可名矣。未審諸君子以爲如何？（《文集》卷六十七〈已發未發說〉）

朱子認爲聖賢論性，無不因心而見，或因心而發其論，若離開心而專就「性」自身而言，則是「無極而不容言」〔註121〕，此處朱子之義，正與論「純一無僞」一詞不足以加之未發時的赤子之心相一致，故所謂的「狀性之體段」意即性體「因心而發」始有體段可言，而當未發之時，可因寂然之心體處見得渾然不可分的性理〔註122〕。

至於「在中」一詞，本出於伊川與蘇季明的問答。

> 蘇季明問：「中之道與喜怒哀樂未發謂之中，同否？」曰：「非也。喜怒哀樂未發是言在中之義，只一個中字，但用不同。」……季明問：「先生說喜怒哀樂未發謂之中是在中之義，不識何意？」曰：「只喜怒哀樂不發便是中也。」

若照伊川的解釋，「在中」與「中之道」是做未發、已發的分別來使用，且依「不發便中」的心境說「中」，則「其（在中）實義是言吾人之心處於一種不發未形因而亦無所謂偏倚之境況。……是內在於實然的心自身說一實然的境況。如此說的『中』並不是異質地跳越一步指目一超越的性體或本心以爲中」〔註123〕。

但朱子對「在中」一詞的理解與使用並不守伊川所說「只喜怒哀樂不發便是中也」一語。《語類》有以下的問答：

> 問：「伊川言『未發之中是在中之義』，如何？」曰：「是言在裏面底

〔註121〕牟宗三：《心體與性體（三）》，頁 145～146。

〔註122〕朱子此說或許亦可說本自伊川，蓋伊川有言：「中有甚形體？然既謂之中，也須有個形象。」但朱子並未對此語有任何的評議，故尚待進一步的證成與考訂。

〔註123〕牟宗三：《心體與性體（二）》，頁 360～361。

鍾彩鈞先生有不同的解釋，他詮釋此段爲「喜怒哀樂之未發，乃事物未交知覺未起之時，此時只有一個不知覺的實體。故以不偏不倚的狀態來形容，所以說『在中』。『中之道』則從發用處言（率性之謂『道』）。中指發用的恰好、無過不及，然此即是道，故中與道可互易。」參鍾彩鈞：〈二程心性說析論〉，頁 31～32，及註 18。

道理，非以『在中』釋『中』字。」(《語類》卷62，頁1510。)

「在中」，只言喜怒哀樂未發是在中。如言一個理之本，後方就時上事上說過與不及之中。呂當初便說「在中」為此「時中」，所以異也。(《語類》卷62，頁1515。)

「在中」之義，大本在此，此言包得也。至如說「亭亭當當，直上直下」〔註124〕，亦有不偏倚氣象。(《語類》卷62，頁1515。)

朱子認為「在中」一詞，其意義便是「在裡面底道理」，且朱子反覆強調「在中」一詞非用以解釋「中」之字義（不偏不倚、無過不及）。試看朱子的用語，「方其未發，渾然在中」，「所謂在中之義，言喜怒哀樂之未發，渾然在中」，「如言一個理之本」，「大本在此，此言包得也」，因此筆者以為「在中」一詞，乃針對心性概念而發，若回到朱子中和新說的體悟，就心性論的觀點來說，當吾人心未與事物相接，喜怒哀樂之情未發時，寂然之心內具渾然之性理於其中，而呈現不偏不倚之未發氣象，此之謂「在中」，亦即指在「未發而知覺不昧的心體」內之渾然性理。〔註125〕

解「在中」為未發時「在裡面底道理」，相對地，「中之道」便是已發時「即事即物自有個恰好底道理」〔註126〕，朱子說：

> 既言未發時在中，則是對已發時在外矣。但「發而中節」，即此在中之理發形於外，如所謂即事即物，無不有個好底道理是也。一不中節，則在中之理雖曰天命之秉彝，而當此之時，亦且漂蕩淪胥而不知其所存矣。但能反之，則又未嘗不在於此。(《文集》卷三十一〈答張敬夫〉書十（答晦叔書））

> 無過不及者，程子所謂「中之道」也，見諸行事各得其中之名也。(《中庸或問》，頁44。)

〔註124〕此「亭亭當當，直上直下」一語出自明道，見《二程集‧遺書》卷十一，頁132。〈已發未發說〉將此段文句列在第15條。朱子解釋說：「亭亭當當，直上直下」乃是當時的俗語，同於「不偏不倚」之義，因此「唯敬而無失最盡」一語乃是說「敬而無失」即所以「中」。而「出則不是」一句，朱子認為「出」便是「已發」，意即發而中節則只可謂之「和」，而不可謂之「中」（釋「不是」）。見《語類》卷95，頁2435。

〔註125〕唐君毅先生解「在中」之「中」是自性理之未發在心中說。見唐君毅：《中國哲學原論 原性篇》，頁578‧註。

〔註126〕「所謂中之道，乃即事即物，自有個恰好底道理……無過不及。其所以謂之中者，則所以形道之實也。」(《文集》卷三十一〈答張敬夫〉書九（中字之說甚善））

所以「中之道」便相應於「時中」、「無過不及」而言，係指此喜怒哀樂之情的激發乃「心」循「性」（理）而發，因此「發而皆得其當，無所乖戾」，此又可謂之「和」。相對於「在中」為「在裡面底道理」，而「中之道」便是發而得當，彰顯於事事物物上，皆得其恰好處的道理。此外，朱子還說：

> 方其未發，雖未有無過不及之可名，而所以為無過不及之本體，實在於是；及其發而得中也，雖其所主不能不偏於一事，然其所以無過不及者，是乃無偏倚者之所為，而於一事之中，亦未嘗有所偏倚也。（《中庸或問》，頁 44。）

「所以為無過不及之本體」指性理而言，此性理作為超越的大本，是遍在於眾人之心中的；至於「所以無過不及者，是乃無偏倚者之所為」是指情之發能發而皆中節，乃是因為「心」循「性」（理）而發所以能無所乖戾。是以朱子認為所以能時中者，乃是因為有「未發之中」在，故「中庸」之『中』雖本取「時中」之意，但必兼兩義始得其全，朱子說：

> 先生曰：「他所以名篇者，本是取『時中』之『中』。然所以能時中者，蓋有那未發之中在。所以先開說未發之中，然後又說『君子之時中』。」（《語類》卷 62，頁 1480。）

> 至之問：「『中』含二義，有未發之中，有隨時之中。」曰：「中庸一書，本只是說隨時之中。然本其所以有此隨時之中，緣是有那未發之中，後面方說『時中』去。」（《語類》卷 62，頁 1480。）

> 「『中庸』之『中』，本是無過無不及之中，大旨在時中上。若推其中，則自喜怒哀樂未發之中，而為『時中』之『中』。未發之中是體，『時中』之『中』是用，『中』字兼中和言之。」（《語類》卷 62，頁 1480。）

且朱子也認為唯有了解「未發之中」與「時中」的區別，才能理解何以伊川曰：「言和，則中在其中；言中，則含喜怒哀樂在其中」〔註 127〕。而濂溪也說：「惟中也者，和也，中節也，天下之達道也，聖人之事也」〔註 128〕。蓋伊川

〔註 127〕 伊川曰：「『喜怒哀樂未發謂之中』，只是言一個中 一作本。 體。既是喜怒哀樂未發，那裏有個甚麼？只可謂之中。如乾體便是健，及分在諸處，不可皆名健，然在其中矣。天下事事物物皆有中。『發而皆中節謂之和』，非是謂之和便不中也，言和則中在其中矣。中便是含喜怒哀樂在其中矣。」（《二程集·遺書》卷十七，頁 180～181。）

〔註 128〕 （宋）周敦頤、張載：《周張兩先生全書》，《周子全書·通書》（四庫全書存

之語，第一個「中」是指「未發之中」，意即當我們言已發之和時，其實「未發之中」已具在其中；第三個「中」字也同樣是指「未發之中」，意即當我們言「未發之中」時，實已含喜怒哀樂發而皆中節之性理在其中了。至於周子之言則是單就「時中」之中而論，所以可以連言，曰「和」，曰「中節」。

　　總結起來，朱子以為「中」、「和」皆屬形容詞，分別指「未發」與「已發」時的狀態，即「無所偏倚，故謂之中」，「無所乖戾，故謂之和」。因此若就人道（性、情）與天道（大本、達道）論之，則可說：中也者，狀性之德，形道之體；和也者，語情之正，顯道之用。

　　而「中」字一名又有兩義，一曰「不偏不倚」，一曰「無過不及」，前者為「未發之中」，後者為「時中」。若相應於心性論的觀點，用伊川之詞語表示，則未發為「在中」，已發為「中之道」。

　　於此，朱子終於巧妙地以其「中和新說」的義理間架，對伊川所提出的辭語有一妥善的安排與說明，使其扣合於《中庸》首章「中和」說的文本，而建構出一完整而嚴密的詮釋系統。

目叢書，子部 2 ），頁 29。朱子於此語下有一註語，曰：「與《中庸》不合，蓋就已發，無過不及者而言之。」亦可參考《中庸或問》，頁 56；《語類》卷62，頁 1516；卷 94，頁 2399。

第三章 朱子對二程「仁」說之理解與
　　　　詮釋

　　從上一章論朱子對「中和」問題的參悟與詮釋中，我們可以看出朱子的基本態度是要求自我體悟所得能通過古聖先賢所遺留下來的文獻資料，從中得到一印可或證成。且其觀點的確立與完整，往往在對相關文獻材料的詮釋與重建的工作中逐步建立起來，但此一由理解到詮釋的工作，無疑是一意義的再造，因此我們也可以看到朱子對「程子之言」的紀錄進行糾謬與釐清的工作。

　　但可惜的是圈於文獻，在「中和」問題上，因爲程明道對於「中和」說未有詳盡而全面的資料留存，故我們從中僅能看到朱子對於程伊川說法的理解與詮釋，而看不出朱子對二程之間所可能存在的差異之看法與取捨，筆者以爲若要對此一問題有一正面的回應，首當看朱子的「仁」說及其對二程「仁」說的理解與詮釋，並佐之以對明道〈定性書〉一文的詮釋。蓋由於一方面〈仁說〉的論定是朱子的義理思想之系統與型態形成的關鍵之一〔註1〕，另一方面學界多能肯定二程論仁確有差異存在〔註2〕，故落實到朱子對二程仁說的理解

〔註1〕 當代新儒學代表人物牟宗三先生可謂是掘發朱子「仁說」與二程論「仁」之差異的首要功臣，他曾表示：「此兩部（按：中和說與仁說）論辯確定後，則朱子之義理系統與形態全部朗然矣。」見牟宗三：《心體與性體（三）》，頁67。陳榮捷先生更認爲朱子對於仁說的重視顯然比太極、中和、王霸等論更爲重要，他也曾說：「其（按：朱子）中心思想，莫若中和之參究，《知言》之擬議，與〈仁說〉之討論。」見陳榮捷：〈論朱子之仁說〉，《朱學論集》（臺北市：臺灣學生書局，1988增訂再版），頁38；陳榮捷：《朱熹》（臺北市：東大出版，1990年），頁187。

〔註2〕 首先注意到明道與伊川不同的是馮友蘭先生，他在《中國哲學史》中指出：「二

與詮釋上著眼，則將不得不面對二程之「異」〔註3〕的問題，故本章探討的焦

人之學開此後宋明道學中所謂程朱、陸王二派，亦可稱理學、心學二派。程伊川爲程朱，即理學一派之先驅，而程明道則陸王，即心學一派之先驅。」馮友蘭：《中國哲學史（下冊）》（臺北市：台灣商務，1993 年，增訂臺一版），頁 869。但很可惜的，馮先生對二程的修養功夫的比較上，強調「識得此理（渾然與物同體），誠敬存之」與「格物致知」的對比，而從未提及伊川論仁的思想。這一點在其晚年的代表作《中國哲學史新編》中亦然。

至於對二程的仁說有一詳盡的比較與研究則始於牟宗三先生，見其《心體與性體（二）》第三部分論二第一章第六節論明道〈識仁篇〉（頁 218～233）與第二章第二節性情篇，論伊川仁說（頁 294～308），以及在《心體與性體（三）》第四章第一節特別列明道與伊川理解仁之綱領作爲討論朱子仁說的引言（頁 231～234）。

另外，大陸學者陳來教授也曾爲文討論此一問題，見陳來：〈論宋代道學話語的形成和轉變——論二程到朱子的仁說〉，《中國近世思想史研究》，頁 52～109。

〔註3〕 明道與伊川的異同問題，長久以來一直是學界討論的焦點之一，其根本原因在於文獻問題，因爲《程氏遺書》中有大量文獻（卷一至卷十）僅標明「二先生語」，而未註明爲何人之語。故在判讀上可以有很大的出入，如牟宗三先生便認爲凡屬二先生語者皆可視爲二程初期講學之所發，此期以明道爲主（《心體與性體（二）》，頁 5。）；而唐君毅先生則說：此皆明道、伊川所共說，或記者視爲二先生所共說者。（唐君毅：《中國哲學原論 原教篇：宋明儒學思想之發展》（臺北市：臺灣學生，1990 年，全集校定版二刷），頁 164。）此外，陳榮捷先生則強調就朱子而言，其面對「二先生語」時，亦只用「程子」，此乃因在朱子看來，二程思想方向雖有不同，而根本則無大異。（陳榮捷：〈朱子之近思錄·附錄三 明道與伊川——究是誰人之語〉，《朱學論集》，頁 154。陳榮捷：〈程子曰〉，《朱熹新探索》（臺北市：臺灣學生書局，1988 年），頁 314～320。）

因此對於二程理學所可能存在的差異，大體而言，主要有兩種觀點或理解態度：一者可以牟宗三先生爲代表，牟先生強調二程之別是義理系統的差異，明道屬縱貫系統，伊川屬橫攝系統，前者眞能相應於先秦儒學的而成一圓教的模型，其論本體（道體、性體）是「即存有即活動」的道德創造實體，論工夫是不順感性的現實滾下去而逆回來以體證本心的「逆覺體證」；至於後者則是源於不經意的轉向而將道體理解爲「只是理」（但理），「只存有而不活動」，因此言工夫特重後天漸教的「順取」工夫。

一者可以唐君毅、錢穆兩先生爲代表，他們採取「發展的觀點」看待二程的差異，主張其兄弟間的不同只是論述的偏重有別與進一步的發揮補充而已，其間並不具有決定性的異質存在，並試圖尋求由明道到伊川的思想發展之軌跡，如唐先生認爲伊川「涵養須用敬，進學在致知」一語實由明道「敬以直內，義以方外」之旨而來（《中國哲學原論 原教篇》，頁 191、194。），又如錢先生認爲「涵養須用敬，進學在致知」一語，首句是明道教人的宗旨，次句乃爲伊川所添入者。（錢穆：《宋明理學》（臺北市：蘭臺出版社，2001 年），頁 66。）

點將集中在朱子論「仁」的思想，於其建立自己的思想體系之同時，如何消化與詮釋「程子之言」，尤其是朱子對二程文獻的加工與意義重建，且更重要的是他對二程仁說的差異之看法與取捨，但其中又面臨到朱子對於明道論仁的相關文獻，相較於伊川而言，並沒有做出既直接又完整的評論與詮釋，因此筆者以爲若參之以朱子對明道修養功夫的代表作〈定性書〉一文的詮釋將有助於了解朱子對於明道的義理思想之相契與否的問題。

第一節　「仁之名義」與「求仁之方」

　　明道曾感嘆「仁至難言」〔註4〕，而伊川也說：「仁道難名」〔註5〕，朱子的業師李延平先生也曾指導朱子：「某嘗以謂仁字極難講說……仁字難說，《論語》一部，只是說與門弟子求仁之方」〔註6〕。面對「仁」之道大，難以言明的狀況，儒者們或體會到唯有實踐工夫始能尋得「入處」，或試圖依伊川之所言「將聖賢所言仁處，類聚觀之」。與朱子同時的呂祖謙近前者〔註7〕，而張栻則落實後一進路，輯《洙泗言仁錄》一書〔註8〕，但顯然朱子並不全然

　　　筆者以爲這一問題牽涉到對二程義理系統之全面且細密地分析，絕非此文所能擔當者，故僅就論「仁」一觀點而言，二程之間確有差異存在，因此筆者本章的寫作乃是借助於牟宗三先生的判分以作爲基礎點而開展。
〔註4〕《二程集·遺書》卷二上，頁15。
〔註5〕《二程集·遺書》卷三，頁63。
〔註6〕（宋）朱熹編；朱傑人、嚴佐之、劉永翔主編：《朱子全書》（上海：上海古籍出版社；合肥：安徽教育出版社2002年），第拾參冊，《延平答問》〈壬午六月十一日書〉。
　　　陳來教授曾指出李延平的主張多從龜山、上蔡而來。蓋龜山有云：「子之所言，求仁之方而已，仁則未嘗言也」（《論語精義》卷五上〈子罕〉）。陳來：〈論宋代道學話語的形成和轉變——論二程到朱子的仁說〉，《中國近世思想史研究》，頁104。
　　　朱子並不反對《論語》所載俱是指示後學求仁之方的說法，但他本其自身的理論系統而強調這是因爲孔子的門人弟子皆「已曉得仁之名義」而然，所以朱子說：「其門人必嘗理會得此一個道理」（《語類》卷6，頁112。）、「若是仁之體段意思，也各各自理會得了」（《語類》卷6，頁111。）。
〔註7〕如呂氏曾提醒朱子「所私竊慮者此本講論形容之語，故欲指得分明卻恐緣指出分明學者便有容易領略之病，而少涵泳玩索之功，其原殆不可不謹也。」（《東萊別集》卷七〈與朱侍講 元晦〉書二十（某嘗盡倚廬哀苦日深））又說：「若語學者，聖賢門中多是指示下手處或拈出親切處，鮮有正言其體者。」（《東萊別集》卷十六〈答朱侍講所問〉）
〔註8〕朱子對此書最大的不滿便是「專一如此用功，卻恐不免長欲速好徑之心，滋

同意這兩種求仁的進路。

1. 知仁與行仁

朱子認為「若實欲求仁，固莫若力行之近。但不學以明之，則有摘埴冥行之患，故其蔽愚」〔註9〕，也就是說，求仁的進路「須先剖析得名義界分各有歸著」〔註10〕，所謂的「名義」〔註11〕，意即字義，或概念的定義。朱子主張欲求仁者當先大概知得「仁」之名義，以及「求仁之方」（踐仁、體仁之方法、修養工夫）。朱子說：

> 愚謂欲求仁者，先當大概且識此名義氣象之彷彿，與其為之之方，然後就此懇實下功，尊聞行知以踐其實，則所知愈深，而所存益熟矣。（《文集》卷四十六〈答胡伯逢〉書四（知言之書））
>
> 此說固太淺，少含蓄。然竊意此等名義，古人之教，自其小學之時已有白直分明訓說，而未有後世許多淺陋玄空、上下走作之弊。故其學者亦曉然知得如此名字，但是如此道理，不可不著實踐履。所以聖門學者皆以求仁為務。蓋皆已略曉其名義，而求實造其地位也。（《文集》卷三十三〈答呂伯恭〉書二十四（仁說近再改定））
>
> 向來所論，且是大綱要識得仁之名義氣味，令有下落耳，初不謂只用力於此，便可廢置克己之功。然亦不可便將克己功夫占過講習地位也。（《文集》卷三十三〈答呂伯恭〉書二十七（便中連辱手教））

但是學者在曉然知得「仁」之名義後，並非「只是口裡說個『仁』字」〔註12〕便罷，「要之須是力行久熟，實到此地，方能知此意味」〔註13〕，換言之，求

入耳出口之弊」（《文集》卷三十一〈答張敬夫〉書六（類聚孔孟言仁處）），因為朱子認為時弊已熾，切不可如此引導學者（見《文集》卷三十一〈答張敬夫〉書九（中字之說甚善）），且就讀書法而言「須要將一部《論語》，粗粗細細，一齊理會去」（《語類》卷101，頁2568。），不可僅挑言仁處看。又該書尚未對「仁」之名義有一穩妥的解說，故朱子回函反對並反覆申辯由愛字推求仁之名義的觀點。

〔註9〕 《文集》卷三十一〈答張敬夫〉書六（類聚孔孟言仁處）。朱子此處借《中庸》「力行近乎仁」（第20章）與《論語·陽貨》「好仁不好學，其蔽也愚」之語，以為己證。

〔註10〕 《文集》卷四十二〈答吳晦叔〉書十（復非天地之心）。

〔註11〕 朱子有時用「主意」（《文集》卷三十一〈答張敬夫〉書八（細看言仁序云）），有時用「意思」（《語類》卷6，頁111）一詞，意義皆相同。

〔註12〕 《語類》卷36，頁949。

〔註13〕 《文集》卷四十二〈答吳晦叔〉書七（臣下不匡之刑）

仁雖然必須以清楚而正確的理解作爲基礎，但同時也須切己修養、實踐，以求眞正的體仁，落實仁道（行仁）。此正與其「知先行後，行重知輕」、「知行常相須」的主張〔註14〕相一致。是以朱子論「仁」的思想可以分爲「仁之名義」（知）與「求仁之方」（行的方法）兩大綱領。

朱子不僅認爲古之小學即是如此，且「程子之言」亦明確地指出這兩大綱領的要點：

> 謹按程子言仁，本末甚備。今撮其大要，不過數言。蓋曰：仁者，生之性也，而愛，其情也；孝弟，其用也。公者，所以體仁，猶言「克己復禮爲仁」也。學者於前三言者，可以識仁之名義，於後一言者，可以知其用力之方矣。（《文集》卷三十二〈又論仁說〉書十三（昨承開諭仁說之病））

至於朱子如何理解與詮釋這裡所引述的「程子之言」，我們將在下文詳之。

2. 仁有偏言、專言

在「仁之名義」方面，朱子認爲此「不必須用一字訓」〔註15〕，因而提出「心之德，愛之理」，這一聯語的公式作爲「仁」字的界說、訓解。

何以必須採用聯語的方式來訓解「仁」字呢？朱子在《論語或問》中說：

> 仁之道大，不可以一言而盡也。程子論〈乾〉四德，而曰：「四德之元，猶五常之仁，偏言則一事，專言則包四者」，推此而言，則可見矣。蓋仁也者，五常之首也，而包四者，惻隱之體也，而貫四端。故仁之爲義，偏言之，則曰愛之理……專言之，則曰心之德。（《論語或問》卷一，頁112。）

蓋因爲仁道廣大精微，難以一言而盡，故合「心之德」、「愛之理」兩語以釋之，且伊川論四德之「元」有云：「四德之元，猶五常之仁，偏言則一事，專言則包四者」〔註16〕。因此朱子特將自己所創造發明的詞語〔註17〕匯合伊川

〔註14〕　參《語類》卷9，頁148～149。參考錢穆：《朱子新學案（二）》，〈朱子論知與行〉，頁521～551。陳來：《朱子哲學思想研究》，〈第十四章　知與行〉，頁315～340。陳榮捷：〈（四四）知行合一之先聲〉，《朱熹新探索》，頁296～298。

〔註15〕　《語類》卷6，頁118。

〔註16〕　《二程集・周易程氏傳》卷一，釋〈乾・象〉，頁697。
案：將「仁」與四德之「元」合而觀之，當始於明道，其曰：「萬物之生意最可觀，此元者善之長也，斯所謂仁也。」（《遺書》卷十一，頁120。），但明道之義首重「生意」。而伊川進一步詮釋之，乃有此語，但伊川之義重在釋「元」字，而朱子盛讚此語，「若不得他如此說出，如何明得？」（《語類》卷95，頁

之說，謂：

> 『心之德』，如程先生『專言則包四者』是也；『愛之理』，如所謂『偏言則一事』者也。（《語類》卷 20，頁 466。）

因此「愛之理」、「心之德」分別代表「偏言之仁」與「專言之仁」，朱子有時也用「分而言之」（分說）與「合而言之」（統言）來表達：

> 「愛之理」，是「偏言則一事」；「心之德」，是「專言則包四者」。故合而言之，則四者皆心之德，而仁為之主；分而言之，則仁是愛之理，義是宜之理，禮是恭敬、辭遜之理，知是分別是非之理也。（《語類》卷 20，頁 466。）

> 或問「仁者心之德」。曰：「義禮智，皆心之所有，仁則渾然。分而言之，仁主乎愛；合而言之，包是三者。」（《語類》卷 20，頁 468。）

> 「心之德」是統言，「愛之理」是就仁義禮智上分說。如義便是宜之理，禮便是別之理，智便是知之理。（《語類》卷 20，頁 466。）

因而也就是說，「仁」之一字實包含兩層次的意義，一者是相當於四德之「元」（案：天道之「元」，亦可有專言與偏言之別，此處取專言之元說）、「善之長」的『仁』；一者是仁、義、禮、智四者平列對說的『仁』。前者乃是「全德」，可綜攝、函括一切德目（仁包四者）；後者則為「眾德」（仁、義、禮、智、信）之一，即此「仁」是相對於義（宜之理）、禮（別之理）、智（知之理）而為「愛之理」者。

朱子甚而本此區分而說《論語》、《孟子》言仁，亦各有偏言、專言者。

> 問：「『仁者，心之德，愛之理。』聖賢所言，又或不同，如何？」
> 曰：「聖賢言仁，有就『心之德』說者，如『巧言令色，鮮矣仁』之類；有就『愛之理』說者，如『孝弟為仁之本』之類。」（《語類》卷 20，頁 466。）

> 先生嘗曰：「『仁者心之德，愛之理。』論孟中有專就『心之德』上說者，如『克己復禮』，『承祭、見賓』，與答樊遲『居處恭』，『仁，人心也』之類。有就『愛之理』上說者，如『孝弟為仁之本』，與『愛

2416。）但詳察朱子之義，實乃重在「專言之仁」與「偏言之仁」的界說與關聯上，且更將四德（元亨利貞）與五常（仁義禮智信）以及相類的概念（五行、陰陽等）相互融攝，發展為一龐大而縝密的論說，此處特顯朱子兼採漢儒之說、形而上玄思的興趣與其思想的綜和性格。

〔註17〕關於「愛之理」、「心之德」兩詞語的來源問題，請見〈附錄・二〉。

人』,『惻隱之心』之類。」(《語類》卷 20,頁 471。)

問:「論語中言仁處,皆是包四者?」曰:「有是包四者底,有是偏言底。如『克己復禮爲仁』,『巧言令色鮮矣仁』,便是包四者。」(《語類》卷 95,頁 2416。)

孔子說仁,多說體;孟子說仁,多說用。如「克己復禮」、「惻隱之心」之類。(《語類》卷 6,頁 115。)

孟子亦有專言之者,「仁,人心」是也。孔子亦有偏言之者,「愛人」是也。(《文集》卷六十一〈答歐陽希遜〉書一(所示疑義))

就專言之仁——「心之德」而說者,如《論語》中的「克己復禮」、「巧言令色,鮮矣仁」、「承祭、見賓」、「居處恭」與《孟子》中的「仁,人心」等便是;就偏言之仁——「愛之理」而說者,如《論語》中的「愛人」、「孝弟爲仁之本」與《孟子》中的「惻隱之心」等即是。

至於究竟該如何體會此兩層次的「仁」呢?朱子也曾爲後學指示一條理解的道路:

大抵「仁」字專言之則混然而難名,必以仁、義、禮、智四者兼舉而並觀,則其意味情狀互相形比,乃爲易見。(《文集》卷五十六〈答方賓王〉書三(性者道之形體))

蓋孟子論仁雖有惻隱、人心之殊,程子於此亦有偏言、專言之別,然若實於惻隱之偏言處識得此人心專言者,其全體便可見。(《文集》卷四十七〈答呂子約〉書二十六(自頃承書))

理會得愛之理,便理會得心之德。(《語類》卷 20,頁 466。)

理會道理當先易而後難,循序漸進,因此當從「惻隱之偏言處」(愛之理)爲起點,體會得仁、義、禮、智分別平列對說之「仁」後,始可進一步探索此「專言之仁」(心之德)何以能爲五常之首而包四者,以及兩層次的『仁』之關聯性。是以下文將依此順序展開討論。

第二節　「仁」之名義(一)愛之理

朱子自認其「愛之理」一觀點的提出,「其實亦只是祖述伊川『仁,性;愛,情』之說,但剔得名義稍分,界分、脈絡有條理」[註18],但此一觀點

[註18]《文集》卷三十三〈答呂伯恭〉書二十四(仁說近再改定)

的提出，卻即刻遭到眾人的非難。何以會如此呢？

一、從「以愛論仁」到「愛之理」

1. 承繼與發展伊川之說

蓋朱子一開始所提出的觀點，應該是「以愛論仁」的說法。

> 若且欲曉得仁之名義，則又不若且將「愛」字推求。若見得仁之所
> 以愛，而愛之所以不能盡仁，則仁之名義意思瞭然在目矣。(《文集》
> 卷三十一〈答張敬夫〉書六（類聚孔孟言仁處）)
>
> 以愛論仁，猶升高自下，尚可因此附近推求，庶其得之。若如近日
> 之說，則道近求遠，一向沒交涉矣。(《文集》卷三十一〈答張敬夫〉
> 書九（中字之說甚善）) 〔註19〕

正因為惻隱、慈愛是「仁」的情感之表現〔註20〕，所以要曉得仁之名義，理
當由此「近處」推溯其根源，理解其名義，故所謂的「以愛論仁」〔註21〕就
是「就愛處指出仁」，且最終要認清「仁」是所以能愛者，而「愛」有不能全
盡「仁」的意義之局限處。

但朱子的講友們見到朱子強調「愛」字，均感難以認同，如張南軒便認
為朱子此說是「以愛為仁」，混淆了伊川所提出的性情之別。他說：「程子之
所訶，正謂以愛名仁者」、「若專以愛命仁，乃是指其用而遺其體，言其情而
略其性，則其察之亦不審矣」〔註22〕。依此，我們可以知道南軒的反對理由
亦本程子之說。

> 問仁。曰：「此在諸公自思之，將聖賢所言仁處，類聚觀之，體認出
> 來。孟子曰：『惻隱之心，仁也』，後人遂以愛為仁。惻隱固是愛也。
> 愛自是情，仁自是性，豈可專以愛為仁？孟子言惻隱為仁，蓋為前

〔註19〕 陳來先生將此兩函分別繫於乾道七年（辛卯 1171 年 42 歲）與乾道八年（壬
辰 1172 年 43 歲）。參陳來：《朱子書信編年考證》，頁 80、89～90。

〔註20〕 朱子說：「仁則為慈愛之類」（《語類》卷 20，頁 476。），「說仁，便有
慈愛底意思。」（《語類》卷 6，頁 105。），「『仁』字說得廣處，是全體。
惻隱、慈愛底，是說他本相。」（《語類》卷 6，頁 118。）

〔註21〕 《語類》卷 20，頁 464。
案：束景南先生採用「以愛推求仁」一詞，但他並沒有加以說明。束景南：《朱
子大傳》，頁 307。而陳來教授使用「以愛推仁」一詞，表示「從愛來推溯、
理解仁」。陳來：〈論宋代道學話語的形成和轉變——論二程到朱子的仁說〉，
《中國近世思想史研究》，頁 87。

〔註22〕 《文集》卷三十二〈答張敬夫　論仁說〉書十二（天地以生物為心）

　　已言『惻隱之心，仁之端也』，既曰仁之端，則不可便謂之仁。退之言『博愛之謂仁』，非也。仁者固博愛，然便以博愛爲仁，則不可。」（《二程集・遺書》卷十八，頁182。）

伊川以爲孟子說：「惻隱之心，仁也」（〈告子下〉「性無善無不善」章），是因爲前面已曾說過「惻隱之心，仁之端也」（〈公孫丑上〉「人皆有不忍人之心」章），故省略言之，實在說來，孟子既然指出『仁之端』，便表示「惻隱之心」不可謂之「仁」，而韓愈言「博愛之謂仁」，其誤大矣。蓋「愛」（惻隱）屬『情』，「仁」則是『性』，因此切不可『以愛爲仁』。

　　南軒便藉由伊川此處「仁與愛（惻隱）之分別」所強調的「性與情之形上、形下的異質之差異性」來反對朱子之說，他認爲朱子「以愛論仁」的說法過度強化了只屬於「情」、「仁之用」的「愛」字，犯了伊川所指出的錯誤，將造成「遺體」、「略性」的後果。面對南軒的批評，朱子回信道：

　　熹按程子曰：「仁，性也；愛，情也。豈可便以愛爲仁？」此正謂不可認情爲性耳，非謂仁之性不發於愛之情，而愛之情不本於仁之性也。熹前說以愛之發對愛之理而言，正分別性、情之異處，其意最爲精密。（《文集》卷三十二〈答張敬夫　論仁說〉書十二（天地以生物爲心））

所謂的「前說」或許是指〈仁說〉初稿，因而也就是說，朱子可能已自覺到伊川「愛自是情，仁自是性，豈可專以愛爲仁」之說，正同「性中只有仁義禮智四者，幾曾有孝弟來」〔註23〕一樣，旨在告誡學者不可「以情爲性」，並突出性、情之別，而這一說法與他所提出的「以愛論仁」的看法稍有差距，因此他進一步發明了「愛之發」與「愛之理」二詞來明白表示『情』與『性』之別，試看今本〈仁說〉：

　　或曰：若子之言，則程子所謂「愛，情；仁，性。不可以愛爲仁」者，非歟？曰：不然。程子之所訶，以愛之發而名仁者也。吾之所論，以愛之理而名仁者也。蓋所謂情性者，雖其分域之不同，然其脈絡之通，各有攸屬者，則曷嘗判然離絕而不相管哉！吾方病夫學者誦程子之言而不求其意，遂至於判然離愛而言仁，故特論此以發明其遺意，而子顧以爲異乎程子之說，不亦誤哉？（《文集》卷六十七〈仁說〉）

〔註23〕《二程集・遺書》卷十八，頁183。

如此一來，他便可說：他今日所論是由「愛」來推求「愛之理」（性），而名之曰「仁」，並非直接以「愛之發」（情）名「仁」，此正符合於伊川所強調的性、情之別。且伊川所論並沒有說「仁之性不發於愛之情，而愛之情不本於仁之性」，意即性與情兩者雖有形上、形下的分別，但不表示兩者「判然離絕而不相管」。也就是說，朱子「愛之理」一詞本於其「以愛論仁」的觀點，但也可以照顧到伊川「仁性，愛情」的說法。所以他又致書南軒，再次強調愛與仁的「脈絡之通」。

> 今不深考其本末指意之所在，但見其分別性、情之異，便謂愛之與仁了無干涉；……因其性之有仁，是以情能愛。……程子之言意蓋如此，非謂愛之與仁了無干涉也，此說前書言之已詳，今請復以兩言決之：如熹之說，則性發爲情，情根於性，未有無性之情、無情之性，各爲一物而不相管攝。二說得失，此亦可見。……由漢以來，以愛言仁之弊，正爲不察性、情之辨，而遂以情爲性爾。今欲矯其弊，反使「仁」字泛然無所歸宿，而性、情遂至於不相管，可謂矯枉過直，是亦枉而已矣。其弊將使學者終日言仁而實未嘗識其名義，且又并與天地之心、性情之德而昧焉。竊謂程子之意必不如此，是以敢詳陳之。（《文集》卷三十二〈又論仁說〉書十三（昨承開諭仁說之病））

朱子認爲自漢以來，學者以「愛」爲「仁」，此正是忽略了性、情之別而錯把情當性看。但在伊川先生有此辨之後，今之學者則遽語「愛之與仁了無干涉」，於是「判然離愛而言仁」，或以萬物一體言仁，或以覺言仁，此則是矯往過正，終將導致無法認識「仁」之名義，且「天地之心」、「性情之別」之義也會因此而難以闡明。所以朱子便曾對他的學生提出一個大膽的假設：

> 仁離愛不得。上蔡諸公不把愛做仁，他見伊川言：『博愛非仁也，仁是性，愛是情。』伊川也不是道愛不是仁。若當初有人會問，必說道『愛是仁之情，仁是愛之性』，如此方分曉。惜門人只領那意，便專以知覺言之，於愛之說，若將溗焉，遂蹉過仁地位去說，將仁更無安頓處。（《語類》卷6，頁119。）

朱子檢討上蔡等人不「以愛論仁」的原因，乃是他們見伊川「仁性，愛情」之說，便忽略了仁與愛的存在之關聯性。他猜測：若當時有人曉得如何進一步請教小程子，仁與愛、性與情的「關聯」，則伊川必答之曰：「愛是仁之情，仁是愛之性」，可惜程門師弟的問答僅達到「性、情之分」便罷。

　　若是如此，則問題是：伊川是否可能發『愛是仁之情，仁是愛之性』一語呢？筆者以為是有可能的。

　　　　問：「伊川曰『仁主乎愛』，愛便是仁否？」曰：「『仁主乎愛』者，
　　　　仁發出來便做那慈愛底事。某嘗說『仁主乎愛』，仁須用『愛』字說，
　　　　被諸友四面攻道不是。呂伯恭亦云：『說得來太易了』。愛與惻隱，
　　　　本是仁底事。仁本不難見，緣諸儒說得來淺近了，故二先生便說道，
　　　　仁不是如此說。後人又卻說得來高遠沒理會了。」（《語類》卷20，
　　　　頁476。）

例如此處，「仁主於愛」〔註24〕一詞，便被朱子取為己用，並進一步推論為：若欲論「仁」便須用「愛」字來探析其名義。此外，伊川也有「愛人，仁之事耳」〔註25〕、「愛人乃仁之端」〔註26〕、「仁是性也，孝弟是用也」〔註27〕等語，皆有發展為朱子之說的可能性。所以朱子終可說：以愛論仁「不失為表裡之相須，而可以類求也」〔註28〕。

　　總而言之，朱子「愛之理」之說的提出雖本自伊川「仁性愛情」之論，但比較而言，伊川之意旨在強調仁之為「（性）理」的超越性；而朱子的說法除保留了此「性情之分」外，復提出了「以愛論仁」的看法，比伊川之意多強調了仁與愛，性與情之間的關聯性。〔註29〕

2.「愛之理」的意義

　　隨著「愛之理」的提出，朱子的「仁」說得以更加成熟，尤其當學生請教「仁者愛之理」這一句話當該如何理解時，朱子表示：「只將心性情看，便分明。」

　　　　一身之中，渾然自有個主宰者，心也。有仁義禮智，則是性；發為
　　　　惻隱、羞惡、辭遜、是非，則是情。惻隱，愛也，仁之端也。仁是
　　　　體，愛是用。（《語類》卷20，頁464。）

即「愛之理」一說當與朱子「心性情三分」的理論架構合而觀之。朱子又說：

〔註24〕《二程集·遺書》卷十八，頁183。
〔註25〕《二程集·外書》卷十二，頁439。
〔註26〕《二程集·外書》卷十二，頁433。
〔註27〕《二程集·遺書》卷十八，頁183。
〔註28〕《文集》卷四十六〈答胡伯逢〉書四（知言之書）
〔註29〕陳來先生認為朱子與伊川「同樣說『仁性愛情』，卻可以側重不同，在伊川為
　　　　貶抑愛，在朱子則為肯定愛。」陳來：〈論宋代道學話語的形成和轉變——論
　　　　二程到朱子的仁說〉，《中國近世思想史研究》，頁87。

「愛者，情之發而仁之用也」〔註30〕，參考上述所徵引的文獻，很明顯地，朱子已經從仁是性，愛是情的觀點，更進一步地使用了「已發、未發」、「體用」等概念來加以詮釋其「仁」說。

朱子在參悟中和問題後釐清了「已發、未發」一概念乃是就「性情對言」，所以朱子說：「性、情一物，其所以分，只爲未發、已發之不同耳。若不以未發、已發分之，則何者爲性，何者爲情耶？」〔註31〕因此，就性情的關係來說，性爲未發，情爲已發，是以朱子論仁與愛有言：

> 以名義言之，仁特愛之未發者而已。（《文集》卷四十六〈答胡伯逢〉書四（知言之書））

> 所謂愛之理者，則正所謂仁是未發之愛，愛是已發之仁耳。（《文集》卷五十〈答周舜弼〉書五（所論仁字殊未親切）），另見（《語類》卷20，頁470。）

> 愛乃仁之已發，仁乃愛之未發。（《語類》卷117，頁2810。）

> 仁是未發，愛是已發。（《語類》卷20，頁464。）

已發、未發之別正可以取代「性情之分」，因此可以說仁是性，是未發；愛是情，是已發。更完整的表述便是：仁是未發之愛，愛是已發之仁。

且在性情論上，朱子也曾使用「體用」一概念來加以討論，其曰：「性是體，情是用」〔註32〕，因此，對於「愛之理」的說明，當然也可以採用此觀念加以詮釋。

> 以「愛之理」而偏言之，則仁便是體，惻隱是用。（《語類》卷20，頁466。）

> 愛雖是情，愛之理是仁也。仁者，愛之理；愛者，仁之事。仁者，愛之體；愛者，仁之用。（《語類》卷20，頁466。）

> 「仁者愛之理」，只是愛之道理，……愛則是理之見於用者也。蓋仁，性也，性只是理而已。愛是情，情則發於用。性者指其未發，故曰「仁者愛之理」。情即已發，故曰「愛者仁之用」。（《語類》卷20，頁464。）

> 仁是愛之理，愛是仁之用。未發時，只喚做仁，仁卻無形影；既發

〔註30〕《文集》卷四十二〈答吳晦叔〉書十（復非天地之心）
〔註31〕《文集》卷四十〈答何叔京〉書十八（熹所謂仁者天地生物之心）
〔註32〕《語類》卷98，頁2513。

後，方喚做愛，愛卻有形影。……四端者，端如萌芽相似，惻隱方
是從仁裏面發出來底端。(《語類》卷20，頁465。)

本於「性體情用」的觀點，朱子說：仁是體，惻隱（愛）是用，更具體的說，
是性理之見於用者，就好像是從仁裡面發出來的端緒一般，所以「愛」又稱：
仁之事、仁之用。

　　值得注意的是朱子在此處特別使用了「仁之用」一詞來說明屬於已發之情
的「愛」，相對於此，「愛之理則所謂仁之體也」〔註33〕。亦即仁之用是惻隱，
是愛，屬於形而下的情；而『愛之理』則是指仁之體，屬於形而上的性（理）。

　　是以在〈仁說圖〉〔註34〕中特別標出「未發之前」對「已發之際」；「愛
之理」對「愛之發」；「仁之體」對「仁之用」。試以一圖表說明如下：

伊　川		朱　子		
形上、形下之別		以愛論仁	已發未發說	體用論
仁	性	愛之理	未發之愛	仁之體 愛之體
愛 孝弟 惻隱	情	愛之發	已發之仁	仁之用 仁之事 仁之端

　　言至此，必須特別指出的是在心性論中，朱子所使用的「體用」觀念當
扣緊其「心統性情」的理論架構來理解，「心是包得這兩個物事，性是心之體，
情是心之用」〔註35〕，因而也就是說，性體、情用並不是此體直接成用，而
是以心作為中介，透過針對「心」的修養功夫而使性理能真正地發揮作用，
故此可說是「有間的體用」〔註36〕。所以朱子說：

〔註33〕《文集》卷四十二〈答胡廣仲〉書五（熹承諭向來為學之病）
〔註34〕《語類》卷105，頁2633。
　　　　案：此〈仁說圖〉中將「專言之仁」與「偏言之仁」的體用，分別表示為「未
　　　　發與已發」、「仁與惻隱」，這種表述在《語類》也有記錄，「以『心之德』而
　　　　專言之，則未發是體，已發是用；以『愛之理』而偏言之，則仁便是體，惻
　　　　隱是用。」(《語類》卷20，頁466。) 與筆者此處所引述者稍有不同（將已
　　　　發未發用在「偏言之仁」上），但筆者以為仁與惻隱本亦可用已發/未發分別之，
　　　　故在理論上並無衝突。
〔註35〕《語類》卷119，頁2867。
〔註36〕楊祖漢：〈朱子「中和說」中的工夫論新詮〉，《朱子學刊》創刊號（2004.11），
　　　　頁8～9。楊祖漢：《從當代儒學觀點看韓國儒學的重要論爭》，頁333～334。

只是一個心，便自具了仁之體、用。喜怒哀樂未發處是體，發於惻隱處，便卻是情。(《語類》卷 20，頁 470。)

人稟五行之秀以生，故其爲心也，未發則具仁、義、禮、智之性，以爲之體，已發則有惻隱、羞惡、恭敬、是非、誠實之情，以爲之用。(《論語或問》卷一，頁 108。)

然而朱子何以要嚴辨伊川所提出的性與情之兩層（形上、形下）區分呢？而「仁者愛之理」又該如何以現代話語詮釋呢？

徐復觀先生曾說：「到了宋儒程朱，不以漢儒從外面人與人的關涉上去解釋仁爲滿足，而向內推進一步，或者在精神狀態方面去形容仁的境界；或者爲愛人尋求一個內在底根據。」〔註 37〕徐先生認爲前者爲程明道之說，後爲陽明一派所承繼；後者則爲程伊川之說，後爲朱子所承繼。若我們合朱子論析「孝弟也者其爲仁之本歟」(《論語‧學而》)一句來看，可以找到解答的線索，朱子說：

論性，則仁是孝弟之本。惟其有這仁，所以能孝弟。仁是根，孝弟是發出來底，仁是體，孝弟是用，仁是性，孝弟是仁裡面事。(《語類》卷 119，頁 2867。)

有是仁，後有是孝弟。(《語類》卷 20，頁 462。)

孝是愛親，弟是敬長，相當於愛（惻隱）與恭敬，凡此皆表示：在「存在」的層次上，仁之爲「性理」是「先在之理」，是孝弟的存在根據，也就是說，正因爲凡人皆有此作爲「愛之理」的「仁」爲其「性」，所以皆能愛人。

因此牟宗三先生特別指出：朱子的這一陳述完全是從伊川「陰陽，氣也；所以陰陽，理也」一格式套下來，「愛之理」即表示然與所以然之關聯，故仁是「愛之所以然之理」。而此「所以然」是超越的所以然，「理」是本體論的

案：牟宗三先生曾說：「性與情（理與氣）之體用，與心與情之體用不同。心與情之體用是無間之體用，是有機的生發之體用，心是眞能發用此情者，心之發用即是情。但性與情之體用，是有間之體用，是統馭繫屬的體用，如主之與僕，性並不眞能發用此情。」(見牟宗三：《心體與性體（二）》，頁 341～342。) 又說：「『愛則仁之用』，亦是心依仁理而發此愛人惜物之作用，從其主者而言，故繫於仁而謂『仁之用』也。亦非仁之理能實際存在地發此愛之情用。性情對應而言，仁是性、是體，愛是情、是用。但此體用是繫屬之體用，猶普通所謂籠絡，體與用間有一間隔之罅縫。」(見牟宗三：《心體與性體（二）》，頁 297。)

〔註 37〕徐復觀：〈釋論語的「仁」——孔學新論〉，《中國思想史論集續編》(臺北市：時報文化出版事業公司，1982)，頁 359。

存有之理，是實然之愛、愛之存在之存在性。〔註38〕

　　故所謂的「仁者愛之理」即是：仁是愛之所以然之理，是所以能愛的超越根據。即「仁」之爲超越的性理，是形而下的「愛」（情）之內在的根據（性），超越的所以然之理。

　　而朱子「愛之理」說的提出，實又針對湖湘學者「以覺言仁」的主張而發。稍早於「仁」說的論辯，朱子與湖湘學者曾對《論語・里仁》「觀過，斯知仁矣」展開熱烈的討論，此一論辯表面上是各持己見的文本詮釋問題，但深入其義理內涵則雙方的爭論點實反映出兩肇理解思路之歧異與修養工夫的不同〔註39〕。朱子在〈觀過說〉、《論語或問》中皆力闢「內觀己過」之說（湖湘學者的觀點），並總結道：「原其所以然者，蓋亦生於以覺爲仁，而謂愛非仁之說耳」〔註40〕。然而朱子何以如此堅持「覺，決不可以言仁」〔註41〕呢？

二、反對以「覺」言仁

　　筆者以爲朱子反對「以覺言仁」的理由有三：1.伊川已明言其非；2.覺乃智之端（用、事），非仁之體；3.以之爲工夫不免有弊（張皇迫躁、近禪）。前兩者爲「仁之名義」一層次的問題，後者則屬「求仁之方」的修養工夫問題。試依序論之如下：

1. 知覺乃智之事

　　在文獻的證據上，朱子反覆強調「知覺言仁，程子已明言其非」〔註42〕，此處「程子」當是指「程伊川」而言，蓋伊川有言：

　　　義訓宜，禮訓別，智訓知，仁當何訓？說者謂訓覺、訓人，皆非也。
　　　當合孔、孟言仁處，大概研窮之，二三歲得之，未晚也。（《二程集・
　　　遺書》卷二十四，頁314。）

〔註38〕牟宗三：《心體與性體（三）》，頁 243～245；《心體與性體（二）》，頁 294～296。

〔註39〕筆者此處所謂理解思路與工夫修養，主要是指「當機指點」對「概念分解」與「逆覺體證」對「順取的認知」而言。關於「觀過知仁」的討論，可參牟宗三：《心體與性體（三）》，頁 300～353。劉述先：《朱子哲學思想的發展與完成》，頁 172～188。林月惠：〈宋儒對於「仁」的詮釋──以《論語》「觀過，斯知仁矣」爲例〉，《鵝湖學誌》第二十六期（2001 年 06 月），頁 35～66。

〔註40〕（宋）朱熹撰：黃坤校點：《四書或問》（上海：上海古籍出版社，2001 年），《論語或問》卷四，頁 179。

〔註41〕《語類》卷 6，頁 118。

〔註42〕《文集》卷四十〈答何叔京〉書十八（熹所謂仁者天地生物之心）

仁者必愛，指愛爲仁則不可。不仁者無所知覺，指知覺爲仁則不可。
（《二程集・粹言》卷一，頁 1173。）〔註43〕

所謂的「訓」可以是指字義的訓解，此處伊川之意可以理解爲：其不主張探訓詁的方式來探究孔門之「仁」學，而當採「合孔、孟言仁處，大概研窮之」的方法來理解「仁」，此即張南軒編輯《洙泗言仁錄》所採取的指導原則──「將聖賢所言仁處，類聚觀之」。而後一條語錄反對以「愛」或「知覺」爲仁，這當是本於伊川「性、情之分」的理論背景下所當有的必然結論。

關於前者，朱子本人亦不主以一字爲訓，而採用「心之德，愛之理」的聯語之分式來論「仁」；關於後者，朱子也實能嚴守伊川的「性、情之分」。

除此之外，朱子還曾提出其個人獨特的論據：

若夫知覺，則智之用而仁者之所兼也。（《文集》卷四十二〈答吳晦叔〉書十（復非天地之心））

以名義言之，仁自是愛之體，覺自是智之用，本不相同。但仁包四德。苟仁矣，安有不覺者乎！（《語類》卷6，頁 118。）

若以名義言之，則仁自是愛之體，覺自是知之用，界分脈絡，自不相關。但仁統四德，故人仁則無不覺耳。（《文集》卷四十五〈答游誠之〉書一（示喻讀書玩理次第））

朱子認爲「知覺」屬「智」，若「以覺爲仁，則是以智爲仁」〔註44〕，所以朱子有言：「近年說得仁字與智字都無分別」〔註45〕。且在朱子的性情體用論系統中，「知覺」屬於「智之用」，「仁」則爲性，乃「愛之理」，因此在朱子的理解中，「仁與覺在概念上和意義的層次上都不相同」〔註46〕。

善於用喻的朱夫子亦嘗舉一例以明之，「仁之愛，知之覺，猶水之寒，火之熱也。……直謂覺爲仁，而深疾夫愛之說，則是謂熱爲水，而惡言水之寒

〔註43〕案：「不仁者無所知覺，指知覺爲仁則不可」一語，朱子曾在《文集》卷四十五〈答游誠之〉書一（示喻讀書玩理次第）書中表示：此乃「侯子」所言。蓋程門弟子中有侯師聖者，或許即是此「侯子」，然此本是伊川語，恐侯子亦曾及之，故朱子有此說。《南軒集》卷二十九〈答胡伯逢〉（明道先生曰）亦載：「伊川先生所謂覺不可訓仁者，正謂仁者必覺，而覺不可以訓仁。侯子師聖亦嘗及此矣。」可爲明證。

〔註44〕《語類》卷20，頁 464。

〔註45〕《文集》卷三十一〈答張敬夫〉書八（細看言仁序云）

〔註46〕陳來：〈論宋代道學話語的形成和轉變──論二程到朱子的仁說〉，《中國近世思想史研究》，頁 103。

也」〔註47〕。故在「仁之名義」上，朱子始終認為「仁之所以得名初不為此（案：覺）也」〔註48〕。

「智之用」一觀點的提出，筆者以為在朱子的思想中當是基於兩點理由：一者，其所秉持的性情體用論；再者，朱子認為欲妥善地理解「仁」，當并義、禮、智三字通看，始能見得端的。

> 看「仁」字，當並「義」、「禮」、「智」字看，然後界限分明，見得端的。今捨彼三者，而獨論「仁」字，所以多說而易差也。（《文集》卷三十二〈又論仁說〉書十五（來教云夫其所以與天地萬物一體者））
> 仁者固有知覺，然以知覺為仁則不可。更請合仁、義、禮、智四字思惟，就中識得「仁」字乃佳。（《文集》卷四十一〈答程允夫〉書四（仁者天理也））
> 大抵理會「仁」字，須并禮、義、智三字通看，方見界分分明、血脈貫通。近世學者貪說「仁」字而忽略三者，所以無所據依，卒并與「仁」字而不識也。（《文集》卷四十二〈答胡廣仲〉書五（熹承諭向來為學之病））
> 「仁」字須兼義、禮、智看，方看得出。（《語類》卷6，頁109。）
> 今要見『仁』字意思，須將仁、義、禮、智四者共看，便見『仁』字分明。如何是義，如何是禮，如何是智，如何是仁，便『仁』字自分明。若只看『仁』字，越看越不出。（《語類》卷6，頁110。）

當我們把仁、義、禮、智四者平列，而後將屬於「用」的「四端」分別置於其下，仁之端為惻隱，為愛；義之端為羞惡，為宜；禮之端為辭讓（恭敬），為恭；智之端為是非，為別。則我們將很容易地會把「知覺」一概念安置於「智」之下，筆者以為朱子或許就是在這種「分解」性、「思辨」型的思考方式下，強調當合仁、義、禮、智四字來思考「仁之名義」，故終提出「知覺」乃「智之用」的觀點。

再者，於〈仁說〉一文中，朱子對「以覺言仁」說的批判是：「專言『知覺』者，使人張皇迫躁，而無沉潛之味，其弊或至於認欲為理者有之矣」〔註49〕。此則明顯是針對持「以覺言仁」為理論根據所進行的工夫修養之弊而發。唐君

〔註47〕　《論語或問》卷四，頁179～180。
〔註48〕　《文集》卷三十二〈又論仁說〉書十四（熹再讀別紙所示三條）
〔註49〕　《文集》卷六十七，〈仁說〉。

毅先生對此有一說明：

> 此知覺自身，初不包涵理之是非之辨，而知覺恆連於氣，故朱子謂
> 上蔡以知覺言仁，……不免認欲爲理矣。至於張皇迫躁之弊，則當
> 是自人之不能無氣質之昏蔽而來。……若有氣之昏蔽在心，而清明
> 不濟，則張皇迫躁以求覺，又在所不免矣。〔註50〕

甚而朱子又主觀地認爲「以覺言仁」的說法與湖湘學者主張「內觀己過」的
工夫大有關係，而此「因觀過而識觀者」〔註51〕的修養主張大類於禪家之說。

> 問：「先生答湖湘學者書，以『愛』字言仁，如何？」曰：「緣上蔡
> 說得『覺』字太重，便相似說禪。」（《語類》卷6，頁118。）
>
> 且如『仁』之一字，上蔡只說知仁，孔子便說爲仁。是要做工夫去
> 爲仁，豈可道知得便休！今學問流而爲禪，上蔡爲之首。（《語類》
> 卷5，頁93。）
>
> 他說仁，說知覺，分明是說禪。（《語類》卷20，頁477。）

這一部份的問題也關係到朱子對禪學的認識，他認爲禪學的精神正在此處，
因此在工夫教法上有似於此型態者，皆一律斥之爲「禪」！此則正如牟宗三
先生所說：朱子之所以深厭「以覺言仁」之說，還有一種「禪之忌諱心理」
所致〔註52〕。

2. 不契於明道論「仁」

然而朱子之所以反對「以覺言仁」最核心的關鍵原因莫過於朱子本人對
於謝上蔡所說的「知覺」一概念的理解，朱子認爲上蔡所說的「知覺」乃是
「知寒暖飽飢之類爾，推而至於酬酢佑神」〔註53〕，朱子說：

> 上蔡之言「知、覺」，謂識病癢、能酬酢者，乃心之用而知之端也。……
> 其大體皆智之事也。今以言仁，所以多矛盾而少契合也。（《文集》
> 卷四十二〈答胡廣仲〉書五（熹承諭向來爲學之病））

〔註50〕唐君毅：《中國哲學原論 原性篇》，頁574。

〔註51〕《文集》卷四十二〈答胡廣仲〉書三（知仁之說）

〔註52〕牟宗三先生認爲朱子反對以覺訓仁的原因有二：一是誤認「覺情」爲「智德」；
一是「禪之忌諱心理」所致。關於前者，朱子之所以將「知覺」限於「智之
發用」乃是因爲他「不順這最初的智相向裡看，……卻只是外在地看。……
如是，只知有覺照的知覺，認識論的知覺，而不知尚有本體論的覺情，覺情
的知覺。」牟宗三：《心體與性體（三）》，頁279～280、283～284。

〔註53〕《文集》卷三十二〈又論仁說〉書十四（再讀別紙所示三條）

但現在的問題是，若「心有所覺謂之仁」是上蔡「傳道端的之語」〔註54〕，朱子何以會如此解讀，將它視之爲生理機能的感受呢？

其原因即在於朱子僅著眼於上蔡「有知覺、識痛癢便喚做仁」〔註55〕、「仁是識痛癢」〔註56〕、「不見、不聞、不知味便是不仁」〔註57〕等數語上，認爲這是著實地指說發生於生理自然反應的知覺感受便是仁，因此朱子嘗譏之曰：

> 上蔡之病，患在以覺爲仁。但以覺爲仁，只將針來刺股上，才覺得痛，亦可謂之仁矣。此大不然也！（《語類》卷20，頁479。）

但上蔡的「仁」說果眞的就是如此嗎？我們來看上蔡本人是怎麼說的。

> 心有所覺謂之仁，仁則心與事爲一。草木五穀之實謂之仁，取名於生也，生則有所覺矣。四肢之偏痺謂之不仁，取名於不知覺也，不知覺則死矣。……身與事接，而心漠然不省者，與四體不仁無異也。然則不仁者，雖生，無以異於死；雖有心，亦鄰於無心；雖有四體，亦弗爲無用也。（《論語精義》卷第六下，朱傑人、嚴佐之、劉永翔主編：《朱子全書》（上海：上海古籍出版社；合肥：安徽教育出版社　2002年），第柒冊，頁419。）

此一段話便是湖湘學者所盛讚之語「心有所覺謂之仁」的出處，此處「心有所覺」未必就是朱子所謂的「有知覺、識痛癢」。上蔡說當我們應事接物之際，此「心」若是「漠然不省」，就好比四肢麻痺無知覺一般，只是一行屍走肉罷了，所以「心」當「生」，當爲一「活物」〔註58〕，「生則有所覺矣」。從這裡我們可以看到上蔡論「仁」實重仁之『感通義』、『活動義』。又有一段語錄，亦甚能顯此精神。

> 心者何也？仁是已。仁者何也？活者爲仁，死者爲不仁。今人身體麻痺不知痛癢謂之不仁，桃、杏之核可種而生者謂之桃仁、杏仁，言有生之意。推此仁可見矣。（《上蔡語錄》（《文淵閣四庫全書》第698冊）卷一，頁3。）

上蔡在這裡說得更是明白：「活者爲仁，死者爲不仁」，且此「惻然有所覺」

〔註54〕　《南軒集》卷二十九〈答胡伯逢〉（明道先生曰）

〔註55〕　（宋）謝良佐撰，朱熹編：《上蔡語錄》（臺北市：中文出版社，1980年，近世漢籍叢刊）《上蔡語錄》卷之上，頁23。

〔註56〕　《上蔡語錄》卷之中，頁43。

〔註57〕　《上蔡語錄》卷之上，頁35。

〔註58〕　《語錄》卷101，頁2563。

的「心」本身即是「仁」。

在以上的詮釋觀點下，我們會發現湖湘學者對於「覺」字的體會與朱子截然不同，如胡廣仲便明白地表示：

> 以愛名仁者，指其施用之迹也，以覺言仁者，明其發用之端也。（《南
> 軒集》卷二十九〈答胡廣仲〉（心有所覺謂之仁），頁 672。）〔註59〕

所謂「發用之端」，當然不同於知寒暖飽飢、痛癢之類，此當是本於「惻隱之心，仁之端也」而來，也就是說，「覺」是就不安、不忍、悱惻之感來說，因此胡伯逢也才會說「竊謂以愛言仁，不若覺之爲近也」〔註60〕。在湖湘學者看來，朱子所強調的「愛」字只說到仁心施用時顯現之相罷了，與「仁之體」的距離當然不如其發用之端的「惻然有所覺」來的切近。

依上所論，湖湘學者「以覺言仁」的主張應無朱子所指陳的在「仁之名義」上（以覺「訓」仁、以智爲仁）或混淆性情之別（以覺「爲」仁）的錯誤，因其用心之所在恐不在於〈仁說〉所謂的「釋仁之名」，而在於修養工夫的指點、啓發，即「以覺言仁」的工夫論之實義可以理解爲：「本在闡明『以覺識仁』，強調仁心之呈露（發現之端）與發用，使實踐功夫有本源、有入路」〔註61〕，也就是說，「以覺言仁」的工夫論之意義在於指點、啓發學者能在本心呈現、流露之際（不安、不忍、悱惻之感），當下警覺，識得此乃是眞正能自我做主的眞生命、道德主體（仁之體），而繼之以不間斷地實踐（涵養、擴充），此本心善性將會愈用愈出，愈實踐愈得以證實此本體之爲實有，終使其流行達沛然莫禦之境。

然而雙方同樣是針對上蔡論「仁」，何以會有如此大的理解差異呢？此即在於朱子執實看待上蔡「識痛癢」之語，而無法順其指點語、啓發語而悟入。

此外，上蔡之說乃依據程明道「手足痿痹爲不仁」〔註62〕之取譬，這一點是極爲顯明的，如此一來，我們可以進一步來看，激烈地批判「以覺言仁」說的朱子又該如何面對明道之說呢？

> 曰：然則程子之論，手足頑痹爲不仁者，奈何？曰：是固所謂愛之
> 理者，與謝氏活者之說相似，而其所以用力者不同，學者不可不察

〔註59〕《南軒集》卷二十九〈答胡廣仲〉（心有所覺謂之仁）

〔註60〕《南軒集》卷二十九〈答胡伯逢〉（明道先生曰）

〔註61〕林月惠：〈宋儒對於「仁」的詮釋——以《論語》「觀過，斯知仁矣」爲例〉，《鵝湖學誌》第二十六期（2001 年 06 月），頁 62。

〔註62〕《二程集・遺書》卷二上，頁 15。

也。……事親而不知所謂孝，從兄而不知所謂弟，則是吾之本心頑然不仁，而應乎事者皆不得其當，如手足之痿頑矣。仁與不仁，皆必責之踐履之實，非若謝氏反因孝弟以求活物，幸其瞥然見之，而遂以爲得仁也。（《論語或問》卷一，頁111）

問：「上蔡說仁，本起於程先生引醫家之說而誤。」曰：「伊川有一段說『不認義理』，最好。只以覺爲仁，若不認義理，只守得一箇空心，覺何事！」（《語錄》卷101，頁2562。）

問：「《遺書》中取醫家言仁。又一段云：『醫家以不識痛癢爲不仁。』又以不知覺、不認義理爲不仁，又卻從知覺上說。」曰：「覺是覺於理。」問：「與上蔡說同異？」曰：「異。上蔡說覺，纔見此心耳。」（《語類》卷33，頁851。）

從這裡我們可以看出來，當時的學者已經清楚上蔡之說本自明道，於是朱子的回答反而顯得有點避重就輕，只說「相似，而其所以用力者不同」，究竟有何不同處，則沒有清楚的辨析。或者轉而強調「不認義理」一句，這便顯出朱子重「道問學」的精神。或者說「覺是覺於理」，此語是從伊川「知是知此事，覺是覺此理」〔註63〕變化而來，這又顯出其採用伊川之說釋明道之語的狀況。是以我們不得不猜想朱子極力反對「以覺言仁」，然其批判之語卻略而不及明道，這恐怕只是爲賢者諱吧。

換言之，湖湘學者「以覺言仁」的主張當中實含有一「識仁」的工夫論義涵在其中，而此一工夫，近可本自五峰「先察識後涵養」之說，遠可承於明道「學者須先識仁」〔註64〕的觀點，同樣地，當朱子直接面對學生質之以明道之說時，他又做何反應呢？

明道言「學者須先識仁」一段，說話極好。只是說得太廣，學者難入。（《語類》卷97，頁2484。）

「明道這般說話極好，只是說得太廣，學者難入。」（《語類》卷60，頁1437。）

問：「明道言：『學者須先識仁。』識得仁，以敬養，不須防檢。」曰：「未要看此，不如且就『博學篤志，切問近思』做去。」（《語類》卷49，頁1201。）

〔註63〕《二程集·遺書》卷十八，頁196。
〔註64〕《二程集·遺書》卷二上，頁16。

若程子學者先須識仁一條，則其說高矣，非所謂盡心知性不假存養者不能及也，其諸程子自道其所以入德之由乎？雖非學者之所及，然玩而繹之，其所以發人者亦深矣。(《孟子或問》卷十三，頁494。)

雖然依唐君毅先生的觀點，朱子所謂的「太高」、「太廣」，當是「自學者分上說」〔註65〕，意即站在初學者的立場、教育的觀點，而提出「學者難入」的評語。但是若考量朱子對於「察識」工夫理解的不諦當，則亦可說其對明道先「識仁」〔註66〕一修養工夫恐亦難以有相應的體會。〔註67〕尤其他在《文集》卷七十三〈知言疑義〉中說得極為顯明：「『欲為仁，必先識仁之體』，此語大可疑。觀孔子答門人為仁者多矣，不過以求仁之方告之，使之從事於此而自得焉爾，初不必使先識仁之體。」此雖是反對五峰《知言》，但更可視為其不契於明道論「仁」（識仁）的明證。

第三節　「仁」之名義（二）：心之德

上文已曾引述朱子本伊川《易傳》「四德之元，猶五常之仁；偏言則一事，專言則包四者」一語，言：「心之德」乃專言之仁，包括、兼攝仁義禮智四者；「愛之理」乃偏言之仁，主於「愛」（惻隱）之情感表現。朱子說：「偏言是指其一端，因惻隱之發而知其有是愛之理；專言則五性之理兼舉而言之，而仁則包乎四者是也。」〔註68〕因此，接下來我們來看朱子言「專言之仁」（心之德）一概念的義涵。

一、天地以生物為心

朱子在〈仁說〉中，開章明義即表示：「天地以生物為心者也。而人物之生，又各得夫天地之心以為心者也。故語心之德，雖其總攝貫通，無所不備，然一言以蔽之，則曰仁而已矣。」在這一段短短的文字中涉及到幾個問題，雖至為關鍵但卻也相當的難解：

〔註65〕唐君毅：《中國哲學原論 原性篇》，頁573。

〔註66〕對明道論仁的詮釋，參考牟宗三：《心體與性體（二）》，頁218～233。簡言之，即「『識仁』是體證本體，以端正實踐的方向」。蔡仁厚：《新儒家與新世紀》（臺北市：臺灣學生，2005年），頁127。

〔註67〕朱子也曾讚許此段語錄，而說「當添入《近思錄》中」（《語類》卷95，頁2447。），又說：「向編《近思錄》，欲收此段，伯恭以為怕人曉不得，錯認了。」（《語類》卷97，頁2484。）

〔註68〕《語類》卷95，頁2419。

1.「天地之心」的觀點以及「以「生物」為心」的特殊說法

2. 人物各得夫「天地之心」以為『心』

3.「心之德」一語的義涵

4.『仁』與天地之心

以下我們先看第一點。

1. 天地之心與「生物」

朱子對「天地以生物為心」一說法的使用應該是肯定而明確的，如其在注解《孟子》「人皆有不忍人之心」時，便以此說作為「皆有」的論據，其言曰：

> 天地以生物為心，而所生之物因各得夫天地生物之心以為心，所以
> 人皆有不忍人之心也。（《孟子集注》卷三，「人皆有不忍人之心」章）

但當他剛開始提出這一觀點時並沒有得到太大的認同。如南軒便認為此語「恐未安」，然而時至今日，已不能詳考其原因〔註69〕。因此且讓我們先來看看朱子此語中特別強調的「生物」一概念。

> 天確然於上，地隤然於下，一無所為，只以生物為事。故《易》曰：
> 「天地之大德曰生。」而程子亦曰：「天只是以生為道」。（《文集》
> 卷三十二〈答張敬夫 論仁說〉書十二（天地以生物為心））

> 「天地以生物為心」。天包著地，別無所作為，只是生物而已。亙古
> 亙今，生生不窮。……本不須說以生物為心，緣做個語句難做，著
> 個以生物為心。（《語類》卷53，頁1280。）

在朱子的體會中，大自然的變化消息，萬物的生成、繁衍、毀敗之交替更迭，天地四時的循環運行，其背後都有一原則，即可由天地之化中體認出一生而又生、生生不窮已的「生生之德」，若將其視為一根源性的創造力量，也可稱之為「天地之心」。又從此「天地之心」的表現與作用來說，則是只是「創生」萬物而已，朱子說：「天地之心，只是個生」〔註70〕。因此當南軒質疑「元之為義，不專主於生」時，朱子認為此說「恐有大病」，蓋「此乃義理根源，不

〔註69〕 牟宗三：《心體與性體（三）》，頁259。李明輝教授指出湖湘學者們使用「天地（生物）之心」時，是就天道本身之創造說，故南軒之所以反對是針對朱子之說中隱含的理氣二分的理論架構。見李明輝：〈朱子的「仁說」及其與湖湘學派的辯論〉《四端與七情——關於道德情感的比較哲學探討》（臺北市：臺大出版中心，2005年），頁94～95。陳來教授則認為這可能與南軒相對地不熟悉二程之學有關。見陳來：〈論宋代道學話語的形成和轉變——論二程到朱子的仁說〉，《中國近世思想史研究》，頁91～92。

〔註70〕 《語類》卷105，頁2634。

容有毫釐之差」〔註71〕。總之，朱子認爲天地「別無勾當，只是生物」〔註72〕。也就是說，天地化育之生生不已即是此「天地之心」之發見，因此他認爲當特別點出『生物』一概念。

朱子又特別引《易・繫辭傳 下》曰：「天地之大德曰生」（第一章）與程子之說以爲己證。

案朱子「天地以生物爲心」一語可見之於二程對〈復〉卦的詮釋：

> 「復其見天地之心」，一言以蔽之，天地以生物爲心。（《二程集・外書》卷三，頁366。）

> 一陽復於下，乃天地生物之心也。先儒皆以靜爲見天地之心，蓋不知動之端乃天地之心也。（《二程集・易傳》卷二，頁819。）

前一條未注明何人之語，後一條乃伊川所言。然二程中，明道特喜言「生」，如：

> 觀天地生物氣象。（《二程集・遺書》卷六，頁83。）

> 萬物之生意最可觀，此元者善之長也，斯所謂仁也。人與天地一物也，而人特自小之，何耶？（《二程集・遺書》卷十一，頁120。）

> 「生生之謂易」，是天之所以爲道也。天只是以生爲道，繼此生理者，即是善也。善便有一個元底意思。「元者善之長」，萬物皆有春意，便是「繼之者善也」。「成之者性也」，成卻待佗萬物自成其^{一作甚}。性須得。（《二程集・遺書》卷二上，頁29。）

第三條語錄中「天只是以生爲道」便爲上文朱子所徵引者。第二條語錄中，明道已明確地把「生意」、「元」與「仁」關聯起來。此外，這幾段文字中，如「生意」、「生理」等詞彙、用語皆爲朱子所喜用、所常用者，但意涵容有不同。

明道之喜言「生」，誠如唐君毅先生所分析：

> 明道之由見天地之用及我之用，……表現於明道之善觀萬物之自得，天地之生意，以成其樂。如其詩言「萬物靜觀皆自得，四時佳興與人同」。……此乃賴於人之放下其所自執之自己，而將自己放在萬物中看，然後能於萬物之化育，見其即我之化育。……此即要在成此「心之無所繫」。〔註73〕

〔註71〕《文集》卷三十二〈答張敬夫 論仁說〉書十二（天地以生物爲心）
〔註72〕《語類》卷53，頁1281。
〔註73〕唐君毅：《中國哲學原論 原教篇》，頁145。

即明道之喜言生，乃本其圓頓的智慧，「天人無間」之心懷，故能由天地萬物欣欣之生意契悟此造化之源，從天地之化育、生生不息處，當下體認、直下承當天理，故言「觀雞雛。此可觀仁」〔註74〕。周茂叔窗前草不除，「與自家意思一般」〔註75〕。

但朱子對於「萬物之生意最可觀」、「觀天地生物氣象」等語，並非由此角度欣賞，他告訴學生：「不成只管去守看生物氣象！」〔註76〕，「須是自家到那地位，方看得」〔註77〕。此若是僅就學者之立場來說並非有誤。然而他對於明道所謂的「觀雞雛。此可觀仁」一語，則有其個人獨特的解說，他認為此乃是指「初生之際」來說，當此之際生機較為易見，因此便當以此觀之。朱子說：

> 物之初生，其本未遠，固好看。（《語類》卷95，頁2434。）
> 但初生之際，淳粹未散，尤易見爾。（《語類》卷95，頁2434。）

從這裡可以看到朱子相較於明道特重指點方式的言說，顯得極為落實，他總是著實地看待這些取譬的說法，正如同其理解「以覺言仁」一般。

然而朱子言「天地以生物為心」也有他個人獨特的用心所在，他認為近年來學者們不肯同意「天地以生物為心」與質疑「以愛論仁」的觀點有關：

> 「天地以生物為心」，此句自無病。昨與南軒論之，近得報云亦已無疑矣。大抵近年學者不肯以愛言仁，故見先生君子以一陽生物論天地之心，則必歉然不滿於其意，復於言外生說，推之使高，而不知天地之所以為心者實不外此。（《文集》卷四十二〈答吳晦叔〉書十（復非天地之心））

何以朱子會做此聯想呢？筆者以為可能是在朱子的理論架構中，「天地（生物）之心」為生生之德，相當於「仁」，屬於形而上的層面；「生物」則為此生生之德的作用或表現，相當於「愛」，屬於形而下的層面。天道之仁表現在萬物之生生不息中，人道之仁具體落實在愛人利物之情上。因此朱子在論生生之德時突顯出「生物」，正如同其論「仁」，突顯出「愛」一般；而相應於以愛論仁，便可說由「生物」（初生之機）來體認「天地之心」。這種思路很類似「以愛論仁」的觀點。

〔註74〕《二程集·遺書》卷三，頁59。
〔註75〕《二程集·遺書》卷三，頁60。
〔註76〕《語類》卷95，頁2478。
〔註77〕《語類》卷95，頁2477。

2. 「仁」乃天地生物之心

以上的理解是以天道與人道相呼應爲前提，朱子是否正是如此理解天人之際的問題呢？

此一問題正是【問題2】「人物各得夫『天地之心』以爲『心』」與【問題4】「『仁』與天地之心」所要討論者。

案「天地之心」與「人之心」是很不同的，即言「天地之心」乃是肯定一造化之根源，重「理之定然義」，而人物之心僅爲氣之靈、氣之精爽，當代學者牟宗三先生對此曾有詳盡的分析〔註78〕，因此人物各得夫『天地之心』以爲『心』的說法確實有難以說清楚之處。但筆者這裡所著眼者乃在朱子自認此一說法對於天人之際的課題有一創闢性的發明。朱子說：

> 熹所謂「仁者天地生物之心，而人物之所得以爲心」，此雖出於一時之臆見。然竊自謂正發明得天人無間斷處稍似精密。（《文集》卷四十〈答何叔京〉書十八（熹所謂仁者天地生物之心））

朱子雖自謙這一句話是大膽的臆見之語，但亦自詡此語乃「正發明得天人無間斷處稍似精密」。在《語錄》中，也載：

> 〈仁說〉只說得前一截好。（《語類》卷105，頁2632。）
>
> 人物則得此生物之心以爲心，所以個個肖他。（《語類》卷53，頁1280。）

所以朱子不僅是從外在的形貌「人首圓象天，足方象地」〔註79〕來論天人問題，甚而認爲天人之所以有此相應乃是因爲「人物得此生物之心以爲心」，依此將天人關聯起來，而主張「蓋天人一物，內外一理，流通貫徹，初無間隔」〔註80〕。

此處將「得夫天地之心以爲心」的「心」字理解爲「心之德」，或許會比較穩當，因爲朱子有言：「仁者，天地生物之心」，是將人道之「仁」（性）相應於「天地生物之心」（理），而「仁」乃『心之德』也，故人得此天地之心以爲「心之德」（仁）。

> 仁之爲道，乃天地生物之心，即物而在。（《文集》卷六十七〈仁說〉）
>
> 仁乃天地生物之心而在人者，故特爲眾善之長，雖列於四者之目，

〔註78〕 牟宗三：《心體與性體（三）》，頁238～239。
〔註79〕 《語類》卷53，頁1281。
〔註80〕 《文集》卷三十八〈答袁機仲別幅〉書五（乾於文王八卦之位在西北）

而四者不能外焉。……今欲極言「仁」字而不本於此，乃概以「至善」目之，則是但知仁之為善，而不知其為善之長也。……又謂仁之為道無所不體，而不本諸天地生物之心，則是但知仁之無所不體，而不知仁之所以無所不體也。（《文集》卷三十二〈答張敬夫　論仁說〉書十二（天地以生物為心））

朱子說「仁」之所以能為眾善之長、所以能無所不體，乃是本於它是「天地生物之心」之在人者，也就是說，「天地生物之心」乃是人道之「仁」的終極根據，故論「仁」必當本此而論。

　　這種說法以現代的學術眼光來看，或許難以令人接受，然而十二世紀的儒者們或許就是這麼想的，且最後張南軒也同意了朱子的觀點，並且於其〈仁說〉中採用「天地生物之心」一詞。又我們再看稍早之前，南軒所作〈洙泗言仁錄序〉，在此序文中，南軒論「仁」與「天地之心」也同樣表達「天人無間」的義涵。

　　蓋仁者，天地之心。天地之心而存乎人，所謂仁也。（《南軒集》卷十四〈洙泗言仁序〉）

相較於朱子的說法說，這裡只是不用「生物」一詞而已。關於「天地生物之心」的種種問題，金永植教授有一段文字甚為精要，試引之如下：

　　朱熹認為，生物是天地最重要最突出的活動，這是他一再說「天地以生物為心」的原因。……天地生物之心，永遠不會停止。……只是人們要到春天萬物復甦時才看得見，就好像人們到了復卦，才看得到陽爻之生。天地生物之心與仁德有關，……他甚至說：「仁者，天地生物之心。」以這種方式，天地之心的概念加強了物理的天與道德的天的聯繫，而這種聯繫對「道德的宇宙論基礎」是至關重要的。〔註81〕

接下來，關於【問題3】「『心之德』一語的義涵：總攝貫通、無所不備」又是在表達什麼呢？

二、仁包四德

　　我們繼續來看〈仁說〉一文。

〔註81〕　（韓）金永植著；潘文國譯：《朱熹的自然哲學》（上海：華東師範大學，2003年），頁134～135。

> 蓋天地之心，其德有四，曰元亨利貞，而元無不統。其運行焉，則
> 爲春夏秋冬之序，而春生之氣無所不通。故人之爲心，其德亦有四，
> 曰仁義禮智，而仁無不包。其發用焉，則爲愛恭宜別之情，而惻隱
> 之心無所不貫。（《文集》卷六十七〈仁說〉）

在此一段中，朱子明顯是採取天道與人道相互呼應的觀點立論，以人之四德
（仁義禮智）比配天地之四德（元亨利貞）；以人之四端（愛恭宜別之情）對
應天之四時（春夏秋冬）。此正如朱子常說道：「以天道言之，爲元亨利貞；
以四時言之，爲春夏秋冬；以人道言之，爲仁義禮智；以氣候言之，爲溫涼
燥濕；以四方言之，爲東西南北」〔註82〕。

在此對應下，朱子說「仁無不包（總攝）」、「惻隱之心無不貫（貫通）」，
而這兩句話也可以正面詮表爲「仁包四德」、惻隱之心貫通四端。

1. 仁為「全德」：道德總綱

「仁包四德」一觀點是朱子論「仁」常常提及的一個說法：

> 仁義禮智四者，仁足以包之。（《語類》卷6，頁113。）
> 未發而言仁，可以包義禮智；既發而言惻隱，可以包恭敬、辭遜、
> 是非。（《語類》卷20，頁465。）

這一觀點可說是承繼於程頤的主張，伊川除了「四德之元，猶五常之仁。偏
言則一事，專言則包四者」一句外，他還說：

> 自古元不曾有人解「仁」字之義，須於道中與他分別出五常，若只
> 是兼體，卻只有四也。且譬一身：仁，頭也；其他四端，手足也。
> 至如《易》，雖言「元者善之長」，然亦須通四德以言之。至如八卦，
> 易之大義在乎此，亦無人曾解來。（《二程集·遺書》卷十五，頁154。）
> 仁載此四事，由行而宜之謂義，履此之謂禮，知此之謂智，誠此之
> 謂信。（《二程集·外書》卷一，頁352。）

從這兩段文獻顯出伊川不僅是對「仁」做出「專言」與「偏言」的區別，他
更進一步討論到可以「包四者」的『仁』與其他眾德目之間的關係。這就好
比「仁」是頭，相當於主腦、處統領者的地位，而四端則爲一身之手足，所
以說『仁』包含、該載四德，義是行仁得宜，禮的表現即踐履仁道，智是知

〔註82〕《語類》卷68，頁1690。若欲詳朱子所曾提及到與天之四德（元亨利貞）相
配的事物，參見（韓）金永植著；潘文國譯：《朱熹的自然哲學》（上海：華
東師範大學，2003年），頁95～96。

仁與不仁，信是誠守此仁。

　　相類於此，朱子也曾採用比喻的方式說明『仁』與義禮智諸德的關係。

　　　　仁包義禮智三者，仁似長兄，管屬得義禮智，故曰『仁者善之長。』
　　　　（《語類》卷59，頁1411。）

　　　　仁之包四德，猶冢宰之統六官。（《語類》卷95，頁2416。）

　　　　正如天官冢宰，以分歲言之，特六卿之一耳；而建邦之六典，則又
　　　　統六卿也。（《語類》卷95，頁2418。）

「仁」就好比一戶之長兄、六卿之冢宰，為眾德之一，又能夠管屬、統攝眾
德。但此一特殊意義的『仁』究竟與屬於「愛之理」的「偏言之仁」該如何
分別，又其何以能處此特殊地位呢？朱子說：

　　　　百行萬善，固是都合著力，然如何件件去理會得。百行萬善總於五
　　　　常，五常又總於仁，所以孔、孟只教人求仁。（《語類》卷6，頁113。）

　　　　孔門之學所以必以求仁為先。蓋此是萬理之原、萬事之本，且要先
　　　　識認得，先存養得，方有下手立腳處耳。」（《語類》卷6，頁114。）

合此兩段文獻來看，此包得四德之『仁』乃是指「萬理之原、萬事之本」、「眾
善總會處」〔註83〕，因而不同於仁義禮智四者平列對說，而表現為惻隱、不
忍、愛人利物之情的「偏言之仁」。後者可說是眾德之一，是一「具體德目」；
而前者乃一切德行表現與道德創造的總根源，所以可名之曰：「全德」，或「道
德總綱」〔註84〕。故所謂的「仁包四德」乃是說此作為萬理之根源的道德總

〔註83〕《語類》卷34，頁864。

〔註84〕「全德」一詞為朱子所說，見「仁者，人心之全德」（《論語集注》卷四〈泰
　　　　伯〉「士不可以不弘毅」章）；「仁者，本心之全德」（《論語集注》卷六〈顏淵〉
　　　　「克己復禮」章：《語類》卷25，頁606。）；「心體之全德」（《論語或問》卷
　　　　十二，頁294。）

　　　　然朱子使用「全」字也有指實踐求仁工夫之後的效驗而言，如：「仁，則私慾
　　　　盡去而心德之全也」（《論語集註》卷四〈述而〉「志於道」章）；「仁，則心德
　　　　之全而人道之備也」（同上，「若聖與仁」章）；「本心之德復全於我矣」（同上，
　　　　卷六〈顏淵〉「克己復禮」章）；「敬以持己，恕以及物，則私意無所容而心德
　　　　全矣」（同上，「出門如見大賓」章）；「不咈乎愛之理，而有以全其心之德也」
　　　　（同上，卷九〈微子〉「微子去之」章）；「無私，故得心之體而無違；當理，
　　　　故得心之用而不失，此其所以全心之德而謂之仁與」（《論語或問》卷十八，
　　　　頁387。）；「更要見得失其心之德、全其心之德各是如何氣象，方見端的」（《續
　　　　集》卷九〈答劉韜仲問目〉〈無求生以害仁〉）。

　　　　「具體德目」、「道德總綱」等詞引用自白奚：〈二程與朱子對「仁」的詮釋及
　　　　其思想史意義〉，黃俊傑編：《中日《四書》詮釋傳統初探》（臺北市：臺大出

綱、全德可以綜攝、涵括一切德目（眾德）。相當於此「包」字，朱子也用「統」、「總攝」、「兼統」、「管屬」等詞語來表達。

　　朱子又借伊川之語〔註85〕來闡述他對「人物之生」的看法，朱子詮釋「有是心，斯具是形以生」一語為：「是心乃屬天地」〔註86〕，則此「心」即「天地生物之心」，也就是說，「人之稟賦，接得此天地之心，方能有生」〔註87〕，是故人之所以生乃根源於「天地生物之心」〔註88〕。而此超越一切德目又綜攝、涵括一切德目的全德之『仁』是人所「得之最先」者，因而與義、禮、智、信等眾德有先後大小之別，甚而可以說其他諸具體德目「皆從仁上漸漸推出」〔註89〕。

　　　　仁者，天地生物之心，得之最先，而兼統四者，所謂「元者，善之
　　　　長也」，故曰尊爵。在人則為本心全體之德，有天理自然之安，無人
　　　　欲陷溺之危。（《孟子集注》卷三，「矢人不仁於函人哉」章）

至於四端之情乃是感於物而有，其發動雖無次序可言〔註90〕，當事物來感便以適切之情應之，但四德之「仁」乃是天之所與，而人「得之最先」者，故於應事接物之際，人心之初發處終究是「惻隱之情」，此後方有辭讓、羞惡、是非〔註91〕。

版中心，2004年），頁254～255。
〔註85〕「心，生道也。有是心，斯具是形以生。惻隱之心，人之生道也。」（《二程集‧遺書》卷二十一下，頁274。）
　　　　朱子認為「心，生道也」一句為張思叔所記，「疑有欠闕處」，「恐不能無少失真」，但他仍將此段文獻收錄於《近思錄》中。見《文集》卷五十一〈答萬正淳〉書一（心生道之說）；《語類》卷95，頁2439～2440。
〔註86〕《語類》卷95，頁2440。
〔註87〕《語類》卷95，頁2440。
〔註88〕「仁者，天地生物之心，而人得以生者，所謂『元者，善之長也』。」（《中庸章句》第二十章）
〔註89〕《語類》卷6，頁107。朱子又說：「先有是生理，三者由此推之。」（《語類》卷6，頁107。）「得此生意以有生，然後有禮智義信。以先後言之，則仁為先；以大小言之，則仁為大。」（《語類》卷6，頁105。）
〔註90〕問：「元亨利貞有次第，仁義禮智因發而感，則無次第。」曰：「發時無次第，生時有次第。」（《語類》卷6，頁107。）
〔註91〕朱子說：「此心之初發處乃是惻隱，如有春方有夏，有惻隱方有羞惡也，如根帶相連。」（《語類》卷97，頁2496。）「接事物時，皆是此心先擁出來，其間卻自有羞惡、是非之別，所以惻隱又貫四端。」（《語類》卷95，頁2419。）「若無惻隱，便都沒下許多。到羞惡，也是仁發在羞惡上；到辭遜，也是仁發在辭遜上；到是非，也是仁發在是非上。」（《語類》卷68，頁1690～1691。）

　　總而言之，「仁乃天地生物之心而在人者，故特爲眾善之長，雖列於四者之目，而四者不能外焉」〔註92〕。然朱子對於此全德之『仁』的討論，猶不僅止於此，朱子說：「須是統看仁如何卻包得數者；又卻分看義禮智信如何亦謂之仁。」〔註93〕

　　　　當來得於天者只是個仁，所以爲心之全體。卻自仁中分四界子：一
　　　　界子上是仁之仁，一界子是仁之義，一界子是仁之禮，一界子是仁
　　　　之智。一個物事，四腳撐在裡面，唯仁兼統之。心裏只有此四物，
　　　　萬物萬事皆自此出。(《語類》卷6，頁115。)

朱子認爲：人所得之於天者乃天地生物之心，此即是專言之『仁』，故可爲「眾善之源、百行之本」〔註94〕。雖「其中含具萬理，而綱理之大者有四，故命之曰仁、義、禮、智」〔註95〕，此四德「元只是一物，發用出來，自然成四派。如破梨相似，破開成四片」〔註96〕。因此若就眾德之根源來說，則眾德皆是『仁』的種種具體表現，所以可以將仁、義、禮、智四德表達爲：「仁者，仁之本體（仁之仁）；禮者，仁之節文（仁之禮）；義者，仁之斷制（仁之義）；知者，仁之分別（仁之智）」〔註97〕。

　　　　今若能知得所謂『元之元，元之亨，元之利，利之貞』，上面一個『元』
　　　　字，便是包那四個；下面『元』字，則是『偏言則一事』者。恁地
　　　　說，則大煞分明了。須要知得所謂『元之元，亨之元，利之元，貞
　　　　之元』者，蓋見得此，則知得所謂只是一個也。幹錄作：「所以謂仁包
　　　　四德者，只緣四個是一個，只是三個。元卻有元之元，元之亨，元之利，元之貞。
　　　　又有亨之元，利之元，貞之元。曉得此意，則仁包四者尤明白了。」(《語類》
　　　　卷95，頁2418。)

「元之元」上一個『元』是包四德者；後一個『元』是相對於亨利貞之偏言者，且相對於『元之元，元之亨，元之利，利之貞』，又須明白『元之元，亨之元，利之元，貞之元』，須如此兩面看才能明白天道之四德的涵義。相類於

〔註92〕《文集》卷三十二〈答張敬夫　論仁說〉書十二（天地以生物爲心）
〔註93〕《語類》卷20，頁470。
〔註94〕朱子亦以「眾善之長」形容此「專言之仁」，見《文集》卷七十七〈克齋記〉；
　　　　《文集》卷三十二〈答張敬夫　論仁說〉書十二（天地以生物爲心）。
〔註95〕《文集》卷五十八〈答陳器之　問《玉山講義》〉書二（性是太極渾然之體）
〔註96〕《語類》卷6，頁113。
〔註97〕《語類》卷6，頁109。又見《文集》卷五十八〈答陳器之　問《玉山講義》〉
　　　　書二（性是太極渾然之體）

論天道之四德，「仁之仁、仁之義、仁之禮、仁之智」中，前一個『仁』便是那包得四德者，而後一個「仁」則是偏言之仁、屬「愛之理」的「仁」。但又必須明白人道之四德還可表示爲「仁之仁、義之仁、禮之仁、智之仁」，此則是落實到仁義禮智之具體德目來說，眾德都離不開『仁』。必合此兩方面來看，才能把「仁包四德」一命題說得明白，才能全面闡發『仁』與四德的關係。所以朱子說：「以『專言』言之，則一者包四者；以『偏言』言之，則四者不離乎一者。」〔註98〕

2. 由「氣」來體會專言之仁

至於學者應該如何體會「仁包四德」呢？

> 曰：「仁包三者，何以見？」曰：「但以春言：春本主生，夏秋冬亦只是此生氣或長養，或斂藏，有間耳。」（《語類》卷95，頁2419。）

朱子認爲欲理解、掌握這一命題，且就四時來看，仁之所以包得義禮智三者，正如同四時之春包得夏秋冬一般。然春何以包得夏秋冬三者呢？在朱子的理解中，春是生物之時，於此萬物初生之際，特顯出一生機活潑之「生氣」，又稱「春生之氣」，而「天地只是一個春氣，發生之初爲春氣，發生得過便爲夏，收斂便爲秋，消縮便爲冬。明年又從春起，渾然只是一個發生之氣。」〔註99〕於是無論春生，夏長，秋收，冬藏，「也只是這氣流注去」〔註100〕，故可由此「生氣」之無不該貫乎四時，見春之包夏秋冬，而亦可知仁包得義禮智。這是藉「春生之氣無所不通」來說明仁無不統。

又就人道而言，與「春生之氣」同層次、相對應的便是「惻隱之心」。在這一方面，朱子認爲正因爲性情具有體用的關聯，是以仁無不統，惻隱之心亦必定無所不通，因此可以由「惻隱之心無所不貫」來說明仁包義禮智。朱子說：

> 仁無不統，故惻隱無不通，此正是體用不相離之妙。若仁無不統而惻隱有不通，則體大用小、體圓用偏矣。觀謝子爲程子所難，直得面赤汗下，是乃所謂羞惡之心者。而程子指之曰：「只此便是惻隱之心。」則可見矣。《孟子》此章之首但言不忍之心，因引孺子入井事

〔註98〕《語類》卷105，頁2634。
〔註99〕《語類》卷95，頁2416。
〔註100〕《語類》卷6，頁112。朱子也說：「春夏秋冬，亦只是一氣。」（《語類》卷6，頁107。）

以驗之。而其後即云「由是觀之，無惻隱、羞惡、辭遜、是非之心，則非人也」，此亦可見矣。(《文集》卷四十〈答何叔京〉書十八(熹所謂仁者天地生物之心))

熹謂《孟子》論四端，自首章至「孺子入井」，皆只是發明不忍之心一端而已，初無義、禮、智之心也。至其下文，乃云無四者之心非人也，此可見不忍人之心足以包夫四端矣。蓋仁包四德，故其用亦如此。(《文集》卷三十二〈答張敬夫 論仁說〉書十二(天地以生物為心))

相較於四時乃是同一「生氣」之生、長、收(斂)、藏，以見仁包四德；此處朱子對於惻隱之心包四端，則提出了兩個先賢的典籍根據，一者是《孟子》自首章至〈公孫丑上〉「人皆有不忍人之心」章皆僅言「惻隱之心」(不忍人之心)，但至此章卻遽下一結論，謂無四端之心，非人也。此便可見不忍人之心足以包四端。再者，謝顯道為程子所批評：玩物喪志，以至於「身汗面赤，實羞惡之發也，而程子指出此即『惻隱之心』，是亦惻隱貫乎四端之一驗也與。」〔註101〕

除此之外，朱子也曾以孔子僅曰：「巧言令色鮮矣仁」，而不謂其他三德〔註102〕；或聖人只教人求仁，而不告之求義、禮、智等為證〔註103〕；或以明道「義、禮、智皆仁也」為證〔註104〕。但凡此數例，實在說來，不免有過於牽強、附會之嫌。然而我們也可以發現朱子的用心旨在指點學者體會「惻隱之心無所不貫」一重點，因為由此便可見「仁包四德」。故朱子曰：

須將仁、義、禮、智作一處看，交相參照，方見疆界分明。而疆界分明之中，卻自有貫通總攝處，是乃所謂仁包四者之實也。(《文集》卷四十二〈答石子重〉書十二(所疑荷批誨))

〔註101〕見《孟子或問》卷三，頁435。朱子對此一例的引用另見：《語類》卷97，頁2496。

〔註102〕問：「何以不曰『鮮矣義禮智』，而只曰『鮮矣仁』？」(朱子)曰：「程先生曰：『五常之仁，如四德之元。偏言之，則主一事；專言之，則包四者。』」(《語類》卷20，頁481。)

〔註103〕《語類》記載：「聖人亦只教人求仁。蓋仁義禮智四者，仁足以包之。若是存得仁，自然頭頭做著，不用逐事安排。故曰：『苟志於仁矣，無惡也。』」(卷6，頁113。)

〔註104〕《語類》卷6，頁112；《語類》卷20，頁467。關於此一問題可參看牟宗三：《心體與性體(三)》，頁261～263。

從這裡我們可以看到朱子在說明這一命題時，往往採用以此類彼的「類推」方法，把「仁」與「元」相對應，並由「春生之氣無所不通」、「惻隱之心無所不貫」來指出彼此間「貫通總攝」之關聯，以說明體會「仁包四者」一命題的方法。

但我們知道若依據「仁性愛情」的原則，「四德」（仁義禮智）皆當屬於形而上層的性理。但朱子在說明「仁包四德」時，卻非直接就性理之形上層面來說，即他並不是採取「理一分殊」的理論架構，將專言之仁視為太極之理（無對之體、理一之理）來說明這一命題，而是轉而重視「春生之氣」（氣）與「惻隱之心」（情）的通貫總攝之特性，如此一來，則顯得是落在「氣與情之引發相生相成」的形而下層面來說明。〔註105〕

因此問題是朱子何以定要從氣與情之形下層面來說明「仁包四德」呢？

> 理無跡，不可見，故於氣觀之。要識仁之意思，是一個渾然溫和之氣，其氣則天地陽春之氣，其理則天地生物之心。今只就人身己上看有這意思是如何。（《語類》卷6，頁111。）
>
> 或問《論語》言仁處。曰：「理難見，氣易見。但就氣上看便見。如看元亨利貞是也，元亨利貞也難看，且看春夏秋冬。春時盡是溫厚之氣，仁便是這般氣象。夏秋冬雖不同，皆是陽春生育之氣行乎其中。故『偏言則一事，專言則包四者』。（《語類》卷6，頁112。）

其中關鍵便在於「理無迹」，故朱子特以「氣」言，即由形而下而有形迹可見的「氣」逆推形而上不可見的「理」，欲曉得仁之包乎四德，便從春生之氣貫乎四時、惻隱之心通於四端處來體會。這一說法在朱子論天之四德「元亨利貞」時說得更是顯明。

> 「元亨利貞」，理也；有這四段，氣也。有這四段，理便在氣中，兩箇不曾相離。若是說時，則有那未涉於氣底四德。要就氣上看也得。
>
> 所以伊川說：「元者，物之始；亨者，物之遂；利者，物之實；貞者，物之成。」這雖是就氣上說，然理便在其中。伊川這說話改不得，謂是有氣則理便具。所以伊川只恁地說，便可見得物裏面便有這理。若要親切，莫若只就自家身上看，惻隱須有惻隱底根子，羞惡須有羞惡底根子，這便是仁義。仁義禮智，便是元亨利貞。（《語類》卷68，頁1689。）

〔註105〕牟宗三：《心體與性體（三）》，頁255、262～263、266、280～281。

元亨利貞屬於「理」，但說其爲「物」之始生（元）、暢茂（亨）、向於實（利）、實之成（貞）〔註106〕則顯然落於氣化上說，爲一生化流行之四階段，此則屬於「氣」，何以能如此說呢？乃是因爲在此無有間斷的生氣流行之過程中，「理」便寓於其中。

　　同樣地，論人之四德之『仁』便相當於天之四德之「元」，所以雖是從氣（生氣、惻隱之情）上理解與掌握其「總攝貫通」處，但仁乃是此氣中之「生意」或「生理」〔註107〕。

　　　　只從生意上說仁。（《語類》卷6，頁119。）

　　　　統是一箇生意。如四時，只初生底便是春，夏天長，亦只是長這生底；秋天成，亦只是遂這生底，若割斷便死了，不能成遂矣；冬天堅實，亦只是實這生底。如穀九分熟，一分未熟，若割斷，亦死了。到十分熟，方割來，這生意又藏在裏面。明年熟，亦只是這箇生。如惻隱、羞惡、辭遜、是非，都是一箇生意。（《語類》卷95，頁2416～2417。）

　　　　「心之德」，是兼四端言之。……仁兼四端者，都是這些生意流行。（《語類》卷20，頁466。）

　　　　生底意思是仁，殺底意思是義，發見會通是禮，收一作「深」。藏不測是智。（《語類》卷6，頁107。）

　　　　蓋仁是個生底物事。既是生底物，便具生之理，生之理發出來便是愛。（《語類》卷21，頁498。）

　　　　仁是個生理，若是不仁，便死了。人未嘗不仁，只是爲私欲所昏，才『克己復禮』，仁依舊在。」（《語類》卷20，頁468。）

總之，「理無形，故就氣上看理」〔註108〕，正如錢穆先生所說：「從天地一氣之化，見其只是一生氣。生氣背後則有一生意。其生其化，皆即其生理之所

〔註106〕伊川之語見《二程集・易傳》卷一，頁695。原文作：「元者，物之始；亨者，物之長；利者，物之遂；貞者，物之成。」朱子雖然認爲「伊川所說四句自動不得」，但是「『遂』字、『成』字說不盡，故某略添字說盡。」（《語類》卷68，頁1690。）於是朱子將其修改爲：「元者，物之始生；亨者，物之暢茂；利，則向於實也；貞，則實之成也。」（朱熹：《周易本義》，《朱子全書》，頁90。）

〔註107〕金永植先生解釋「生理」一詞爲：「生理」就是萬事萬物（不管有生無生）產生之理。（韓）金永植著；潘文國譯：《朱熹的自然哲學》，頁199。

〔註108〕《語類》卷25，頁606。

在。」〔註109〕

3. 穀種之喻：「仁」是性，不是心

從論「天地生物之心」至此均可看到朱子特重一「生」字，故朱子亦盛讚伊川「穀種之喻」。

> 伊川穀種之說最好。（《語類》卷6，頁109。）

> 程子之言，惟「穀種」一條最爲親切，而「非以公便爲仁」者，亦甚縝密。（《文集》卷四十七〈答呂子約〉書二十六（自項承書））

朱子甚而認爲所謂「仁者，心之德」之說即是此喻。

> 須知所謂『心之德』者，即程先生穀種之說。（《語類》卷20，頁470。）〔註110〕

> 仁者，心之德，程子所謂心如穀種，仁則其生之性，是也。（《孟子集注・告子 上》「仁，人心也」章）

所謂的「穀種之喻」即是：

> 問：「仁與心何異？」曰：「心是所主處，仁是就事言。」曰：「若是，則仁是心之用否？」曰：「固是。若說仁者心之用，則不可。心譬如身，四端如四支。四支固是身所用，只可謂身之四支。如四端固具於心，然亦未可便謂之心之用。」或曰：「譬如五穀之種，必待陽氣而生。」（伊川）曰：「非是。陽氣發處，卻是情也。心譬如穀種，生之性便是仁也。」（《二程集・遺書》卷十八，頁183～184。）

但嚴格來說，凡是以譬喻說理可有其妙處，但其所喻之深義也可能有難以掌握的地方，且詮釋的開放性也相對地提高。

如牟宗三先生解釋說：「心是總持地說，『譬如穀種』，就中分別其所以生之理是性，實際之生發（陽氣發動）是情。」〔註111〕所以此語可以視爲理解心性情三分之一般原則，但若進一步「嚴格言之，穀種實無所謂心也。心是虛說。穀種置於土中，自會生長。此『生長』是情，其所以能生長之理是性。……情在此亦是虛說譬解。說實了，只是氣之生長發動。……實

〔註109〕錢穆：《朱子新學案（一）》（臺北市：聯經，1982年，錢賓四先生全集本），頁396。

〔註110〕另見《語類》卷117，頁2810；《文集》卷五十〈答周舜弼〉書五（所論仁字殊未親切）；《文集》卷五十七〈答李堯卿〉書二（集注仁者愛之理心之德也）等。

〔註111〕牟宗三：《心體與性體（二）》，頁342。

處只是理氣。」〔註112〕因而也就是說，這一譬喻旨在說明「然」與「所以然」的關聯，「氣」之生發是形而下的然，而「性」（理）乃是存在的所以然，形而上的依據。牟先生又引朱子「推而論之，物物皆然」〔註113〕一語，言此說對朱子的義理系統具有決定性的作用，朱子便是以此間架去解析一切。

　　然而唐君毅先生卻有不同的理解，他說：「伊川喻心如穀種，謂其生之性，即仁，其陽氣發處即情。此穀種之陽氣發處，即其有生發之事處。此穀種自是一整體，而生之性，即在其中，以爲其生發之事之情之所依。……此即喻此心以其『生之性之發於情』爲其道。」〔註114〕

　　面對這兩種言之成理的詮釋觀點，我們該如何取捨呢？且讓我們回到朱子本人詮釋「穀種之喻」來看：

　　　　問心、性、情之辨。曰：「程子云：『心譬如穀種，其中具生之理是性，陽氣發生處是情。』推而論之，物物皆然。」（《語類》卷5，頁95。）

這一條語錄即牟先生詮釋之所本，但牟先生之說重在此義理的普遍性，因朱子說「推而論之，物物皆然」。可是詳其問者所扣乃在論心、性、情之別，而非論理氣之關聯，且朱子在《近思錄》中將此一喻編修爲對「心」與「仁」之別的應答〔註115〕，可見朱子理解這一譬喻乃是針對心性論問題而言。

　　又更核心的關鍵乃在牟先生解析朱子學時，時時強調「性具」與「心具」有別，意即論心與理之關係乃是後天的「當具」（關聯地具）而非「本具」〔註116〕。但唐先生卻認爲朱子所言之「心」可以「內具萬理以爲德，而能外應萬事以爲用」〔註117〕，即此本心（或心體）爲「本具萬理」，惟以人有氣稟物欲之雜，致使心之用恆不如理。

　　這一歧異回到上段引文中來看，朱子說「其中『具』生之理是性」，此「其中」是指穀種之中，也就是「心」之中，如此一來，似乎應該可以理解爲「心」原則上「本具」性理。再看：

〔註112〕牟宗三：《心體與性體（三）》，頁475。
〔註113〕《語類》卷5，頁95。
〔註114〕唐君毅：《中國哲學原論　原教篇》，頁174。
〔註115〕《近思錄》編爲：　問：「仁與心何異？」曰：「心譬如穀種，生之性便是仁。陽氣發處，乃情也。」（卷一　道體）
〔註116〕牟宗三：《心體與性體（三）》，頁146、182、243～245。牟宗三：《從陸象山到劉蕺山》（臺北市：臺灣學生，2000年再版四刷），頁116～120。
〔註117〕唐君毅：《中國哲學原論　原性篇》，頁639。

以穀種譬之，一粒穀，春則發生，夏則成苗，秋則結實，冬則收藏，
生意依舊包在裏面。每個穀子裏，有一個生意藏在裏面，種而後生
也。（《語類》卷20，頁464～465。）

若以穀譬之，穀便是心，那為粟，為菽，為禾，為稻底，便是性。
康節所謂『心者，性之郭郭』是也。包裏底是心，發出不同底是性。
心是個沒思量底，只會生。（《語類》卷5，頁91。）

此處言「有一個生意藏在裏面」，又說「包裏底是心」，也正表達在朱子的義
理系統中也能肯定一本具理之心。朱子說：「仁者心之德，在我本有此理。」
〔註118〕又說：「仁是理之在心者，孝弟是此心之發見者」〔註119〕；「仁是人心
所固有之理。」〔註120〕

故彙合以上論「天地生物之心」、「仁包四德」、「穀種之喻」三節來看，所
謂的「仁者，心之德」〔註121〕即可以理解為：人乃是「得天之心以生」〔註122〕，
故此「專言之仁」即「天地生物之心」之存乎人者，是人得之於天〔註123〕而內
具於心〔註124〕，而為眾善之源、百行之本者。

至此，我們可以知道朱子論仁以「愛之理」、「心之德」名之，前者重在
性、情；形上、形下之區分，後者則關涉到天地之心、性與心的關聯，即「人
受天地之中以生，而仁義禮智之性具於其心」〔註125〕，是以朱子亦可以肯認
一本具理的「心」，但是否可就此而言朱子為「心即理」的心學系統呢？

〔註118〕《語類》卷95，頁2454。
〔註119〕《語類》卷20，頁475。
〔註120〕《語類》卷95，頁2455。
　　　　朱子的高弟陳淳在《北溪字義》中對此一觀點說得更是明白，他說：「仁者，
　　　　心之全德，兼統四者。義、禮、智、信，無仁不得。蓋仁是心中個生理，常
　　　　流行，生生不息，徹終始，無間斷。」（宋）陳淳，張加才集校：《北溪先生
　　　　字義詳講》，《詮釋與建構——陳淳與朱子學·附錄二》（北京：人民出版社，
　　　　2004年），頁264。
〔註121〕案：牟宗三先生依（1）朱子所言之「心」是氣心；（2）心之具理而成為其德
　　　　是「當具」　兩原則指出「心之德」一語在表示心與性（理）之認知的靜攝的
　　　　關聯，故「仁者心之德」可理解為：仁者（理）為心所當具之德。見牟宗三：
　　　　《心體與性體（三）》，頁243～244。
〔註122〕《語類》卷95，頁2440。
〔註123〕「德」字可以訓為「得」，如《論語集注·為政》「為政以德」章言：「德之為
　　　　言得也，得於心而不失也」，《語類》亦載：「『德』字從『心』者，以其得之
　　　　於心也。」（《語類》卷23，頁534；卷74，頁1883。）
〔註124〕朱子說：「性便是許多道理，得之於天而具於心者。」（《語類》卷98，頁2514。）
〔註125〕《論語或問》卷十二，頁294。

此又不然，因為在朱子看來，「仁」（性理）與「心」還是有所區別的，而且正因為心不即理，故朱子論「仁」特重「求仁之方」，只是他在「『仁』說論辯階段」中多強調「仁」之名義問題，相較於張南軒所論則顯得較偏重於理論，而對於修養工夫的解明稍嫌遜色〔註126〕，然而朱子也曾言明他的〈仁說〉雖嚴於名理之辨析，但旨在「免得學者枉費心神，胡亂揣摸」，又說「若不實下恭敬存養、克己復禮之功，則此說雖精，亦與彼有何干涉耶？」〔註127〕故朱子所論「求仁之方」，在全面地理解朱子論「仁」的思想中，當是不可缺少的一環。

第四節　求仁之方

朱子指出：「既認得仁如此分明，到得做工夫，須是『克己復禮』」〔註128〕，又說：「求仁者，蓋亦多術，而一言足以舉其要，曰『克己復禮』而已」〔註129〕。據此可知朱子確以「克己復禮」為下手工夫來解決「有是心而或不仁」的問題。

欲了解朱子所提出的求仁之實踐工夫，我們必須先探究其所理解的「人何以會不仁」的根源病因何在，唯有針對於此切己下工夫始能踐仁。

1. 克己：「復」、「全」心之德

朱子於《論語集注》解「克己復禮」說：

> 仁者，本心之全德。克，勝也。己，謂身之私欲也。復，反也。禮者，天理之節文也。為仁者，所以全其心之德也。蓋心之全德，莫非天理，而亦不能不壞於人欲。故為仁者必有以勝私欲而復於禮，則事皆天理，而本心之德復全於我矣。（《論語集注・顏淵》「顏淵問仁」章）

朱子將「克己」之「己」解為「身之私欲」，與後文解「為仁由己」之「己」有前後不一貫之處，以及天理、人欲截然二分的說法，均是歷來學者批判朱子學的焦點〔註130〕，本文不擬在此著墨，僅著重解讀朱子如何為求仁尋覓一

〔註126〕陳榮捷先生曾仔細比較朱、張兩人之〈仁說〉，認為朱氏側重理論，而張氏強調工夫，此或許即是張氏自作〈仁說〉之因，又朱子〈仁說圖〉多實踐義，乃受南軒影響。陳榮捷：〈論朱子之仁說〉，《朱學論集》，頁 57；〈南軒仁說〉，《朱熹新探索》，頁 380～381。
〔註127〕《文集》卷三十三〈答呂伯恭〉書二十四（仁說近再改定）
〔註128〕《語類》卷6，頁 115。
〔註129〕《文集》卷七十七〈克齋記〉
〔註130〕可參程樹德：《論語集釋》（北京：中華書局，1997 年四刷），頁 817～821。

下手功夫。

「心之德」（仁）是「天之所以與我」〔註131〕者，故莫非天理也，就此而言，雖說「人有是心，則有是德矣」，然而卻為「私欲亂之，則或有是心，而不能有是德」〔註132〕，因此人心之德不能不壞於「人欲」，正如〈克齋記〉所言：「人有是身，則有耳目鼻口四肢之欲，而或不能無害夫仁。人既不仁，則其所以滅天理而窮人欲者，將益無所不至。此君子之學所以汲汲於求仁，而求仁之要，亦曰去其所以害仁者而已。」〔註133〕意即朱子認為人既然是有此身之存在，則或不免為氣稟所拘，耳目口鼻四肢之欲（人欲、私欲）所蔽，此等正是足以害夫仁者，因此求仁的首要工夫便在「克己」（勝私），「屏去」此等戕害於「仁」者。朱子又說：

> 然人有是身，則耳目口體之間，不能無私欲之累，以違於禮而害夫仁。人而不仁，則自其一身莫適為主，而事物之間，顛倒錯亂，益無所不至矣。此聖門之學，所以汲汲於求仁，而顏子之問，夫子特以克己復禮告之，蓋欲其克去有己之私欲，而復於規矩之本然，則夫本心之全德，將不離乎此而無不盡也。（《論語或問》卷十二，頁294～295。）

> 孟子之言，非以仁訓心也，蓋以仁為心之德也……克己復禮，私欲不萌，則即是心而是德存焉，此顏子之心，所以不違於仁也。（《論語或問》卷六，頁217。）

此處提及孟子之言，即是「仁，人心也」一句，此外，孟子也說「惻隱之心，仁（之端）也」。關於後一句，如上文所討論過的，伊川認為當以「惻隱之心，仁之端也」一句為準，曰「仁也」只是省略的說法。而朱子嚴守伊川形上形下的區分，將「仁」理解為「性」（理），「惻隱」理解為「情」，此處孟子以「惻隱之心」言之，是「以其所統者言爾」〔註134〕，意即因為心可以統貫乎性情二者，故孟子如此言之並無不可。又關於「惻隱之心」為「仁之端也」與「仁也」的差別，他認為「前篇言是四者為仁義禮智之端，而此不言端者，彼欲其擴而充之，此直因用以著其本體，故言有不同耳」〔註135〕，也就是說，

〔註131〕《論語或問》卷一，頁109。
〔註132〕《論語或問》卷六，頁217。
〔註133〕《文集》卷七十七〈克齋記〉
〔註134〕《孟子或問》卷三，頁434。
〔註135〕《孟子集註》卷十一〈告子 下〉「性無善無不善」章。

言「端」者，重在強調推擴的工夫；直言「仁」者，乃是即屬於用之「情」（惻隱、仁之端）以見屬於體之「性」（仁）的說法，正如伊川「因其惻隱之心，知其有仁」〔註136〕之說一般。亦即「因其情之發，而性之本然可得而見」〔註137〕。

然而在孟子，言「仁之端也」、「仁也」其實並無太大的分別，皆是說此當下的惻隱之心便是仁的發端，雖僅是端倪，但只是開展的廣狹之不同，非本質上有形而上、下（性、情）之差異，故亦可說惻隱之心便是仁，仁即是此心，此心乃是一道德本心。因而孟子言：「仁，人心也」一語也可以順當地理解爲「仁」是人的本心、良心。〔註138〕

於是面對孟子說「仁，人心也」一語，朱子認爲孟子之所以點出「人心」二字，那是因爲若只說「仁」，人便不容易明白仁理乃在於人心，所以特別用「人心」來指示「仁」〔註139〕。

雖然朱子讚揚孟子這一對「仁」的指點極爲親切，但他終究深感有必要強調當以伊川「仁性愛情」之說來分解地表述，其言曰：「以程子之說通焉，然後毫釐之間，無所差謬」〔註140〕。若更完整地講，應該是採取朱子本人的「心統性情」之論來加以解析。因此朱子分辨孟子與伊川之所以論「仁」，一言「心」，一言「性」，其原因便是在於：

> 「仁」字之義，孟子言心，該貫體用，統性情而合言之也。程子言性，剖析疑似，分體用而對言之也。（《文集》卷三十五〈別紙〉書四（川上之論甚當））
>
> 心者，兼體、用而言。程子曰：『仁是性，惻隱是情』。若孟子，便只說心。程子是分別體、用而言；孟子是兼體、用而言。（《語類》卷20，頁475～476。）

〔註136〕《二程集・遺書》卷十五，頁168。

〔註137〕《孟子・公孫丑上》「人皆有不忍人之心」章。

〔註138〕參牟宗三：《心體與性體（二）》，頁296。楊祖漢：〈朱子對孟子的詮釋〉，黃俊傑主編：《孟子思想的歷史發展》（臺北：中央研究院文哲研究所籌備處，1995年），頁134～135。李明輝：《儒家與康德》（臺北市：聯經，1990年），頁74～77、126～128。

〔註139〕「仁是無形迹底物事，孟子恐人理會不得，便說道只人心便是。卻不是把仁來形容人心，乃是把人心來指示仁也。」《語類》卷59，頁1405。見楊祖漢：〈朱子對孟子學的詮釋〉，黃俊傑編：《孟子思想的歷史發展》，頁136。

〔註140〕《孟子或問》卷十一，頁483。

是以從這裡可以看到朱子緊守伊川之綱維而發展，終以「性情對言」與「心性情三分」的理論架構來理解孟子，將孟子所說的「心」強說成該貫體用、統性情的「心」，因而與孟子所論不能無出入。

也就因為朱子採取心統性情的理論架構，故其一再強調「『仁』字與『心』字渾然一體之中自有分別」〔註141〕，更由於心與仁有距離存在，於是心與仁（理、性）二者會因為「私欲」的阻隔、擾亂而導致相違不能如一的狀況發生，也就是說，心與仁（性）的關係是「可分可合」的關係〔註142〕，「可分」是人汨於私欲而使其分，「可合」是後天的求仁工夫復其合，如言：「心與理一，渾然無私欲之間而然也」〔註143〕。不過要細加分辨的是，此「心與理一」的『一』並不是說心與理本來是一（本一），蓋性理為心所「本具」但並非兩者為一，借牟宗三先生的話說，此是「關聯的合一」〔註144〕，即經過後天的修養工夫而使之「合一」。朱子曾有〈與何叔京〉一書，應可以統括他對「仁」與「心」的看法。其言曰：

> 人之本心無有不仁，但既汨於物欲而失之，便須用功親切，方可復
> 得其本心之仁。故前書有「仁是用功親切之效」之說，以今觀之，
> 只說得下一截；「心是本來完全之物」，又卻只說得上一截。然則兩
> 語非有病，但不圓耳。若云：心是通貫始終之物，仁是心體本來之
> 妙，汨於物欲，則雖有是心而失其本然之妙，惟用功親切者為能復
> 之。如此則庶幾近之矣。孟子之言固是渾然，然人未嘗無是心，而
> 或至於不仁，只是失其本心之妙而然耳。然則「仁」字、「心」字亦
> 須略有分別始得。記得李先生說孟子言「仁，人心也」，不是將「心」
> 訓「仁」字，此說最有味，試思之。（《文集》卷四十〈答何叔京〉

〔註141〕《文集》卷四十〈答何叔京〉書十八（熹所謂仁者天地生物之心）
〔註142〕牟宗三先生認為朱子中和新說後的轉向乃是「心性平行為二」。見牟宗三：《心體與性體（三）》，頁144～145。而錢穆先生說：「心與理亦如氣與理，乃是可合可分也。」又說：「就本始言，則是心與理一。就其終極言，亦是心與理一。就其中間一段言，則人生不免有氣稟物欲之蔽，非可不煩修為，便是具眾理而可以應萬事。」見錢穆：《朱子新學案（二）》，頁98、103。
〔註143〕《論語或問》卷二，頁139。蔡仁厚教授也曾解釋朱子所謂的「心理合一」是通過工夫而達到二者合一，但他強調的工夫是透過「格物窮理」，以「心知之明」的認知作用「攝具」「事物之理」，而使理寓於心（心具理）以成德（道德的實踐活動）。見蔡仁厚：〈朱子的工夫論〉，鍾彩鈞主編：《國際朱子學會議論文集》（臺北市：中研院文哲所，1993年），頁593～596。
〔註144〕牟宗三：《心體與性體（二）》，頁336～337。

書三十（人之本心無有不仁））

朱子回憶延平先生之言：孟子言「仁，人心也」，不是將「心」訓「仁」字。並提醒何叔京注意。這一說法在朱子心性情三分、「心統性情」的理論系統下反覆被提出，並加以強調是很可以理解的。又在此一段引文中，朱子認為他原先所提出的「仁是用功親切之效，心是本來完全之物」〔註145〕一觀點，不夠圓融，因此修正為：「心是通貫始終之物，仁是心體本來之妙，汨於物欲，則雖有是心而失其本然之妙，惟用功親切者為能復之」，此「用功親切」即是指「克己復禮」的工夫，另外，值得注意的是，朱子在此處採用「復」字，以說明克己工夫之後仁與心的關係。又如：

> 胡五峰云：「人有不仁，心無不仁。」此說極好！人有私欲遮障了，不見這仁，然心中仁依舊只在。如日月本自光明，雖被雲遮，光明依舊在裏。又如水被泥土塞了，所以不流，然水性之流依舊只在。所以「克己復禮為仁」，只是克了私欲，仁依舊只在那裏。譬如一個鏡，本自光明，只緣塵，都昏了。若磨去塵，光明只在。（《語類》卷101，頁2584。）〔註146〕

人心雖可為私欲所蔽，但仁（理）依舊存於此心，如日月之光明、水性之流、鏡之明一般（日月、水、鏡喻「心」）。所以克去有己之私，心得以還其本然之妙用，而理得以「復」顯於心中。

當然，這也可以詮釋為即物窮理之後「心」之關聯地具、後天的具所以然之理，可是在之後的應事接物之際，受外物的牽引，心缺乏工夫的貞定，不得保持其清明，故不能依理發而為適切之情。

當代學者錢穆先生曾詳細比較朱子論「主敬」與「克己」工夫的異同與輕重問題，他認為朱子重視敬，乃承接自二程，其重視克己，則是個人所自發。且因為程子曾云：「敬則無己可克」〔註147〕，故朱子在經歷一段曲折後，晚年始於《論語集注》「顏淵問仁」章設一「愚按」言：「此章問答，乃傳授

〔註145〕《文集》卷四十〈答何叔京〉書二十九（未發之前）
〔註146〕案：朱子此處對五峰「人有不仁，心無不仁」一語甚讚許，但詳細來說，朱子對此語仍不無微言，他說：「五峰謂『人有不仁，心無不仁』，此語有病。且如顏子『其心三月不違仁』。若纔違仁，其心便不仁矣，豈可謂『心無不仁』！」（《語類》卷101，頁2584～2585。）此正如朱子反對伊川「心本善」一語一樣，見《語類》卷95，頁2438。因此朱子提議將此語修訂為：「人有不仁，心無不仁；心有不仁，心之本體無不仁。」（《語類》卷95，頁2439。）
〔註147〕《二程集・遺書》卷十五，頁157。

心法切要之言，……凡學者亦不可不勉也」，終於確定以克己工夫替代二程敬字。〔註 148〕

然而筆者認為，「敬」之工夫是通貫已發、未發；動、靜的工夫，「克己」則是「私欲發時便與克除去」〔註 149〕，明顯是針對已發之際的工夫。又如：「若論敬，則自是徹頭徹尾要底。……若待發見而後克，不亦晚乎！發時固是用克，未發時也須致其精明」〔註 150〕，所謂致其精明，即是敬，即是未發時不成只如瞌睡一般，當常惺惺地。故此兩工夫應不相妨，若眞要比較，或許可說克己工夫較動時察識工夫更具體、更落實罷了。

但錢先生所提示的，克己工夫爲朱子所自發一點，若放在論「仁」的課題上來考量似乎頗有意思。蓋一般說來，二程兄弟論仁，程顥強調「覺」，以覺識仁，言「仁者以天地萬物爲一體」；程頤重視「仁性愛情」的區分，言「公最近仁」。而朱子自發「克己」一說，則特重將己之體悟印合於程子之言的朱子，又如何使其說相容於程子之言呢？

2. 公、一體

關於「覺」、「識仁」與「仁性愛情」之說，筆者在本文中已討論過，茲不再贅言。那麼朱子如何面對「公」與「一體」（以天地萬物爲一體，又稱物我爲一）呢？首先，朱子在〈仁說〉中對於「物我爲一」之說，有明確的批評：

> 彼謂「物我爲一」者，可以見仁之無不愛矣，而非仁之所以爲體之
> 眞也。……抑泛言「同體」者，使人含糊昏緩，而無警切之功，其
> 弊或至於認物爲己者有之矣。（《文集》卷六十七〈仁說〉）

在《語類》中也有：「伊川語錄中說『仁者以天地萬物爲一體』，說得太深，無捉摸處。」〔註 151〕此處朱子誤將明道語視爲伊川所說，總之，朱子對此一觀念的不滿誠不可掩。問題是應該如何理解朱子此處所提出的批評意見？爲何「物我爲一」非仁之所以爲體之眞？又爲何以之爲工夫其弊將導致認物爲己？

爲何「謂『物我爲一』者，可以見仁之無不愛」？朱子曾指出：

〔註 148〕錢穆：《朱子新學案（二）》，頁 473～503。
〔註 149〕《語類》卷 97，頁 2491。
〔註 150〕《語類》卷 41，頁 1044。
〔註 151〕《語類》卷 95，頁 2425。

天地萬物與吾一體，固所以無不愛，然愛之理則不爲是而有也。(《文集》卷四十二〈答胡廣仲〉書五（熹承諭向來爲學之病））

「愛」字不在同體上說，自不屬同體事。他那物事自是愛。……若愛，則是自然愛，不是同體了方愛。惟其同體，所以無所不愛。所以愛者，以其有此心也；所以無所不愛者，以其同體也。(《語類》卷 33，頁 852。)

也就是說，「物我爲一」之說，在朱子的理解中，正可以作爲說明人之所以能夠而且應該無所不愛的根本原因，且就此「無所不愛」言，這乃是「仁之量」而非「仁之體」。

(朱子)曰：「龜山言『萬物與我爲一』云云，說亦太寬。」問：「此還是仁之體否？」曰：「此不是仁之體，卻是仁之量。仁者固能覺，謂覺爲仁，不可；仁者固能與萬物爲一，謂萬物爲一爲仁，亦不可。譬如說屋，不論屋是木做柱，竹做壁，卻只說屋如此大，容得許多物。如萬物爲一，只是說得仁之量。」(《語類》卷 6，頁 118～119。)

「仁之體」乃是指性理層次而言，「無所不愛」是仁之用（愛）的表現之充其極，故可名爲「仁之量」。但此仍與「仁之體」（愛之理）有形上、形下之分。故「物我爲一」非「仁之所以爲體之眞」。

又認「渾然與物同體」爲求仁之方，在朱子看來，也是大有問題的。唐君毅先生有一說明甚爲貼切，其言曰：

此自不是自聖人之以中國爲一人、天下爲一家之心境上說，而是自學者分上說。蓋在學者分上說，其心中本無此一大的仁之量；今要其勉強想像此一大的氣象，此即一心氣之膨脹而鬆散。此時學者之氣質之昏蔽，物欲之夾雜仍在，……則含糊昏緩認物爲己之弊，即勢所不能免矣。〔註152〕

因爲朱子認爲：所謂的「渾然與物同體」、「物我爲一」等，「只是既仁之後，見得個體段如此。」〔註153〕也就是說，這是「仁之後事」〔註154〕。因此在工夫論上，若要求以「渾然與物同體」之氣象的體會作爲求仁的方法，則學者修養未及此工夫境界而欲直接把捉，恐陷於空想造作，而且此一工夫進路對

〔註152〕唐君毅：《中國哲學原論　原性篇》，頁 573～574。
〔註153〕《語類》卷 32，頁 819。
〔註154〕《語類》卷 6，頁 117。

於道德修養也難以發生警醒眞切的作用。換言之，朱子並非全然否定「渾然與物同體」的修養境界，只是要體會這一境界是有前提的。朱子說：

> 須知所謂心之德者，即程先生穀種之說。所謂愛之理者，則正所謂仁是未發之愛，愛是已發之仁耳。……若於此處認得「仁」字，即不妨與天地萬物同體。若不會得，則便將天地萬物同體爲仁，卻轉見無交涉矣。（《文集》卷五十〈答周舜弼〉書五（所論仁字殊未親切）此段另見《語類》卷20，頁470；《語類》卷117，頁2810。）

這裡所謂的前提是知曉得「仁之名義」（心之德、愛之理），但這只是初步，朱子說：「欲眞個見得仁底模樣，須是從『克己復禮』做工夫去。今人說仁，如糖，皆道是甜；不曾喫著，不知甜是甚滋味。聖人都不說破，在學者以身體之而已矣。」〔註155〕必須眞正的下「克己復禮」的修養工夫才有可能體會到「渾然與物同體」的境界。

　　但是朱子所批評的「物我爲一」之說，實源於楊時之論仁，而龜山之說又承繼於程明道，那麼，朱子對於「物我爲一」之說的理解是否眞能相應於明道的觀點呢？

　　依牟宗三先生的詮釋，明道從「手足痿痺爲不仁」之取譬來契悟「仁」，其所體悟「仁體」之實義爲：感通無隔、覺潤無方。其言「仁者渾然與物同體」、「仁者以天地萬物爲一體」是一渾然無物我、內外之隔的仁者境界，此「一體」乃是本「仁體」之體物不遺而來，「仁體」之體物不遺是本仁心之感潤無隔而來，仁心之感潤無隔是本仁心之惻然有覺、不麻木而來。〔註156〕一言以蔽之，所以「一體」之故是由於仁心覺情之感通無礙，而非克去有己之私欲；「物我爲一」是仁體之無外，是「仁之質」（仁的本性、所以爲體之眞）而非「仁之量」（無不愛之情）。因而也就是說，朱子並不能相契於明道「以覺言仁」的理路，故其能否相應於明道所說的「一體之仁」的實義確實令人懷疑。

　　再者，在《語類》卷105所載〈仁說圖〉中，卻不再提及「物我爲一」之說，此則甚爲費解〔註157〕。詳觀此圖，朱子僅標示了「公者所以體仁，猶言『克己復禮爲仁』也。蓋公則仁，仁則愛。」則不得不讓人注意到伊川所

〔註155〕《語類》卷6，頁117。
〔註156〕牟宗三：《心體與性體（二）》，頁220～225；《心體與性體（三）》，頁249～250、286～287。
〔註157〕陳榮捷先生推測：「此處公字兩見，明以公字替代物我一體之說。」氏著：〈論朱子之仁說〉，《朱學論集》，頁55。

提出的「以公近仁」的觀點。

伊川論「仁」特顯「公」字，他說：「學者問仁，則常教他將公字思量。」〔註158〕又說：「公最近仁」〔註159〕；最詳盡者，莫過於：「仁之道，要之只消道一『公』字。公只是仁之理，不可將公便喚做仁。公而以人體之，故爲仁。只爲公，則物我兼照，故仁。所以能恕，所以能愛，恕則仁之施，愛則仁之用也。」〔註160〕依伊川的思路，「仁」是形而上之「性理」，「公」之所以「近仁」，而「非仁」，乃因「公」字的義涵爲「不偏不黨」，猶如今日所謂的「客觀」，是一個「抒意的謂詞（屬性字）」〔註161〕，意即「公」字乃是針對「仁」之爲一客觀而普遍的性理而言，換言之，「公」彰顯「仁」之爲「理」的客觀理則義〔註162〕。因此，人當以秉持義理之「公」來體現仁道並落實爲具體的道德實踐（仁行）。

在仁說論辯階段，朱子對「公」字與「物我爲一」說的討論，可能是起於張南軒的強調。南軒不同意同屬湖湘派的同門所提出的「以覺言仁」之主張，而摘引伊川「仁道難名，惟公近之」、「公而以人體之，故爲仁」兩語強調：「公」之一字最深切地指出「仁之體」〔註163〕，並接受了朱子「愛之理」之說。但其使用「愛之理」一詞時實具有「人與天地萬物一體也」的意味〔註164〕，且其論「公」一字亦是針對此仁體呈現之境界（廓然大公）而言，因此朱子再三致書同他討論對「公」與「一體」的看法。

　　須知仁是本有之性、生物之心，惟公爲能體之，非因公而後有也。
　　故曰「公而以人體之，故爲仁」。細看此語，卻是「人」字裏面帶得
　　「仁」字過來。（《文集》卷三十二〈又論仁說〉書十三（昨承開諭
　　仁說之病））

　　惟公，則視天地萬物皆爲一體而無所不愛矣。（《文集》卷三十二〈又

〔註158〕《二程集·遺書》卷二十二上，頁285。
〔註159〕《二程集·外書》卷四，頁372。
〔註160〕《二程集·遺書》卷十五，頁153。
〔註161〕牟宗三：《心體與性體（二）》，頁299～300。
〔註162〕林月惠：〈宋儒對於「仁」的詮釋──以《論語》「觀過，斯知仁矣」爲例〉，《鵝湖學誌》第二十六期（2001年06月），頁43。
〔註163〕《南軒集》卷二十一〈答朱元晦秘書〉書八，頁596。
〔註164〕牟宗三：《心體與性體（三）》，頁271～272。田浩：《朱熹的思維世界》（西安：陝西師範大學出版社，2002年），頁82。李明輝：〈朱子的「仁說」及其與湖湘學派的辯論〉《四端與七情──關於道德情感的比較哲學探討》，頁101～109。

論仁說〉書十五（來教云夫其所以與天地萬物一體者））

己私既克，則廓然大公，皇皇四達，而仁之體無所蔽矣。夫理無蔽，
則天地萬物血脈貫通，而仁之用無不周矣。（《文集》卷三十二〈答
欽夫仁說〉書十七（仁說明白簡當））

朱子在此階段，針對南軒的觀點，所強調的重心是「仁」（愛之理）作爲超越
的性理之「先在性」，所以他說：「若愛之理，則是自然本有之理，不必爲天
地萬物同體而後有也。」〔註165〕又說：「仁不待公而後有」〔註166〕。

這裡朱子對「公」字又是作何理解呢？朱子說：「惟公，則視天地萬物皆爲
一體而無所不愛矣」，可見他把「公」視爲「一體」的前提。又說：「己私既克，
則廓然大公，……而仁之體無所蔽矣」，雖然同樣使用「廓然大公」一詞，但這
是關聯著「克己去私」而言，與南軒關聯著「一體」而論是很不同的。

若匯集《語類》與《文集》中相關的討論，可以更清楚朱子究竟如何對
「克己」、「公」、「一體」等概念有一全面的、理論性的理解與安排。

須是克盡己私，以復乎禮，方是公；公，所以能仁。……須先克己
私，以復於禮，則爲仁。（《語類》卷41，頁1067。）

無私以間之則公，公則仁。（《語類》卷6，頁117。）

無私，是仁之前事；與天地萬物爲一體，是仁之後事。惟無私，然
後仁；惟仁，然後與天地萬物爲一體。 要在二者之間識得， 畢竟
仁是甚模樣。（《語類》卷6，頁117。）

仁者，人之所固有，而私或蔽之以陷於不仁，故爲仁者，必先克己，
克己則公，公則仁，仁則愛矣。不先克己，則公豈可得而徒存？（《文
集》卷四十二〈答吳晦叔〉書十（復非天地之心））

朱子認爲，求仁的工夫當以「克己」爲最先，能克盡己私，歸反於禮，則是
「公」，公則「仁」，仁則能體悟「渾然與物同體」的境界，明乎天地萬物本
與吾爲一體則能愛無不溥。當代學者陳來教授特別留意〈答吳晦叔〉書中朱
子說：「不先克己，則公豈可得而徒存」一句，他認爲，由此可以看出，「就
功夫而言，克己比公更爲基本，克己才能達到公，離開克己，公就不可能獨
立實現。」〔註167〕

〔註165〕《文集》卷三十二〈又論仁說〉書十五（來教云夫其所以與天地萬物一體者）
〔註166〕《文集》卷三十二〈答欽夫仁說〉書十七（仁說明白簡當）
〔註167〕陳來：〈論宋代道學話語的形成和轉變——論二程到朱子的仁說〉，《中國近世
思想史研究》，頁102。

也就是說，朱子認為「公」字為克己工夫之後的結果，故可稱「克己之極功」〔註168〕，意即「無私」。朱子說：「公不可與仁比並看。公只是無私。」〔註169〕

又伊川曾說「仁者公也」〔註170〕，也有「公最近仁」〔註171〕之語。故當時也有人把「公」字等同於「仁」，因此朱子極力辯析「公」非仁，只是「近之」。其言曰：

> 程先生云，『唯公為近之』，卻不是近似之『近』。纔公，仁便在此，故云近。猶云『知所先後，則近道矣』，不是道在先後上，只知先後，便近於道。如去其壅塞，則水自流通。水之流通，卻不是去壅塞底物事做出來。水自是元有，只被塞了，纔除了塞便流。仁自是元有，只被私意隔了，纔克去己私，做底便是仁。（《語類》卷117，頁2833。）

除了強調程子有言「不可將公便喚做仁」、「仁道難名，惟公近之，非以公便為仁」〔註172〕外，朱子復舉《大學》之文獻為憑，說明「近」字乃「知所先後，則近道矣」之「近」，絕非「近似」之「近」，意即能確實地做到私欲淨盡，則自然距離仁道的實現不遠，仁之體（性理）也因之而得以顯現。故云：「謂之無私欲然後仁，則可；謂無私便是仁，則不可。蓋惟無私欲而後仁始見，如無所壅底而後水方行。」〔註173〕

朱子也常常使用這一個「流水與壅塞」的譬喻來說明此數者的關聯性，以水喻「仁」，私欲即是壅塞之物，「克己」就好比「掘去」壅塞的工作一般。「公」便是「無」此壅塞。所以朱子與陳器之書曰：「公之為仁，猶言去其壅塞則水自通流，然便謂無壅塞者為水，則不可。」〔註174〕

此外，在南軒所提及的程子之言中還有「公而以人體之，故為仁」一句，朱子回答南軒說：此語正確的解讀應該為：「人字裏面帶得仁字過來」，這又是什麼意思呢？

> 『公而以人體之』，此一句本微有病。然若真個曉得，方知這一句說得好，所以程先生又曰：『公近仁。』蓋這個仁便在這『人』字上。

〔註168〕《語類》卷95，頁2454。
〔註169〕《語類》卷117，頁2833。
〔註170〕《二程集・遺書》卷九，頁105。
〔註171〕《二程集・外書》卷四，頁372。
〔註172〕《二程集・遺書》卷三，頁63。
〔註173〕《語類》卷6，頁117。
〔註174〕《文集》卷五十八〈答陳器之〉書一（所示四條）

你元自有這仁，合下便帶得來。只爲不公，所以蔽塞了不出來；若能公，仁便流行。譬如溝中水，被沙土罨蓋壅塞了，故水不流；若能擔去沙土罨蓋，水便流矣。又非是去外面別擔水來放溝中，是溝中元有此水，只是被物事壅過了。去其壅塞，水便流行。如『克己復禮爲仁』。所謂『克己復禮』者，去其私而已矣。能去其私，則天理便自流行。不是克己了又別討個天理來放在裏面也，故曰：『公近仁。』（《語類》卷95，頁2453。）

朱子這裡明白地說「公而以人體之」一語「微有病」，又說若眞曉得箇中涵義，則自是好。因而朱子所以覺得不滿意之處應該在此語的表達方式上，而非義理本身。朱子以爲「公是仁之方法，人是仁之材料。有此人，方有此仁。蓋有形氣，便具此生理。若無私意間隔，則人身上全體皆是仁。如無此形質，則生意都不湊泊他。」〔註175〕朱子這裡以「理氣不離不雜」的關係來看待「仁」與「人」二者，若無「人」（身）作爲載體，則純爲性理之「仁」將失其存在的依憑，所以欲見「仁之體」當「克盡己私之後，只就自身上看，便見得仁也」〔註176〕。爲此之故，朱子認爲「體」字作「體認」看亦不妨，「體認者，是將此身去裏面體察」，也就是說，不可以將克己工夫之極至（公、無私）視之爲「仁」，而是必須返回人自身中體察那所以然之理，此方是會愛、能愛的根據（仁）〔註177〕。

「公而以人體之故爲仁。」蓋公猶無塵也，人猶鏡也，仁則猶鏡之光明也。鏡無纖塵則光明，人能無一毫之私欲則仁。然鏡之明，非自外求也，只是鏡元來自有這光明，今不爲塵所昏爾。人之仁，亦非自外得也，只是人心元來自有這仁，今不爲私欲所蔽爾。故人無

〔註175〕《語類》卷95，頁2454。「公是仁之方法，人身是仁之材料。」亦見《語類》卷6，頁116。

〔註176〕《語類》卷6，頁116；另見《語類》卷95，頁2454。

〔註177〕「公而以人體之爲仁。……公則仁，私則不仁。未可便以公爲仁，須是體之以人方是仁。」（《語類》卷95，頁2455。）
案：牟宗三先生曾詳盡地詮釋「公而以人體之」一語，他說「人」是指具體的人道，即愛、惻隱之心、孝悌等，此語即：依「公」一形式特性而以具體的人道以體現而實之（公）便成仁。請參牟宗三：《心體與性體（二）》，頁300～301。
筆者此處是嘗試提出一種詮釋的可能性，因爲朱子的用語稍嫌混亂，他也說：「體者，乃是以人而體公」、「體此公在人身上以爲之體，則無所害其仁，而仁流行矣」、「人體之以公方是仁」。見《語類》卷95，頁2452～2455。

私欲，則心之體用廣大流行，而無時不仁，所以能愛、能恕。仁之名不從公來，乃是從人來，故曰「公而以人體之則為仁」。（《語類》卷95，頁2454。）

以上三段引文，朱子皆採譬喻的方式說理，且所採用的例子同於上文討論「克己」（去塵、除壅塞）、「心」（鏡、溝中水）與「仁」（鏡之光明、水之流）三者，只是將前二者置換為「公」與「人」二者，這就朱子本身的義理而言，應無太大的矛盾。總而言之，朱子認為這一句話：「緊要在『人』字上」〔註178〕。

　　最後，要再提出討論的是朱子論求仁的工夫強調「克己復禮」，論者或許會認為這與伊川言「以公近仁」稍異，如陳來先生便將此視為：朱子對伊川的「補充和改造」〔註179〕之一例。筆者以為，其所謂的「補充」，是指在伊川言「公」的基礎上，在加上「克己」工夫；所謂的「改造」，是將伊川「仁性愛情」說之原本的意義（反對以愛言仁）做一扭轉與再造，強調仁與愛的關聯性，而提出「以愛論仁」的主張（陳先生作「以愛推仁」）。

　　關於後者，筆者曾在相關的段落中討論到朱子本身曾注意到其所論與伊川所言有些微的差異，所以他申論伊川的「仁性愛情」之說：「此正謂不可認情為性耳，非謂仁之性不發於愛之情，而愛之情不本於仁之性也」。若能同意「仁性愛情」之說乃在指出不可將「愛」等同視之為「性」，則朱子所強調的仁與愛的關聯性並非與伊川的觀點是相矛盾的。又朱子「愛之理」的說法亦是本「仁性愛情」之說而發。

　　至於前者，朱子曾盛讚〔註180〕《論語集注》「顏淵問仁」章所載程伊川語：「非禮處便是私意。既是私意，如何得仁？凡人須是克盡己私後，只有禮，始是仁處。」〔註181〕。伊川還說過：「有少私意，便是不仁」〔註182〕，可見朱子「克己」而後「仁」的說法是不違於伊川之說的。且在「公」與「無私」方面，

〔註178〕《語類》卷95，頁2455。

〔註179〕陳來：〈論宋代道學話語的形成和轉變──論二程到朱子的仁說〉，《中國近世思想史研究》，頁102。案：在此文中，陳先生有詳盡的說明他對於朱子、南軒在論「仁」一課題上對二程的承繼問題之看法。大體而言，他認為南軒近於伊川，朱子則表現出獨立於二程的傾向（且多處與伊川不同）。

〔註180〕朱子言：「此說最為的確。」（《語類》卷41，頁1065。）

〔註181〕此語出自《二程集・遺書》卷二十二上，頁286。案：朱子編《論語精義》卷六下，錄此語並記有：「先生親筆改云：克己復禮為仁，言克盡己私，皆歸於禮，是乃仁也。」（不知此處「先生」為誰？）

〔註182〕《二程集・遺書》卷二十二上，頁284。

伊川有言：「公則一，私則萬殊。至當歸一，精義無二」〔註183〕、「義與利，只是個公與私也」〔註184〕。可見「公」與「私」的相對立是理學家們普遍的共識，因此朱子只是將伊川本有的義理闡發出來並進一步地加以發展以成為一完整的觀點。是故筆者以為，朱子的「以愛論仁」與「求仁工夫」雖在伊川之說中隱而未彰，卻可以是其思想中應有之義，或者是可以容受的義理內涵。

　　言至此，可以發現朱子的「仁」說大體是承繼伊川的說法而發展。但對於出自於明道的「以覺言仁（識仁）」說與「物我為一」說，朱子師徒與湖湘學者均只言前者為謝上蔡之說，後者為楊龜山之說，而不溯及明道。對於前者，朱子有直接的批評，如覺是智之用，不足以言仁。「先識仁」失之太高、太廣；對於後者，朱子有曲折的詮釋，如克己而後公，公而後仁，仁而後視萬物為一體。可惜的是，相較於伊川而言，朱子並沒有直接針對明道論「仁」的相關文獻進行完整的解析與詮釋（只有簡單的評論），於是乎，對於「朱子對明道的理解與詮釋」一問題，不得不由其辨駁龜山、上蔡來推敲其對明道論「仁」的看法，但此畢竟是間接的，故若能尋求朱子直接面對明道之義理系統中代表性的文獻之解讀，將有助於了解朱子對於明道的義理思想之相契與否一重要問題，筆者以為〈定性書〉一文正好足以擔任這個角色。故以下將進行朱子對〈定性書〉的理解與詮釋之探討。

第五節　朱子對〈定性書〉〔註185〕的詮釋

　　對於〈定性書〉一文，朱子師徒給予「造道之言」的正面肯定。朱子還說：「明道〈定性書〉自胸中瀉出，如有物在後面逼逐他相似，皆寫不辨。」〔註186〕

〔註183〕《二程集・遺書》卷十五，頁144。

〔註184〕《二程集・遺書》卷十七，頁176。

〔註185〕此為程明道答張橫渠的一封信，原名「答橫渠張子厚先生書」（《二程集・文集》卷二，頁460～461），一般簡稱〈定性書〉。關於此書的寫作年代，朱子以為明道二十二、三歲時作（《語錄》卷93，頁2359），但據後人的考證結果，當作於二十七、八歲時。請參張亨：〈〈定性書〉在中國思想史上的意義〉，《思文之際論集——儒道思想的現代詮釋》（台北：允晨文化，1997年），頁407～408。此外，朱子對此文的完整留存亦不無貢獻，見《文集》卷三十七〈與劉共父〉書一（近略到城中）。

〔註186〕《語類》卷95，頁2441。

而朱子涉及〈定性書〉的相關討論資料主要有兩大部分：一是較早寫成的〈定性說〉〔註187〕，一是《朱子語類》卷第九十五所收錄的與弟子間的講論，此則大多是他六十歲以後的意見。本文擬以後者爲主，探討其論析〈定性書〉一文之意旨，並從中顯出朱子所關懷的重心之所在。

1.〈定性書〉之要旨

雖然朱子很肯定〈定性書〉一文，但論及明道的言說特色，朱子曾說：「明道語宏大」、「明道說話，一看便好，轉看轉好」、「明道說話渾淪，煞高，學者難看」〔註188〕。

> 明道言語甚圓轉，初讀未曉得，都沒理會；仔細看，卻成段相應。(《語類》卷95，頁2441。)

> 伊川文字段數分明；明道多只恁成片說將去，初看似無統，仔細理會，中間自有路脈貫串將去。(《語類》卷95，頁2441～2442。)

> 明道言語渾淪，子細看，節節有條理。(《語類》卷95，頁2444。)

以上三條語錄皆朱子針對〈定性書〉一文而發，不過他雖然對於明道的言說方式稍有不滿，但依舊認爲若仔細理會〈定性書〉一文，其中仍是成段相應，有脈絡相貫通之處，只是朱子所謂的條理、綱領，究竟是什麼呢？

首先，在解題上，朱子表示「性」字即是「心」字，其云：「『定性』字，說得也詫異。此『性』字，是個『心』字意。」〔註189〕這並不是說朱子認爲心、性是一，而是在朱子的義理系統中，「性」乃屬形而上的「理」，無所謂動靜，當然亦不須「定」，若言修養工夫當是落在「心」上來說，因此朱子很精確地點出「定性」實是「定心」的觀點，這當不違於明道、橫渠的共識，只是必須要強調的是，在朱子的思想體系中「心」的概念，是心性情三分，心統性情的「心」，心不即是性，心是實然的心氣之心，不是道德的、實體性的本心，所以表面上，對於「定性」的「性」字，朱子與明道、橫渠三人同樣理解爲「心」字，但其根本義涵卻是有很大的出入的。

朱子復提出「此篇大綱，只在『廓然而大公，物來而順應』兩句。其他引《易》、《孟子》，皆是如此。」〔註190〕

〔註187〕《文集》卷六十七〈定性說〉。確切的寫作時間今已不可考。
〔註188〕《語類》卷93，頁2358。
〔註189〕《語類》卷95，頁2441。
〔註190〕《語類》卷95，頁2444。

『君子之學，莫若擴然而大公，物來而順應』，自後許多説話，都只是此二句意。『艮其背，不獲其身；行其庭，不見其人』，此是説『擴然而大公』。孟子曰『所惡於智者，爲其鑿也』，此是説『物來而順應』。『第能於怒時遽忘其怒，而觀理之是非。』『遽忘其怒』是應『廓然而大公』，『而觀理之是非』是應『物來而順應』。這須仔細去看，方始得。」（《語類》卷95，頁2442。）

因此朱子在理解〈定性書〉一文的內容時均將它進行拆解，分別對應於「廓然而大公，物來而順應」這兩句話來看。

如《易·艮卦》『艮其背，不獲其身；行其庭，不見其人』是言『擴然大公』；孟子曰：『所惡於智者，爲其鑿也』是言『物來順應』，

又如「人之情各有所蔽，故不能適道，大率患在于自私而用智」與「於怒時遽忘其怒，而觀理之是非」，「自私」、「忘怒」對應於「擴然大公」；「用智」、「觀理」相應於「物來順應」。

就〈定性書〉的背景而言，該函是明道針對橫渠的工夫難題所作的答覆，指出如何從根本上消除受外物之累的問題，非純理論的辯難，亦非討論初學工夫。朱子對於這一方面也有所見，他也認爲「廓然大而公，物來而順應」是一個經過步步的道德踐履之後所達至的「已成處」。

蜚卿曰：「『擴然而大公，物來而順應』，這莫是下工處否？」曰：「這是説已成處。且如今人私欲萬端，紛紛擾擾，無可奈何，如何得他大公？所見與理皆是背馳，如何便得他順應？」（《語類》卷95，頁2441。）

也就是說，「廓然大而公，物來而順應」是一境界語。朱子在〈定性說〉中也說：「定性者，存養之功至，而得性之本然者也。」〔註191〕所以朱子在回答學生的問題：「〈定性書〉是正心誠意功夫否」時，他說這是「正心誠意以後事。」〔註192〕如此一來，問題是：究竟如何可達至此大公、順應的境界呢？

2. 工夫：「隨理順應」與「克去私意」

朱子認爲橫渠之所以有「定性未能不動」之問題，乃是因爲他「彊探力取之意多，涵泳完養之功少，故不能無疑於此」〔註193〕。朱子又說：

〔註191〕《文集》卷六十七〈定性說〉。
〔註192〕《語類》卷95，頁2445。
〔註193〕《文集》卷六十七〈定性說〉。張亨先生指出，這可能是受到伊川的影響，故

> 明道答橫渠「定性未能不動」一章，明道意，言不惡事物，亦不逐
> 事物。今人惡則全絕之，逐則又爲物引將去。惟不拒不流，泛應曲
> 當，則善矣。蓋橫渠有意於絕外物而定其內。明道意以爲須是內外
> 合一，「動亦定，靜亦定」，則應物之際，自然不累於物。（《語類》
> 卷95，頁2442。）

朱子認爲明道之意乃是：不可有意於排拒外在事物，亦不可受外物的牽引拖
累以致迷失方向，惟有「不拒不流，泛應曲當」才是最恰當的做法。

　　這個說明，雖合於〈定性書〉所論，但是明道提出的解決方法是：「與
其非外而是內，不若內外之兩忘也。兩忘則澄然無事矣。無事則定，定則
明，明則尚何應物之爲累哉？」意即唯有直下「忘」（超越、化解）此內外
之對待、物我之分別，此問題（定性未能不動）乃可永不再生，而自然解
決。

　　然而朱子在〈定性說〉中卻認爲「內外兩忘，非忘也，一循於理，不是
內而非外也。不是內而非外，則大公而順應，尚何事物之爲累哉！」上段引
文又說：「明道意以爲須是內外合一」，則可見在朱子心中，原有此內外之分、
物我之別，而修養工夫的目標在求其「合一」而非「忘」也。此則大不同於
明道所主張的「無將迎、無內外」之圓頓、透脫的精神。

　　在具體的工夫方面，朱子以「一循於理」來達到「物來而順應」的修養
境界。

> 問：「〈定性書〉所論，固是不可有意於除外誘，然此地位高者之事。
> 在初學，恐亦不得不然否？」曰：「初學也不解如此。外誘如何除得？
> 有當應者，也只得順他，便看理如何。理當應便應，不當應便不
> 應。」……曰：「『內外兩忘』，是內不自私，外應不鑿否？」曰：「是。
> 大抵不可以在內者爲是，而在外者爲非，只得隨理順應。」（《語類》
> 卷95，頁2444。）

外誘除之不盡，工夫惟有回歸於己身用功才見得力處，但切不可以內爲是，
以外爲非，只是當應便應，不當應便不應。何者當應？何者不當應？朱子說：
「便看「理」如何」，以理爲準則乃能泛應曲當。所以朱子將「物來而順應」
一句對應於「觀理之是非」，突出「理」的意義。

發此評論。張亨：〈〈定性書〉在中國思想史上的意義〉，《思文之際論集——
儒道思想的現代詮釋》，頁423。

再者，雖然知道要依「理」而行，但仍少不了「克去私意」一工夫，能克去有我之私始能使心循理而發爲愛、恭、宜、別之情，落實於具體的行爲中而無絲毫的偏曲。

> 『擴然大公』，只是除卻私意，事物之來，順他道理應之。且如有一事，自家見得道理是恁地；卻有個偏曲底意思，要爲那人，便是不公，便逆了這道理，不能順應。（《語類》卷95，頁2442～2443。）

因此，「廓然大公」便是指克己去私之後的修養境界。朱子又將此對應於「遽忘其怒」，使〈定性書〉全文節節相應，甚具脈絡、條理。

如此一來，我們可以理解朱子爲什麼在〈定性說〉中指出：「忘怒則公，觀理則順，二者所以爲自反而去蔽之方也。」在《語錄》中他也特別強調：「『第能於怒時遽忘其怒，而觀理之是非』，一篇著力緊要，只在此一句。」〔註194〕蓋因大公、順應乃是已成處，而忘怒、觀理才是具體工夫之所在。

又有〈答孫季和〉一書，可以概括朱子對〈定性書〉一文的整體理解：

> 明道答橫渠書，誠似太快。然其間理致血脈精密貫通，儘須玩索。如大公順應、自私用智、忘怒觀理便與主敬窮理互相涉入，不可草草看過。（《文集》卷五十四〈答孫季和 應時〉書一（所喻平生大病））

所謂「太快」，便是指此篇之中看似「都不見一個下手處」〔註195〕，但經過朱子的詮釋與分析，不僅爲學者指出〈定性書〉一文的意旨（內外合一），也尋出一個貫串全篇的大綱（「大公」、「順應」兩句），更重要的是爲學者指引一切實可行的修養途徑（隨理順應、克己去私）。

而此信中又言這些觀念「與主敬窮理，互相涉入」，則更爲明白地顯示出朱子始終是以自己的思想架構、工夫進路來理解明道的〈定性書〉。

若明道的〈定性書〉一文正如唐君毅先生所說，是「直由天地聖人之體萬物而無內外，以言吾人之爲學者，亦當直以內外兩忘爲工夫，更不先是內而非外，以直下至澄然無事，而定而明之境。」〔註196〕則隨理順應、克己去私等修養工夫都是該文本身所沒有的，這便可以證明朱子的理解與思路確實異於明道，甚而可以說其並不相契於明道之自始無內外之對，由頓悟、逆覺體證直下達至「內外兩忘」的圓融境界之工夫。

〔註194〕《語類》卷95，頁2444。
〔註195〕《語類》卷95，頁2441。
〔註196〕唐君毅：《中國哲學原論 原教篇》，頁135。

第四章　朱子對濂溪、橫渠的理解與
　　　　詮釋

　　在前面兩章，主要是針對朱子思想的兩大關鍵（中和說與仁說）來看朱子對二程的理解與詮釋，是以焦點多集中在心性論與修養工夫論，而尚未涉及朱子的理氣論。

　　若綜觀北宋儒學的發展，周敦頤、張載兩先生因為身處儒學初興之際，必須挺身對抗佛、老深刻繁賾之哲理，因而不得不從形上學、宇宙論方面著力，以逼顯、證明儒學中同樣也有其高明的一面。正由於他們著重在重新建立儒學之形上學，故較強調客觀的天道性命，因此若欲探求朱子的理氣論觀點，應該也可以藉由他對周濂溪〈太極圖說〉與張橫渠〈西銘〉的理解與詮釋一角度切入，看朱子如何在說明以及詮解周、張的著作之同時，豐富與完整了理氣論各方面的相關論述，而且也本者二程的「所以然之理」、形上形下的區分對濂溪、橫渠的思想進行理解與意義再造，朱子也在這整個論述當中挖掘出周濂溪、張橫渠，乃至北宋四子的思想中可以相融通之處。

第一節　對周、張的認識與評價

　　就道統觀而言，陳榮捷先生指出，朱子以哲學性的理由排除漢唐諸儒，特尊二程，首標周子，旁置張子，以建立道統〔註1〕。亦即朱子認為，在這一

〔註1〕陳榮捷：〈朱子道統觀之哲學性〉，《新儒學論集》（臺北市：中研院文哲所，
　　　　1995 年），頁 123～138。

統緒中，濂溪先生「得傳於天」〔註2〕，「不繇師傳，默契道體」〔註3〕，具有「上接洙泗千歲之統，下啓河洛百世之傳」〔註4〕的宗主地位。而橫渠先生則所見不免有差，思想的表達也不夠圓熟（或成熟較晚），故雖早於二程，且爲二程之長輩，但只能居於輔翼之地位，正如朱子、呂祖謙編《近思錄》列張子之語於二程之後一般。以下，將進一步來看朱子對濂溪、橫渠的具體稱述，以從中掌握朱子對周、張兩先生的評價。

一、對周濂溪的稱述

據潘興嗣〈濂溪先生墓誌銘〉所載，濂溪先生「善談名理，深於《易》學。作〈太極圖〉、《易說》、《易通》，數十篇，詩十卷。」〔註5〕此處若暫捨諸考證問題不論〔註6〕，單從朱子本人的觀點來看。朱子肯定潘〈誌〉的說法，相信濂溪有〈太極圖〉、《易說》、《易通》等著作，且朱子進一步說明：《易說》一書不傳於世久矣，他也未能得見。《易通》一書可能便是《通書》，只是不知何時開始刪去「易」字而爲「通書」一書名。至於先生所作〈太極圖〉（含〈太極圖說〉）〔註7〕則尤當置於《通書》之卷首，這是因爲朱子認爲：「先生

〔註2〕 《文集》卷八十六〈奉安濂溪先生祠文〉
〔註3〕 《文集》卷七十八〈江州重建濂溪先生書堂記〉
〔註4〕 《文集》卷七十九〈韶州州學濂溪先生祠記〉
〔註5〕 （宋）周敦頤、張載撰，（明）徐必達輯：《周張全書》，《周子全書》卷六，頁二。
〔註6〕 關於周濂溪〈太極圖〉主要的考證爭議有：
　　（1）關於周子的著作。如《通書》中有無〈太極圖〉；是否有《易說》、《易通》等書；潘〈誌〉是否應讀爲《太極圖易說》（或《太極圖·易說》）。
　　（2）朱熹「無極而太極」與洪邁「自無極而太極」的版本問題。
　　（3）〈太極圖〉源流考證：濂溪自撰或源自於道教傳統（或如朱震所稱的傳授經過——陳摶、種放、穆修；或源出於〈無極圖〉、〈太極先天之圖〉等。但若論及是否有受道教影響，則不僅是考證問題，更是義理思想的判定問題，此不可用考證方式解決。）
　　當代相關研究甚多，切要者可參考李申：《易圖考》（北京：北京大學出版社，2000年）與鄭吉雄：〈周敦頤《太極圖》及其相關詮釋問題〉，《易圖象與易詮釋》（臺北市：喜馬拉雅基金會，2002年），頁229～303。
〔註7〕 當筆者言〈太極圖〉一名時，往往包含了〈太極圖說〉在內，因爲在本論文的研究對象——朱子看來，這兩者是渾然一體而不可分的，故這種使用方式應是可以被接受的。
　　關於〈太極圖〉的「作者」與「淵源」問題，大體而言，朱子始終相信該圖爲周濂溪所自作。錢穆先生據劉靜修〈記太極圖說後〉一文指出，依《文集》卷七十五〈周子太極通書後序〉「得誌文考之，然後知其果先生之所自作，而

之學，其妙具於太極一圖。《通書》之言，皆發此圖之蘊。」〔註8〕若僅列於卒章，則驟讀《通書》者，不知其總攝之處，故當置於全書之首，以為該書之綱領。〔註9〕

1. 推尊周子為宗主

對於周濂溪的學思與貢獻，朱子認為：

> 濂溪周公先生奮乎百世之下，乃始深探聖賢之奧，疏觀造化之原，而獨心得之。立象著書，闡發幽秘，詞義雖約，而天人性命之微，修己治人之要，莫不畢舉。河南兩程先生既親見之而得其傳，於是其學遂行於世。（《文集》卷七十八〈袁州州學三先生祠記〉）

朱子之所以極力推尊周濂溪者，乃是因為其《通書》、「太極」之說正足以「明天理之根源，究萬物之終始」〔註10〕。周子之思想內容「大抵推一理、二氣、五行之分合，以紀綱道體之精微，決道義、文辭、祿利之取舍，以振起俗學之卑陋。至論所以入德之方，經世之具，又皆親切簡要，不為空言。」〔註11〕

　　換言之，據朱子的見解，周子之說不僅深契天人性命之幽微，豁醒儒家形上之智慧，且對於入德之方、經世之道（修己治人之要）也無不備舉。故能使「天理之微，人倫之著，事物之眾，鬼神之幽，莫不洞然畢貫於一，而

非有所受於人者。」《文集》卷七十六〈再定太極通書後序〉「竊疑是說之傳，固有端緒。至於先生然後得之於心，……於是始為此圖，以發其秘爾！」與《文集》卷八十一〈周子通書後記〉「莫或知其師傳之所自」三文以觀，則朱子立說前後似有轉變，見錢穆：《朱子新學案（三）》，頁91。
案：此處可細辨的是，朱子前後有所猶豫之事並非〈太極圖〉的作者問題，而是濂溪的學思淵源，其關鍵在，得聞從學於希夷的張忠定公（即張乖崖）論陰陽之說，竟然與〈圖說〉有相合之處，故使朱子重新考慮此一問題，可參看《文集》卷四十五〈答廖子晦〉書一（德明舊嘗極力尋究）與《語類》卷129，頁3093。

〔註8〕　《文集》卷七十五〈周子太極通書後序〉
〔註9〕　案：此處，牟宗三先生的觀點與朱子稍有不同，他認為：〈圖說〉不可為《通書》之先在綱領或綜論，濂溪之學，當以《通書》之思理為綱，以規定〈太極圖說〉（牟先生個人主觀上雅不願看〈太極圖〉），而不可據〈太極圖說〉以議論《通書》。見牟宗三：《心體與性體（一）》，頁408～409。牟先生的此意甚諦。但審朱子之意，亦非要以〈圖說〉定《通書》，而是重在以周子的著作互證，再者，朱子對圖書象數之學的重視與牟先生的看法也有很大的差別。
〔註10〕　《文集》卷三十〈與汪尚書〉書六（去春賜教）
〔註11〕　《文集》卷八十一〈周子通書後記〉

周公、孔子、孟氏之傳，煥然復明於當世。」〔註12〕學者苟能講習其說，便得以擺脫俗學之淺陋，破斥異端之迷惑，而慨然有志於堯舜之道。

　　復次，朱子之所以推尊濂溪的原因，還有一重大關鍵，即他認為周子之說實啟伊洛之先聲。在這一觀點上，朱子堅持二程受學於濂溪，他指出首要的證據即是呂與叔所記：「昔受學於周茂叔，每令尋顏子、仲尼樂處，所樂何事。」〔註13〕此外，從〈李仲通銘〉、〈程邵公誌〉、〈顏子好學論〉〔註14〕等文章中，涉及陰陽二氣之動靜、五行之化生，乃至於仁義禮智信、聖可學而至等觀點，皆表示濂溪與二程確有思想傳承之關聯性。

　　關於周程授受的問題，當代的研究多能肯定二程少時（十五、十四歲）嘗從學（或從遊）於濂溪，因伊川作〈明道先生行狀〉明白表示：「先生為學，自十五六時，聞汝南周茂叔論道，遂厭科舉之業，慨然有求道之志。」〔註15〕且朱子所作〈伊川先生年譜〉與度正所編〈濂溪先生年譜〉皆嚴於考證周程的師承關係。然意見較為分歧的是二程師事濂溪所學何事？即濂溪對於二程是否有重大的思想影響，這一問題便不只是事實之考證，而關涉到義理思想內涵之判斷問題。其實這一質疑在朱子生前，已有人向朱子提出異議，如《語類》卷九十三中載：

　　　　汪端明嘗言二程之學，非全資於周先生者。（《語類》卷93，頁2358。）

汪端明即汪應辰，他認為濂溪之於二程的關係，就好比范仲淹之於橫渠的關係一般，至多僅具有初學啟蒙之意義，而後者之義理思想的發展遠非前者所能規範，故僅言「少年嘗從學」則可，不須過於強調其間思想的承繼關係。但朱子顯然並不同意汪氏之說，其致書回應說：

　　　　先覺相傳之秘，非後學所能窺測。……如曰仲尼、顏子所樂，吟風弄月以歸，皆是當時口傳心受的當親切處。後來二先生舉似後學，亦不將做第二義看。然則〈行狀〉所謂反求之六經然後得之者，特語夫功用之大全耳。至其入處，則自濂溪，不可誣也。若橫渠之於

〔註12〕《文集》卷七十八〈江州重建濂溪先生書堂記〉
〔註13〕朱子於《文集》卷三十〈與汪尚書〉書四（羸不揆愚鄙）說：「受學之語，見於呂與叔所記二先生語中，云：『昔受學於周茂叔』，故據以為說。」此段語錄見《二程集·遺書》卷二上，頁16。
〔註14〕〈程邵公墓誌〉見《二程集·文集》卷四，頁495；〈李寺丞墓誌銘〉見《二程集·文集》卷四，頁497～499；〈顏子所好何學論〉見《二程集·文集》卷八，頁577～578。
〔註15〕《二程集·文集》卷十一，頁638。

文正，則異於是，蓋當時粗發其端而已。(《文集》卷三十〈與汪尚書〉書六（去春賜教））

朱子認爲「尋孔顏之樂」一啓發便是周、程相傳之秘，口傳心授之要旨，此一入處無疑是得自濂溪者，〈行狀〉言「返求諸六經而後得之」〔註16〕並不是說返於六經而後才體道，只是言於六經中領會此道之大用（明於庶物，察於人倫）。故周程的關係不同於范氏與橫渠的關係。

朱子又認爲濂溪先生「書雖不多，而統紀已盡。二程蓋得其傳，但二程之業廣耳。」〔註17〕所謂的「業」，當是指二程的德業、學業與志業，而非周、程之間有思想上的出入，或廣狹之別。因爲朱子甚至說道：「程先生兄弟語及性命之際，亦未嘗不因其說」〔註18〕；「程氏之書，亦皆祖述其意」〔註19〕。

2. 二程未言「太極」之微意

但如此一來，另一問題將隨之而至。朱子在乾道六年（庚寅 1170 年 41 歲）初成〈太極圖說解〉（定稿於癸巳）〔註20〕，曾寄給張南軒，詢問他的意見。南軒雖然同意周程授受的說法，但他也注意到，若就《二程集》中的記錄文字而言，二程實從來沒有正面論及濂溪的〈太極圖〉、《通書》等代表性著作，這一點又該如何解釋與理解呢？

朱子推測「程子之秘而不示，疑亦未有能受之者爾。」〔註21〕也就是說，二程未言及〈太極圖〉乃是因爲當時門下沒有能精確掌握此天道性命之學的學生，所以程子只好秘而不傳，避而不言，此不足以構成二程是否得濂溪〈太極圖〉之傳的疑慮。朱子更進一步要人善加體會二程何以不將此圖示之於人的「微意」。

夫既未能默識於言意之表，則馳心空妙，入耳出口，其弊必有不勝言者。近年已覺頗有此弊矣。觀其答張閬中論《易傳》成書，深患

〔註16〕《二程集・文集》卷十一，頁 638。
〔註17〕《語類》卷 93，頁 2358。
〔註18〕《文集》卷七十五〈周子太極通書後序〉
〔註19〕《文集》卷七十六〈再定太極通書後序〉
〔註20〕關於〈太極圖説解〉的寫作時間考訂，請參考陳來：《朱子哲學思想研究》，頁 77；束景南：《朱熹年譜長編》，頁 426～427；束景南：《朱子大傳》（北京：商務印書館，2003 年版），頁 293。
〔註21〕《文集》卷三十一〈答張敬夫〉書十（答晦叔書）
朱子還有更大膽的說法，他曾回答學生說：「焉知其不曾說。」（《語類》卷 94，頁 2387。）

無受之者，及〈東見錄〉中論橫渠「清虛一大」之說，使人向別處走，不若且只道敬，則其意亦可見矣。……孔子雅言《詩》、《書》、執禮，而於《易》則鮮及焉。其意亦猶此耳。（〈太極圖說解‧注後記〉）〔註22〕

二程不言太極，正如孔子罕言《易》，孔子門人不得聞「性與天道」一般。在這件事的背後，朱子認爲它正表現出「教不躐等」之意，朱子說：「二程不言太極者，……恐人別處走，今只說敬。」〔註23〕

朱子又說，二程這一體會的由來乃是了解到橫渠特別以「清、虛、一、大」名天道的用心，蓋張子的用心乃是爲了救世學之膠固，所以提得較高，欲令學者直探天道性命之本源。但如此一來，終不免使人偏於追求玄奧的形上道體，是故二程在這一體會下繼之以強調當守下學上達之旨，回歸眼前的日用倫常，遂轉而向工夫切實處單提一「敬」字〔註24〕。朱子於是認爲二程便是本此心思，故始終不將〈太極圖〉示人。

但是朱子若肯定二程不言〈太極圖〉的微意，則他自己本人何以卻將此圖示之於學者，並用以教導學生呢？筆者認爲這並非表示朱子的門人優於程門弟子，而是因爲當此時之際，對於周子〈太極圖〉多有謗議者，因此朱子不得不爲之作注，以講明此道，免使後學誤信道聽塗說之言。

從這裡，我們可以看到朱子始終堅持二程與濂溪具有思想之傳承關係，且他更主張濂溪與二程之思想乃是相貫通而無別的，他在〈太極圖說解〉中復言道：「程子之言性與天道，多出於此。」朱子對濂溪推尊至此，並極力讚賞周子的著作，他說：「濂溪也精密，不知其他書如何，但今所說這些子，無一字差錯。」〔註25〕甚至可以把《通書》拿來與《論語》、《孟子》相比較。

〔註22〕朱熹：〈太極圖說解〉；朱傑人、嚴佐之、劉永翔主編：《朱子全書》（上海：上海古籍出版社；合肥：安徽教育出版社　2002年），第拾參冊。（以下本文引用〈太極圖說解〉、〈通書注〉、〈西銘解〉，皆採此版本，惟此版本於〈太極圖解〉中遺漏「此以上引〈說〉解剝〈圖〉體；此以下據〈圖〉推盡〈說〉意。」一小注。）

〔註23〕《語類》卷93，頁2358。案：此條語錄爲呂與叔所記，朱子言劉絢所記，此當是口誤。劉氏所記者見《二程集‧遺書》卷十一，頁118。

〔註24〕明道曰：「橫渠教人，本只是謂世學膠固，故說一個清虛一大，只圖得人稍損得沒去就道理來，然而人又更別處走。今日且只道敬。」（《二程集‧遺書》卷二上，頁34。）

〔註25〕《語類》卷93，頁2358。

直卿云：「《通書》便可上接《語》、《孟》。」曰：「比《語》、《孟》較分曉精深，結搆得密。《語》、《孟》說得較闊。」（《語類》卷 94，頁 2389。）

《通書》覺細密分明，《論》、《孟》又闊。（《語類》卷 94，頁 2389。）

此處並非指濂溪勝過孔、孟，而是就文獻的體裁來論，相較於由門人、後學所編寫、紀錄的語錄體之《論》、《孟》而言，周子《通書》乃結構完整之思想性著作，故能表現出「語意峻潔而混成，條理精密而疏暢」〔註 26〕的特色。

接下來，我們來看朱子如何看待與評價橫渠的著作與思想。

二、對張橫渠的稱述

相對於濂溪具有「道學宗主」的地位〔註 27〕，橫渠則是輔翼之角色，但朱子對於橫渠的著作與學問思想卻有極大的肯定。

1. 盛贊〈西銘〉

首先，針對〈西銘〉〔註 28〕一文，朱子說：

或問〈太極〉、〈西銘〉。曰：「自孟子已後，方見有此兩篇文章。」（《語類》卷 94，頁 2386。）

熹竊謂〈西銘〉之書，橫渠先生所以示人至為深切，而伊川先生又以「理一而分殊」者贊之，言雖至約，而理則無餘矣。……其所謂理一者貫乎分殊之中而未始相離耳。此天地自然古今不易之理，而二夫子始發明之。（《文集》卷三十七〈與郭沖晦〉書二（易說云數者））

朱子對〈西銘〉的評價，相當於周子〈太極圖〉，認為均屬孔、孟以來千古難

〔註 26〕朱熹：〈太極圖説解・附辯〉
〔註 27〕陳來先生於《道學宗主》一書的〈序 二〉中特別加以強調「周濂溪與二程的關係並不是從朱熹開始才獲認定的，而是紹興以來道學的一個共識。」又説：「周敦頤作爲道學源頭的地位在乾道末已經被確認。所以認爲周敦頤的地位只是借助於朱熹的論證才爲人所接受，是不合史實的。」見楊柱才：《道學宗主》（北京：人民出版社，2004 年），及該書〈附錄一　二程師事周敦頤考論〉，頁 379～384。
〔註 28〕〈西銘〉原係張載《正蒙》一書〈乾稱〉篇的部分內容。橫渠曾於學堂雙牖各錄〈乾稱〉篇的部分內容，左書「砭愚」，右書「訂頑」。後來，程伊川將此兩名改稱「東銘」、「西銘」。

得的佳作，這一評斷同於二程對〈西銘〉的評價。

〈訂頑〉之言，極純無雜，秦、漢以來學者所未到。(《二程集・遺書》卷二上，頁22。)

孟子以後，卻只有〈原道〉一篇，……若〈西銘〉，則是〈原道〉之宗祖也。〈原道〉卻只說到道，元未到得〈西銘〉意思。據子厚之文，醇然無出此文也，自孟子後，蓋未見此書。(《二程集・遺書》卷二上，頁37。)

伯淳言：「〈西銘〉某得此意，只是須得佗子厚有如此筆力，佗人無緣做得。孟子以後，未有人及此。得此文字，省多少言語。(《二程集・遺書》卷二上，頁39。)

衡之第三條語錄，前兩條亦當為明道之言，明道評此文是孟子以來唯一之大作。至於伊川，他對橫渠〈西銘〉一文亦極為讚賞，他在著名的〈答楊時論西銘書〉中評論橫渠的著作曰：

橫渠立言，誠有過者，乃在《正蒙》。〈西銘〉之為書，推理以存義，擴前聖所未發，與孟子性善養氣之論同功。(《二程集・文集》卷九，頁609。)

伊川不僅首創「理一分殊」一詞來詮釋〈西銘〉，復強調橫渠此說與孟子道性善、知言養氣等論同樣具有擴前聖所未發之盛功。此處，朱子的看法顯然是同於二程的。而更值得注意的是，伊川認為，若說橫渠立言有偏失之處，則其過必在《正蒙》一書，而非〈西銘〉。在這一點也反應出他對於橫渠的《正蒙》的看法。其實二程對於橫渠《正蒙》中的說法，時有批評的意見，如明道認為橫渠以「清虛一大」言天道，只說及形而下（器），而非形而上。〔註29〕伊川也說：「皆是理，安得謂之虛？天下無實於理者。」〔註30〕

2. 對《正蒙》的評論

相類於此，朱子在從學於延平時，參究「理一分殊」是一重大課題。但朱子也曾回憶說：當初受學於李延平先生，李先生告訴他：「橫渠說，不須看。非是不是，只是恐先入了費力。」〔註31〕然而後來，待朱子自身思想成熟後，

〔註29〕見《二程集・遺書》卷二上，頁15；卷十一，頁118；《二程集・粹言》卷一，頁1174。

〔註30〕《二程集・文集》卷三，頁66。

〔註31〕《語類》卷103，頁2602。

他終於能夠清楚：雖然「《正蒙》有差分曉底看」〔註32〕，有許多「關於個人語言文字之不善巧」處，或簡別未精的滯辭、蕪辭〔註33〕，但非一無是處，如「心統性情」、論神化等等，皆爲他人所不能道。

> 「惟心無對」、「心統性情」。二程卻無一句似此切。(《語類》卷98，頁 2513。)

> 『神化』二字，雖程子說得亦不甚分明，惟是横渠推出來。(《語類》卷 98，頁 2512。)

> 横渠云：『陰陽二氣推行以漸，謂化；闔闢不測，謂神。』伊川先生說神化等，卻不似横渠較說得分明。(《語類》卷 98，頁 2516。)

> 横渠說：『「人能弘道」，是心能盡性；「非道弘人」，是性不知檢心。』又邵子曰：『心者，性之郭郭。』此等語，皆秦漢以下人道不到。(《語類》卷 60，頁 1430。)

> 「由太虛有天之名」，至「知覺有心之名」。横渠如此議論，極精密。(《語類》卷 60，頁 1432。)

> 横渠云：「天左旋，處其中者順之，少遲則反右矣。」此說好。(《語類》卷 99，頁 2534。)

> 横渠謂「天體物而不遺，猶仁體事而無不在」。此數句，是從赤心片片說出來，荀、揚豈能到！(《語類》卷 98，頁 2509。)

但是在面對《正蒙》的得與失之態度上，朱子的反應已與延平稍有不同，他認爲「諸先生立言有差處， 如横渠、《知言》。當知其所以差處，不宜一切委之，所以自廣其志，自進其知也。」〔註34〕因此朱子在許多的看法上，不吝於對《正蒙》直接提出批評與指正。

如對於「游氣紛擾，合而成質者，生人物之萬殊；其陰陽兩端，循環不已者，立天地之大義。」朱子評曰：「似稍支離」〔註35〕；對於「客感客形」與「無感無形」的分別，朱子認爲：「未免分截作兩段事」〔註36〕；至於張載

〔註32〕《語類》卷 99，頁 2532。
〔註33〕牟宗三先生語，見牟宗三：《心體與性體（一）》，頁 417～570。
〔註34〕《語類》卷 11，頁 190。朱子還說：「《正蒙》、《知言》之類，學者更須被他汩沒。李先生極不要人傳寫文字及看此等。舊嘗看《正蒙》，李甚不許。然李終是短於辨論邪正，蓋皆不可無也。無之，即是少博學詳說工夫也。」(《語類》卷 103，頁 2602。)
〔註35〕《語類》卷 98，頁 2509。
〔註36〕《語類》卷 99，頁 2534。

著名的立論：太和、太虛、虛空等說，朱子也甚有意見。

> 《正蒙》說道體處，如「太和」、「太虛」、「虛空」云者，止是說氣。
> 說聚散處，其流乃是個大輪迴。蓋其思慮攷索所至，非性分自然之
> 知。若語道理，惟是周子說「無極而太極」最好。如「由太虛有天
> 之名，由氣化有道之名，合虛與氣有性之名，合性與知覺有心之名」，
> 亦說得有理。「由氣化有道之名」，如所謂「率性之謂道」是也。然
> 使明道形容此理，必不如此說。伊川所謂「橫渠之言誠有過者，乃
> 在《正蒙》」；「以清虛一大爲萬物之原，有未安」等語，概可見矣。
> （《語類》卷 99，頁 2533。）

> 問：「橫渠有『清虛一大』之說，又要兼清濁虛實。」曰：「渠初云
> 『清虛一大』，爲伊川詰難，乃云『清兼濁，虛兼實，一兼二，大兼
> 小』。渠本要說形而上，反成形而下，最是於此處不分明。……問：
> 「〈西銘〉所見又的當，何故卻於此差？」曰：「伊川云：『譬如以管
> 窺天，四旁雖不見，而其見處甚分明。』渠他處見錯，獨於〈西銘〉
> 見得好。」（《語類》卷 99，頁 2538。）

在朱子看來，橫渠本是要以太和、太虛、虛空等辭語描述形而上的道體，但
卻反而淪於氣化流行之中，因爲這一拖累導致不能嚴於形上、形下之區分，
這是橫渠義理思想最欠分明之處。所以《正蒙》中說得有病處，不僅是命辭
之差，實是橫渠「見得差了」〔註37〕。

　　朱子也曾說明橫渠之所以有此偏失的原因。他認爲這是因爲《正蒙》之
作乃「思慮考索所至，非性分自然之知」。不過，這一說法，應該是本於伊川
〈答橫渠先生書〉，在該函中，伊川言橫渠之氣象曰：「苦心極力之象，而無
寬裕溫厚之氣。非明睿所照，而考索至此，故意屢偏而言多窒，小出入時有
之。」因而建議橫渠當「完養思慮，涵泳義理，他日自當條暢。」〔註38〕而
朱子也說：

> 橫渠說做工夫處，更精切似二程。二程資稟高，潔淨，不大段用工
> 夫。橫渠資稟有偏駁夾雜處，他大段用工夫來。（《語類》卷 113，
> 頁 2745。）

> 《正蒙》所論道體，覺得源頭有未是處，故伊川云：「過處乃在《正

〔註37〕《語類》卷 99，頁 2532。
〔註38〕《二程集・文集》卷九，頁 596。

蒙》。」答書之中云：「非明睿所照，而考索至此。」蓋橫渠卻只是一向苦思求將向前去，卻欠涵泳以待其義理自形見處。如云「由氣化有道之名」，說得是好；終是生受辛苦，聖賢便不如此說。試教明道說，便不同。如以太虛、太和爲道體，卻只是說得形而下者，皆是「發而皆中節謂之和」處。（《語類》卷99，頁2532。）

若將橫渠與明道的學思性格作一比較，朱子認爲：「明道之學，從容涵泳之味洽；橫渠之學，苦心力索之功深。」〔註39〕又在上述第二條語錄中，朱子特別徵引伊川之言以爲己證，因此從這裡我們也可以看到，朱子對張橫渠的稱述可以說是本二程之意見以贊〈西銘〉，評《正蒙》。〔註40〕

第二節　〈太極圖〉與《通書》互證

　　朱子曾在乾道六年分別爲〈太極圖〉與〈太極圖說〉作了詮解，又在淳熙十四年（丁未1187年58歲）撰成《通書注》〔註41〕，可見朱子在周子的著作上下了很深的工夫，是以我們宜先檢視朱子詮釋周子著作的方法。朱子自己曾謂：「夫太極之旨，周子立象於前，爲說於後，互相發明，平正洞達，絕無毫髮可疑。」〔註42〕這表示在朱子看來，〈太極圖〉與〈圖說〉兩者乃是一體而不可分者，當會合以參究之，朱子在〈太極圖解〉中也有小注云：「此以上引〈說〉解剝〈圖〉體；此以下據〈圖〉推盡〈說〉意。」

　　此外，〈太極圖〉（含〈圖說〉）與《通書》之間，又是怎樣的關係呢？朱子主張〈太極圖〉與《通書》皆爲濂溪所作，因此「其爲說，實相表裏」

〔註39〕轉引自錢穆：《宋明理學概述》（臺北市：蘭臺出版社，2001年），頁41。

〔註40〕案：牟宗三先生曾解釋明道與伊川、朱子三人對橫渠《正蒙》的批評之理由，大體而言，明道雖對橫渠不無微詞，但兩人對道體之體悟猶相近，只是明道顯得更加透徹圓熟，相對地，橫渠之說中「簡別不精的滯辭」是招致明道一時不契而產生誤解的主要原因。然伊川、朱子則對於橫渠之基本精神與思理則完全不能相應，故伊川、朱子二人的批評屬於「義理思想隔閡」所造成的誤解。見牟宗三：《心體與性體（一）》，頁417～436。

〔註41〕關於《通書注》的寫作時間考訂，諸年譜均將其與〈太極圖說解〉一併繫於乾道九年（如洪去蕪、王懋竑），但據束景南先生的考證，當完成於淳熙十四年（丁未1187年58歲）。參考束景南：《朱熹年譜長編》，頁871～872；束景南：《朱子大傳》，頁784～785。此外，錢穆先生亦主《通書注》定稿於淳熙十四年，見錢穆：《朱子新學案（三）》，頁77。

〔註42〕《文集》卷四十二〈答胡廣仲〉書五（熹承諭向來爲學之病）

〔註 43〕，也就是說，周子之學「其妙具於太極一圖。《通書》之言，皆發此圖之蘊。」〔註 44〕這一觀點更具體的落實在《通書注》的寫作中，朱子在《通書注》中開章明義即表示：

> 此書與〈太極圖〉相表裏。誠即所謂太極也。（《通書注》〈誠上 第一〉）

並且在〈動靜 第十六〉章也說：「此章發明圖意，更宜參考。」〔註 45〕可見朱子是運用濂溪的著作來互相釋證，以濂溪解濂溪，這是在肯定周子的著作具有內在的一致性之前提下所採取的詮釋方法。在了解這一點後，我們將從朱子對「無極而太極」一句的詮解入手，探討朱子所理解的濂溪之思想圖像，蓋朱子認為此一句乃「一圖之綱領，所以明夫道之未始有物，而實為萬物之根柢也。」〔註 46〕

一、無極而太極

朱子對此語最直接的說明便是，若論者同意太極並非一有形器之物，則此語當理解為「無極即是無形，太極即是有理」〔註 47〕，簡言之，便是「無形而有理」。

> 「無極而太極」，只是說無形而有理。所謂太極者，只二氣五行之理，非別有物為太極也。（《語類》卷 94，頁 2365。）

然而若將朱子此解拘執在文字訓解上來看，恐會產生「極」之一字而兩訓的問題，一訓形，一訓（理之）至極。如象山便質疑朱子「以極為形」〔註 48〕。而朱子辯駁云：他未曾以形訓極也，「極是名此理之至極，……太極固無偏倚，而為萬化之本，然其得名，自為至極之極，而兼有標準之義。」〔註 49〕朱子指出，若要就字義來說，「極」字乃為至極之極（可以兼有標準之義）。但此解釋也可能將「無極而太極」推論成「無極至之理而有極至之理」，同樣也是

〔註 43〕《文集》卷八十一〈周子通書後記〉
〔註 44〕《文集》卷七十五〈周子太極通書後序〉
〔註 45〕此外，朱子在《通書注》中〈誠上 第一〉章與〈誠幾德 第三〉皆特別標明某段與〈太極圖〉之圖式或〈太極圖說〉某概念相應合。且在〈太極圖說解〉中釋「太極動而生陽」一段，也插入「誠者，聖人知本，物之終始，而命之道也。」一段話，凡此等皆是朱子採取〈太極圖〉與《通書》互證的具體實例。
〔註 46〕《文集》卷八十〈邵州州學濂溪先生祠記〉
〔註 47〕《文集》卷三十六〈答陸子美〉書二（前書示喻）
〔註 48〕（明）黃宗羲編，全祖望補訂：《宋元學案》卷五十八〈象山學案〉，頁十五。
〔註 49〕《文集》卷三十六〈答陸子靜〉書六（來書云）

自相矛盾之說。故筆者以爲此處恐不當僅就字義來理解朱子之說，而當分別探討「太極」、「無極」之意義，而後始可將兩詞合觀。

1. 以「理」釋太極

朱子主張以「理」釋「太極」。他說：

太極只是天地萬物之理。(《語類》卷1，頁1。)

太極只是一個「理」字。(《語類》卷1，頁2。)

太極無形象，只是理。　《語類》卷94，頁2366。

將『有』字訓『太』字不得。太極只是個理。(《語類》卷94，頁2370。)

在朱子，「理也者，形而上之道也，生物之本也；氣也者，形而下之器也，生物之具也」〔註50〕之理氣二分的理論架構、形上形下的道器關係下，『太極』一概念，實屬於形而上的「理」之層次。然而朱子論「太極」之實義猶不僅於「理之極致耳」〔註51〕一義，他還說：

所謂「太極」云者，合天地萬物之理而一名之耳。(《文集》卷七十八〈隆興府學濂溪先生祠記〉)

總天地萬物之理，便是「太極」。(《語類》卷94，頁2375。)

此即進一步言之，太極之爲「理」，此「理」是「合天地萬物之理而一名之」，是「總天地萬物之理」。這又是什麼意思呢？

唐君毅先生曾分析說：朱子所謂的「理」，有兩義：一爲「形式之理」，一爲「統體之理」。前者爲萬物所各具之理，或一事一物之極至之理，物有許多，理亦有許多。但此不同之理乃是統體之理之表現於一物者，亦即其所以呈現爲萬理、眾理之「多」，乃是同一極至之理對應於個別存在之然所顯現的「多相」，非眞有相隔不同之萬理；至於後者則是指天地萬物的生生之原，是事物之創生所以可能之原則、根據，此處言「合」、言「總」不是指眾理或萬理的累積總和，而是在說明一切不同事物所以得生而存在之「共同眞因」之所在，即宇宙萬化之究竟本源，故此理名爲「統體之理」。〔註52〕（此一課題將詳於本章文末論「理一分殊」在形上學、理氣論的意涵一段落）

而「太極」之爲「理」，正屬於「統體之理」，蓋朱子視「太極」爲「萬

〔註50〕《文集》卷五十八〈答黃道夫〉書一（天地之間）

〔註51〕《文集》卷三十七〈答程可久〉書三（太極之義）

〔註52〕唐君毅：《中國哲學原論 導論篇》，頁465～467。

化之根」〔註53〕，爲「造化之樞紐，品彙之根柢」〔註54〕。此外，也可以用「道體之至極」〔註55〕名「太極」。

2. 無形而有理

至於，何必一定要言「無極」呢？朱子認爲：

「無極而太極」蓋恐人將太極做一個有形象底物看，故又說「無極」，言只是此理也。（《語類》卷94，頁2365。）

曰：「上言無極，下言太極。竊疑上言無極無窮，下言至此方極。」

曰：「無極者，無形；太極者，有理也。周子恐人把作一物看，故云無極。」（《語類》卷94，頁2366。）

若說「太極」一詞的提出，是在《易經》〈繫辭傳〉中有所根據的，然而「無極」一詞卻出於道家經典《老子》第二十八章「復歸於無極」，這一點不禁起人疑竇，令儒家學者望之卻步。但朱子反而認爲「無極」二字，正是「周子灼見道體，迥出常情，不顧旁人是非，不計自己得失，勇往直前，說出人不敢說底道理，令後之學者，曉然見得太極之妙，不屬有無，不落有方體。」〔註56〕意即周子恐人將作爲萬化之根源、造化之樞紐的「太極」，錯認爲一形而下之有形狀、有方所的器物，故勇往直前，直接奪取道家之詞語而灌注儒家之形上智慧。因而也就是說，濂溪使用「無極」一詞只是作爲對道體（太極）的形容，是對於道體之「遮詮」〔註57〕，旨在說明此萬化之源「實無形象之可指」〔註58〕，非形而下有形狀、有方所之器物。故「無極而太極」一語便是言「無形象，然卻實有此理」〔註59〕，換言之，即是無形而有理。

除了使用「無形」來說明「無極」一詞的意義外，朱子也用「無聲無臭」一詞。然其意義大抵相同，只是此語於經典有據，見《中庸》第三十三章，引《詩經·大雅》〈文王〉篇，故爲朱子所喜用。

〔註53〕《文集》卷三十六〈答陸子美〉書一（伏承示喻）；朱子也曾說：「聖人謂之『太極』者，所以指夫天地萬物之根也。」（《語類》卷94，頁2366。）

〔註54〕朱熹：〈太極圖說解〉

〔註55〕《文集》卷三十六〈答陸子靜〉書五（十一月八日熹頓首再拜）

〔註56〕《文集》卷三十六〈答陸子靜〉書五（十一月八日熹頓首再拜）

〔註57〕牟宗三：《心體與性體（一）》，頁358～359。然牟先生稱「無極」是「無有窮極之遮狀字」，而「無極而太極」一句，可以表述爲：那無限定的而一無所有者但卻亦即是極至之理。此與朱子所謂「無形」，似稍有不同。

〔註58〕《文集》卷四十五〈答廖子晦〉書十八（前此屢辱貽書）

〔註59〕《語類》卷94，頁2365。

周子所謂「無極而太極」，非謂太極之上別有無極也，但言太極非有
物耳。如云「上天之載，無聲無臭」。故云「無極之眞，二五之精」。
既言無極，則不復舉太極也。若如今說，則此處豈不欠一「太極」
字耶？（《語類》卷 94，頁 2366。另見《文集》卷四十九〈答王子
合〉書十三（聖人以此洗心））

聖人謂之「太極」者，所以指夫天地萬物之根也。周子因之而又謂
之「無極」者，所以著夫無聲無臭之妙也。（《文集》卷四十五〈答
楊子直〉書一（承喻太極之說））

上天之載，無聲無臭，而實造化之樞紐，品彙之根柢也。故曰：「無
極而太極。」非太極之外，復有無極也。（〈太極圖說解〉）

理清朱子所理解的「無極而太極」後，接踵而來的問題是，朱子「無形而有
理」的詮釋確實符應於其強調形上、形下之兩層區分的思考理路，但是若依
朱子的詮釋原則——內證法〔註 60〕來看，周子《通書》中並無言及「無極」
一詞，也沒有明言形而上的「理」一概念，則朱子的詮解是否眞能相應於周
子的原意呢？

　　當代研究者在這一問題上，主要有三種觀點，第一種主張濂溪的思想與道
家（或道教）有密切的關係，如說「無極而太極」便是無生有，所以不同於朱
子之說。或者〈太極圖〉之圖式源於道教修煉法門，濂溪吸取道教正反順逆的
思維方式以解說自己的理學思想，此說可以束景南先生爲代表〔註 61〕。再者是
強調濂溪言「太極」一詞屬於「氣」之概念（未分化的、渾沌的原始物質），故
與朱子之說截然不同，此說可以陳來先生爲代表〔註 62〕。第三種，即牟宗三先
生的主張，他認爲朱子解「無極而太極」大體不差，此說可合於濂溪的思想，
但是朱子對道體（太極、理）的體悟有偏差——只是超越的所以然之理，卻無
創生妙運之神用，故仍不可說其相應於周子〔註 63〕。

　　第一說涉及濂溪思想的淵源問題，而後兩說則涉及「太極」究竟是「理」，

〔註 60〕此「內證法」一詞引自鄭吉雄：〈周敦頤《太極圖》及其相關詮釋問題〉，《易
　　　　圖象與易詮釋》，頁 273～275。
〔註 61〕束景南：《朱子大傳》（北京：商務印書館，2003 年版），頁 293～294。關於
　　　　對濂溪思想的淵源問題與束氏說法的回應，參考鄭吉雄：〈周敦頤《太極圖》
　　　　及其相關詮釋問題〉，《易圖象與易詮釋》，頁 264～287；254。
〔註 62〕陳來：《朱子哲學思想研究》（上海：華東師範大學出版社，2000 年），頁 100；
　　　　《宋明理學》（上海：華東師範大學出版社，2003 年），頁 39。
〔註 63〕牟宗三：《心體與性體（一）》，頁 369～371；409～410。

還是「氣」的爭論（牟先生之說更是深微地涉及到周、朱兩人對道體（理）的體會問題），筆者以為若跳脫這些問題，單就濂溪之著作來看，則唐君毅先生的說法甚值得參考。他認為〈圖說〉之「太極」相當於《通書》之「誠」，這一點是同於朱子的，但他主張理解濂溪的說法可以暫不涉及「理」、「氣」等概念，則太極「乃止於言其為一萬物之生生及聖人之道之本原，真實存在之『天道之誠』」，至於「無極之一名，則蓋唯所以表狀此太極之「超於一般所謂思想行為之上」，而為『無思無為』者。」〔註64〕

　　筆者此處較支持唐先生的說法的主要理由是，如此理解濂溪的思想，有助於我們探問在朱子的義理系統中何以必言「太極」？何以必須指出太極是「理」，是「總天地萬物之理」？何以必須強調無極乃「無形」，以進一步說明太極之理？

　　唐先生認為朱子逕謂太極為理，是為了「使二程之言性理，與周子之言太極，重相涵接」〔註65〕，陳榮捷也說：「朱子繼承二程理之哲學而發展之，加以氣之概念。不得不採用太極之說以明理之意義與理氣之關係。于是取〈太極圖說〉而表彰之。」〔註66〕筆者以為唐先生與陳先生之說極是，惟在筆者的理解中，可以再稍加說明的是，朱子之所以重視「無極」一詞，正在於此二字突顯出太極之理的超越性，以及此二字明白點出朱子所欲堅持的形上、形下之區分。不過，在「無極而太極」一句的詮釋中，仍尚未涉及理氣之關係，欲於此方面有所了解，則需至詮釋「太極動而生陽」一段時始將充分展開。

二、太極動而生陽

　　〈圖說〉中「太極動而生陽」一段，全文作：「太極動而生陽，動極而靜，靜而生陰，靜極復動，一動一靜，互為其根；分陰分陽，兩儀立焉。」但朱子並非順著文本從「太極」直貫地說下來，他在詮釋這段文字時，作了一個特殊的安排，即將太極與陰陽、動靜拆開來看，而陰陽與動靜又另有安排，一者以位言，一者以時言〔註67〕。就動靜言，是「動極而靜，靜極復動，一

〔註64〕唐君毅：《中國哲學原論 導論篇》，頁428～438。
〔註65〕唐君毅：《中國哲學原論 導論篇》，頁452。
〔註66〕陳榮捷：〈宋明理學中的「太極」觀念〉，《新儒學論集》（臺北市：中研院文哲所，1995年），頁39。
〔註67〕《語類》卷94，頁2367。

動一靜，互爲其根。」就陰陽言，則「動而生陽，靜而生陰，分陰分陽，兩
儀立焉。」

　　在進行這一重新的編排後，朱子提示了三個理解關鍵：一者，「太極，形
而上之道也；陰陽，形而下之器也」；再者，「動靜無端，陰陽無始」；最後是
「太極者，本然之妙也；動靜者，所乘之機也」〔註68〕。

1. 理氣不離不雜

　　首先，在第一點中，朱子藉由《易》〈繫辭上傳〉第十二章「形而上者謂
之道，形而下者謂之器」來（依《周易本義》分章）區別太極與陰陽的不同，
形而上者屬理，形而下者屬氣，這一分際萬不可混擾，朱子認爲對此區分的
必要性，大程子說得極爲明白。

> 「形是這形質，以上便爲道，以下便爲器，這個分別得最親切，故
> 明道云：『惟此語截得上下最分明』。」（《語類》卷75，頁1935。）

雖然朱子此處徵引明道之言，可以說是合於明道之義，但對於明道與朱子兩
人對「道、器關係」的體會，我們亦當特別留意。蓋明道總在言道、器之分
別後，接著說：「元來只此是道，要在人默而識之也」〔註69〕、「器亦道，道
亦器」〔註70〕，此可見明道實際上已將分解的表示融於圓頓的表示中，因而
其所體會的「道、器關係」係屬於圓融不二的相即〔註71〕，而與朱子重分解
的表示，繼之言「理氣不離不雜」容或有不同。蓋朱子有言：

> 陰陽，氣也，形而下者也。所以一陰一陽者，形而上者也。道，即
> 理之謂也。（《通書注》〈誠上　第一〉）
> ○此所謂無極而太極也，所以動而陽、靜而陰之本體也。然非有以
> 離乎陰陽也，即陰陽而指其本體，不雜乎陰陽而爲言耳。（〈太極圖
> 解〉）

朱子此處顯然是承程伊川「道非陰陽也，所以一陰一陽道也」〔註72〕來說明
「道」（理）之於陰陽氣化的意義與地位。

　　朱子指出，《易》〈繫辭上傳〉第五章有「一陰一陽之謂道」一句，聖人
不說「陰陽之謂道」，而「只說『一陰一陽』，便見得陰陽往來循環不已之意」

〔註68〕以上三點均引自〈太極圖說解〉
〔註69〕《二程集・遺書》卷十一，頁118。
〔註70〕《二程集・遺書》卷一，頁4。
〔註71〕牟宗三：《心體與性體（二）》，頁25～27；43～44。
〔註72〕《二程集・遺書》卷三，頁67。

〔註 73〕，此正表示「陰陽是氣，不是道，……所以循環者乃道也。」〔註 74〕換言之，聖人但云『一陰一陽』正在指示學者當明瞭，陰陽不是道，道是陰陽迭運之所以然之理，是一陰一陽循環不已之所以可能的根據，而橫渠言：「由氣化，有『道』之名」亦正同於此意，只是橫渠「以虛為理」，而朱子認為「虛卻不可謂之理，理則虛爾。亦猶『敬則虛靜，不可把虛靜喚作敬』。」〔註 75〕在此理解下，朱子所謂的「所以然之理」〔註 76〕便可名之曰「存在之理」或「實現之理」〔註 77〕。

至於第二條引文中，朱子明白地言及他對「理氣關係」的看法。朱子曾向他的學生提醒：「『非有離乎陰陽也。即陰陽而指其本體。不雜乎陰陽而為言也。』此句自有三節意思，更宜深考。」〔註 78〕這裡所謂的三節意思便是：

（1）理氣不雜

蓋「所謂理與氣，此決是二物。但在物上看，則二物渾淪，不可分開各在一處，然不害二物之各為一物也。」〔註 79〕這是說理是形而上，氣是形而下者，兩者不可混雜。

（2）理氣不離

朱子說：「道未嘗離乎器，道亦只是器之理。……理只在器上，理與器未嘗相離。」〔註 80〕何以必如此？乃是因為「有這氣，道理便隨在裡面；無此氣，則道理無安頓處。」〔註 81〕總之，理必寓於氣，離了氣，便無掛搭處。

〔註 73〕 《語類》卷 74，頁 1896。
〔註 74〕 《語類》卷 74，頁 1896。
〔註 75〕 《語類》卷 74，頁 1896。
〔註 76〕 朱子對「理」之意義最清楚的說明，應是「天下之物，則必各有所以然之故，與其所當然之則，所謂理也。」見《大學或問》（上），頁 8。
〔註 77〕 牟宗三：《心體與性體（一）》，頁 89。
案：此說與上所引述唐君毅先生所說並不衝突，蓋唐氏所說「形式之理」與「統體之理」乃是就「眾理」（分殊之理）與「太極」（理一之理）所作的簡別。而牟先生所謂的「存在之理」是就朱子所言之「理」的意義說，則「形式之理」與「統體之理」皆可謂「存在之理」。
復次，牟先生又強調雖直貫與橫攝系統皆可說「存在之理」（實現之理），但直貫系統（以明道為代表）是從本體直貫說；而橫攝系統（以朱子為代表）則是從存在上推說，故兩者仍有別（見牟宗三：《心體與性體（一）》，頁 82～84。）。
〔註 78〕 《語類》卷 94，頁 2368。
〔註 79〕 《文集》卷四十六〈答劉叔文〉書一（所謂理與氣）
〔註 80〕 《語類》卷 77，頁 1970。
〔註 81〕 《語類》卷 60，頁 1430。

（3）即陰陽而指其本體

因理必寓於氣，故「言物，則理自在，自是離不得」〔註82〕。又「所謂實體，非就事物上見不得」〔註83〕，是故「事事物物，皆有其理；事物可見，而其理難知」，因此當「即事即物，便要見得此理」〔註84〕。

2. 氣化流行之無端、無始

復次，在此道、器區別，理氣二分，形上形下有別的基礎上，若先單就陰陽之氣化活動說，則〈太極圖說〉中言：「（太極）動而生陽，動極而靜，靜而生陰」，似乎在表示其起始點爲「動」、爲「陽」，而後乃有「靜」與「陰」。但朱子認爲這樣的理解是錯誤的，他指出：「這不可說道有個始」〔註85〕，也就是說，「今以太極觀之，雖曰『動而生陽』，畢竟未動之前須靜，靜之前又須是動。推而上之，何自見其端與始！」〔註86〕

> 陰陽本無始，但以陽動陰靜相對言，則陽爲先，陰爲後；陽爲始，陰爲終。猶一歲以正月爲更端，其實姑始於此耳。歲首以前，非截然別爲一段事，則是其循環錯綜，不可以先後始終言，亦可見矣。（《語類》卷94，頁2377。）

> 「太極動而生陽，靜而生陰。」非是動而後有陽，靜而後有陰，截然爲兩段，先有此而後有彼也。只太極之動便是陽，靜便是陰。方其動時，則不見靜；方其靜時，則不見動。然「動而生陽」，亦只是且從此說起。陽動以上，更有在。程子所謂「動靜無端，陰陽無始」，於此可見。（《語類》卷94，頁2373。）

朱子引伊川「動靜無端，陰陽無始」〔註87〕之語來說明：「不可分先後，今只

朱子對此一觀點的表述甚夥，如「理是虛底物事，無那氣質，則此理無安頓處。」（《語類》卷74，頁1896。）「理又非別爲一物，即存乎是氣之中；無是氣，則是理亦無掛搭處。」（《語類》卷1，頁3。）「何故卻都不看有此理後方有此氣？既有此氣，然後此理有安頓處。」（《文集》卷五十八〈答楊志仁〉（兩書所喻存養工夫））

〔註82〕《語類》卷15，頁289。
〔註83〕《語類》卷15，頁288。
〔註84〕《語類》卷75，頁1935。
〔註85〕《語類》卷94，頁2377。
〔註86〕《語類》卷94，頁2376。
〔註87〕《二程集·經說》卷一，頁1029。全文作：「道者，一陰一陽也。動靜無端，陰陽無始。非知道者，孰能識之？動靜相因而成變化，順繼此道，則爲善也；成之在人，則謂之性也。在眾人，則不能識。隨其所知，故仁者謂之仁，知

就起處言之，畢竟動前又是靜。」〔註88〕在朱子的看法中，若就萬物生生化化之相續歷程來看，氣化流行乃是循環不已的，此正顯天道生生之大德，所以「今之所謂動者，便是前面靜底末梢。其實靜前又動，動前又靜，只管推上去，更無了期，所以只得從這處說起。」〔註89〕於是乎，〈太極圖說〉始言「動」，復言「靜」只是一權說，姑且從這裡說起，萬不可執實看待。

倘若以為必有個開端處，則將引人不斷地由果追因，追問開始之前又是什麼？此將陷入無窮後返之迷思；或者既然說有一開始，則是否也有終了之際呢？朱子對這一問題是有切身感受的，他曾回憶自己在五、六歲時曾誤入此空洞的追問中，導致「思量得幾乎成病」〔註90〕。

故朱子對此天地萬物之根源的探問，最終轉而強調當「先從實理處說起」，即當先肯定一「生生不已之所以可能的超越根據」以為萬化之本，朱子說：

> 如「易有太極，是生兩儀」，則先從實理處說。若論其生則俱生，太極依舊在陰陽裏。但言其次序，須有這實理，方始有陰陽也。其理則一。雖然，自見在事物而觀之，則陰陽函太極；推其本，則太極生陰陽。（《語類》卷75，頁1929。）

所謂「生生不已之所以可能的超越根據」，在朱子而言，便是理、太極、道。

故若單就氣化之生生（陰陽、動靜）言，可理解為：動與靜的相互循環是沒有間斷的，陰與陽的相互消長運化是沒有窮盡的。朱子在《通書注》〈動靜 第十六〉章也提出「動中有靜，靜中有動」、「一動一靜，其運如循環之無窮」，皆同於此義。朱子這一觀點的提出，應該於濂溪之說有據，蓋〈圖說〉言「一動一靜，互為其根」，朱子此說應是合理的發揮。

因此朱子強調當「先從實理處說起」，肯定一「生生不已之所以可能的超越根據」以為萬化之本。

惟此處牽涉到朱子理氣論中「理先氣後」、「理生氣」等說，此則牽連甚廣，當代研究亦多有討論〔註91〕，但此非本文之重心所在，故僅止於此。

　　　者謂之知，百姓則由之而不知。故君子之道，人鮮克知也。」
〔註88〕《語類》卷1，頁1。
〔註89〕《語類》卷74，頁1896。
〔註90〕《語類》卷94，頁2377。
〔註91〕關於「理氣先後」問題，馮友蘭先生主：「就存在說，理氣是互相依存的。……但朱熹仍然認為，照理論上說應該還是理先氣後，……先後問題就是本末問

3. 太極與氣之動靜

在〈圖說〉第二段文字的詮釋中，朱子對形上、形下作一區隔，以突顯「理」（太極）的超越性，又藉「一陰一陽之謂道」來說明理氣不離不雜的關係；再者，強調「動靜無端，陰陽無始」一觀點，以指點對天地萬化之本的體悟進路。前者可說是本於程子之言；後者則可於濂溪之說中尋得根據，故將這兩點視爲對濂溪義理思想之發展應無不可。但問題是，朱子在詮釋這段文獻時，何以不從「「太極」動而生陽」直貫地說下來，而必有此一曲折（將太極與陰陽、動靜拆開來看）呢？

這一點就嚴重地關係到朱子與濂溪思想之不同的問題。蓋濂溪言「太極動而生陽，動極而靜，靜而生陰，靜極復動，一動一靜，互爲其根；分陰分陽，兩儀立焉。」動靜一概念所對的主詞皆是指「太極」，故此動靜可說是太極之動靜，而《通書》〈動靜 第十六〉章有言：「動而無靜，靜而無動，物也。動而無動，靜而無靜，神也。動而無動，靜而無靜，非不動不靜也。」此段正可作爲「太極」之動靜的註腳，意即太極之動靜乃「動而無動，靜而無靜」，所謂「動而無動」是說太極之動乃動而不顯動相；所謂「靜而無靜」是說太極之靜乃靜而不顯靜相。因爲一有動靜相便淪爲一「物」而有所限定了。

題，理是本，氣是末，……這樣的在先就是所謂邏輯的在先。」（馮友蘭：《中國哲學史新編（下卷）》（北京：人民出版社，2004 年重印），頁 188。）陳來先生在《朱子哲學研究》第三章〈理氣先後〉，對朱子理氣論作了一番歷史發展的考察，最後也同樣歸結爲「朱熹關於理氣先後的『晚年定論』是邏輯在先說。」（陳來：《朱子哲學思想研究》，頁 99。）但唐君毅先生認爲取證於人之道德生活，則恆是先知一當然之理，而後志氣隨之，此便足以證明理之呈現在先，氣之隨從於後，故此先後乃形而上之先後，非邏輯上之先後。（唐君毅：《中國哲學原論 導論篇》，頁 484。）至於牟宗三先生的說法又稍異於此，他說：「『先』只是本義。本當該先在。此先在不只是邏輯的先在，而且是形而上的先在。」（牟宗三：《心體與性體（三）》，頁 507。）

關於「理生氣」一說，此語的出處考證可參陳來：〈朱學雜考三、「理生氣」考〉，《中國近世思想史研究》（北京：商務印書館，2003 年），頁 201～203；然陳榮捷先生對該考證中，對於今本黎德靖編《朱子語類》不收此條語錄，有不同的看法，見陳榮捷：〈（三七）「理生氣也」〉，《朱熹新探索》（臺北市：臺灣學生書局，1988 年），頁 243～245。至於此語的義理詮釋，唐君毅先生說：「此生原不同於母之生子，或一前提之生其結論之生，而只是依之而生之義。」（唐君毅：《中國哲學原論 導論篇》，頁 486。）也就是說，理之生氣，即氣之依理而生，依理而行。

　　但這種理解方式，卻絕對不被朱子所接受。因為在朱子嚴於形上、形下的區分之理路下，他認為：「『形而上者』是理；才有作用，便是『形而下者』。」〔註92〕因此舉凡運動造化者皆屬於「氣」之層次，至於「理」乃是超越乎其上，為「無情意，無計度，無造作」〔註93〕者。故當學生發揮朱子的觀點說：「太極只是理，理不可以動靜言，惟『動而生陽，靜而生陰』，理寓於氣，不能無動靜所乘之機。乘，如乘載之『乘』，其動靜者，乃乘載在氣上，不覺動了靜，靜了又動。」朱子便慨然地應允了〔註94〕。

　　朱子也曾致書楊子直討論太極之動靜的問題，此函甚具代表性。朱子說：

　　　　熹向以太極為體，動靜為用，其言固有病，後已改之曰：「太極者，本然之妙也；動靜者，所乘之機也」，此則庶幾近之。……蓋謂太極含動靜則可，以本體而言也。謂太極有動靜則可，以流行而言也。若謂太極便是動靜，則是形而上下者不可分，而「易有太極」之言亦贅矣。

　　　　（《文集》卷四十五〈答楊子直〉書一（承喻太極之說））

朱子立言之初，嘗以「太極為體，動靜為用」，此便表示太極本身可以有動靜之用。但他後來認為此語有病，而修改為「太極者，本然之妙也；動靜者，所乘之機也」。因為在貫徹形上形下一區分之思路下，陰陽、動靜均屬於有作用（循環不已）、有形迹的形下之「氣」，而「理」則是超越乎其上，為其存在之根據者，是氣之所以動靜之理，故理本身不可以動靜言，換言之，太極無所謂動靜，動靜者是氣。

　　朱子進一步想要說明的是太極與動靜的關係，他強調「太極者，本然之妙也；動靜者，所乘之機也」。但這句話，又該如何理解呢？

　　　　問「動靜者，所乘之機。」曰：「理搭於氣而行。」（《語類》卷94，頁2376。）

　　　　問「動靜者，所乘之機」。曰：「太極，理也；動靜，氣也。氣行則理亦行，二者常相依而未嘗相離也。太極猶人，動靜猶馬；馬所以載人，人所以乘馬。馬之一出一入，人亦與之一出一入。蓋一動一靜，而太極之妙未嘗不在焉。此所謂『所乘之機』，無極、二五所以『妙合而凝』也。」（《語類》卷94，頁2376。）

〔註92〕《語類》卷75，頁1936。
〔註93〕《語類》卷1，頁3。
〔註94〕《語類》卷94，頁2370。

第二條引文中，朱子很清楚地劃分太極爲「理」，動靜爲「氣」。「所乘之機」此「機」便是指陰陽二氣消長迭運與動靜相生、互爲其根之「氣機」流行〔註95〕，而乘此動靜之氣機者乃是「理」，是理搭著氣而行，就好比人騎馬一般，朱子說：「理搭在陰陽上，如人跨馬相似。」〔註96〕馬之出入進退，便如氣機之動靜。此說也正符合朱子理寓於氣之中，理氣不離之義。

　　猶可注意者乃是後儒曾有疑朱子此「人馬之喻」恐落入死人騎活馬、死理乘活氣的觀點，明·曹端說：

> 朱子之解極明備矣，其曰：「有太極，則一動一靜而兩儀分；有陰陽，則一變一合而五行具」，尤不異焉。及觀《語錄》，卻謂：「太極不自會動靜，乘陰陽之動靜而動靜」耳，遂謂理之乘氣「猶人之乘馬，馬之一出一入，而人亦與之一出一入」，以喻氣之一動一靜，而理亦與之一動一靜。若然，則人爲死人，而不足以爲萬物之靈；理爲死理，而不足以爲萬化之原，理何足尚而人何足貴哉？今使活人乘馬，則其出入、行止、疾徐，一由乎人馭之何如耳。活理亦然。（《曹端集》卷一〈辨戾〉）〔註97〕

曹端認爲朱子〈太極圖說解〉符合周子〈太極圖說〉之原意（太極爲理），但他發現〈圖說解〉與《朱子語類》所載小有出入，尤其《語類》中強調「太極不自會動靜」，故以人馬之喻，譬解理隨氣之動靜而有動靜。然而如此一來，理將落入被動地隨附於氣機之鼓動而活動，則恐失去其本身主導、統馭之作用。所以他認爲這樣的說法無疑是死人騎活馬，死理乘活氣。故他特爲文辨此段紀錄之乖戾。

　　曹端此反省極爲深刻，確實點出了朱子人馬之喻當中可能隱含的問題，即理若無主宰性，便淪落於隨氣機鼓盪而動。他的解決方式是突出理對於氣的主宰、駕馭之作用。但此處，筆者的問題是朱子之說是否眞的有此不足？

　　筆者以爲若回到〈答楊子直〉一書中來看，或許可以在朱子之說中找到一些解決的線索。在該函中，朱子說：「謂太極含動靜則可 以本體而言也 ，謂太極有動靜則可， 以流行而言也」，筆者以爲值得注意的是「含動靜」與「有動靜」兩者之分別。

〔註95〕　《語類》卷94，頁2376。
〔註96〕　《語類》卷94，頁2374。
〔註97〕　（明）曹端著，王秉倫校點：《曹端集》（北京：中華書局，2003年）卷一〈辨戾〉，頁23～24。

　　以筆者看來，以流行而言，太極之「有動靜」，是著眼於理寓於氣之中，如道之體現於陰陽二氣之動靜交錯的運行過程中。所謂的「有動靜」是指表現於氣之上的理隨氣之動靜而有動靜。牟宗三先生說：「此『有』是『因氣之動靜統馭於太極，故太極領有之』之『有』。」〔註98〕從此方面論，即是「太極乘動靜相生之機」。人馬之喻的譬解正是在這一說法下所提出的。

　　而另一方面，以本體而言，太極之「含動靜」，是指太極含動、靜之理（在朱子的義理系統中可說太極函、具眾理），正因為理是氣之動靜的所以然，故「有這動之理，便能動而生陽；有這靜之理，便能靜而生陰」〔註99〕，從此方面論，即是「理有動靜，故氣有動靜」〔註100〕。

　　因此，朱子論太極與氣之動靜，可從兩方面立論：一者著眼於理掛搭於氣之中，而說理「有動靜」；一者是著眼於理是氣化活動之所以然，而說理「含動靜」，故氣化活動有動靜。總之，太極是既超越乎氣之動靜之上，為其所以然之理，又內在於氣之動靜相生之機中，乘此機而行〔註101〕。從這兩路來回詮釋，應該較能照顧到朱子論太極與氣之動靜的相關文獻，也合於朱子論理氣不離不雜、即陰陽而指其本體的觀點。

　　若朱子之論太極與氣之動靜可以做以上的理解，則曹端的擔憂與疑慮，以及對理是氣之動靜的根據（人主動馭馬而非只是被動乘馬）一義之強調，並非代表朱子之說有不足，反而恰能反映出「理（太極）作為氣之動靜的所以然」一義在朱子的義理思想中的重要性。

　　但是透過這一曲折的詮解，也將朱子義理思想中，因為「理不可以動靜言」，故必須對太極與氣之動靜作一番重新的安排，而與周子〈太極圖說〉直就「太極之（有、能）動靜」立論的差異表露無遺。

〔註98〕牟宗三：《心體與性體（一）》，頁375。

〔註99〕《語類》卷94，頁2373。

〔註100〕《文集》卷五十六〈答鄭子上〉書十四（太極圖曰）
　　　　案：筆者對朱子論太極與氣之動靜可以有兩方面的詮釋，乃本張學智先生之說而發揮。見張學智：《明代哲學史》（北京：北京大學出版社，2000年），頁3～5。

〔註101〕唐先生對此「乘」字，有特別的體會，他說：「乘字又涵有超越其上之義，……可見太極雖乘此動靜之氣機，而實未黏附於氣，亦非復只為隨氣之動靜而動靜；而得恆位居於氣之動靜之上，以保持其超越性；而太極之理，即為活理。」此說頗值得參考。見唐君毅：《中國哲學原論　導論篇》，頁474。

此外，著眼於朱子討論〈圖說〉的「主靜立人極」一語〔註102〕，亦可以看出朱子在詮釋濂溪之說時加入了自己的觀點。根據濂溪之自注語「無欲故靜」、《通書》〈聖學 第二十〉章「一者無欲也，無欲則靜虛、動直」以及〈養心亭說〉「予謂養心不止於寡焉而存耳，蓋寡焉以至於無，無則誠立明通」，則「無欲」的修養方法是指從欲望的紛雜中跳脫出來，不受感性欲望之影響，而主動要求自己的內心純粹。這一觀點可通於朱子存天理去人欲的工夫，但朱子仍擔憂只言「靜」字恐使人偏向一邊，或使人誤以為是「虛靜」而混同佛老之學。所以他說：「『靜』字只好作『敬』字看」〔註103〕，且特別標舉伊川「敬則自虛靜，不可把虛靜喚做敬」〔註104〕一語，用朱子所理解的「敬」一工夫來預防單言「靜」字所可能造成不必要的誤解。朱子甚至推測這應該也是伊川以「敬」取代周子言「靜」的意義之所在。因此朱子有言：「程子是怕人理會不得他『靜』字意，便似坐禪入定。」〔註105〕

> 「聖人定之以中正仁義而主靜」，正是要人靜定其心，自作主宰。程子又恐只管靜去，遂與事物不相交涉，卻說個「敬」，云：「敬則自虛靜。」須是如此做工夫。（《語類》卷94，頁2385。）

在此一觀點下，朱子於〈太極圖說解〉注「君子修之吉」一段，特別說：

> 修之悖之，亦在乎敬肆之閒而已矣。敬則欲寡而理明，寡之又寡，以至於無，則靜虛動直，而聖可學矣。

此處朱子也引用到《通書》的「靜虛動直」一語來進行〈太極圖說〉與《通書》的互證，不過，他將工夫的下手處落實在「敬」字上，說「敬則欲寡而理明」，而「理明」二字也隱含了朱子的格物窮理之工夫。此無疑又是朱子在

〔註102〕案：朱子在詮釋此一句話時，也有將此句連同上文「聖人定之以中正仁義」之『中正仁義』一起看的觀點，《語類》卷九十四載，朱子分析『中正仁義』說：「中正仁義分屬動靜」，則「中仁是動，正義是靜」，故「主靜者，主正與義也」，即「主靜，是以正與義為體，中與仁為用。」（見《語類》卷94，頁2383～2485。）但此說甚難看出朱子如此詮釋之意義，故筆者暫不採用，僅附記於此。

又當代的研究中，若主張〈太極圖（說）〉與道教的內丹修煉有瓜葛者，則多認為「主靜而立人極」一語是指相對於順向的萬物化生之逆向的復歸無極之修養（煉）工夫。如楊儒賓先生便作此一詮釋。見楊儒賓：〈宋儒的靜坐說〉，《台灣哲學研究》第四期（2004.03），頁49。

〔註103〕《語類》卷94，頁2385。
〔註104〕《二程集》卷十五，頁157。
〔註105〕《語類》卷94，頁2386。

詮釋過程中加入了自己的修養工夫觀點。

在〈太極圖〉的詮釋中，朱子特別引用「程子之言」來加以說明濂溪的話語，如在分別理氣兩者時，徵引明道「惟此語截得上下最分明」來加以強調；在言及道與陰陽的關係時，則採伊川「道非陰陽也，所以一陰一陽道也」之說；又如以伊川「動靜無端，陰陽無始」之語來體會陰陽之氣化。這也印證了朱子在肯定濂溪的「道學宗主」地位與強調周、程授受關係時，特別聲明二程乃得周子之傳，故其論性與天道之奧皆承周子之說。因而也就是說，朱子在對濂溪〈太極圖說〉的詮釋上不僅採用內證法，也以其所理解的二程思想來加以詮釋濂溪，以具體的證明周、程思想上的一致性。又在朱子的理解中，不僅周、程之間具有內在的一致性，且濂溪與橫渠，他們二位的思想也可以相融通，因此，最終可說北宋四子的思想乃是彼此相融貫的。以下我們將先來探討朱子如何指出周、張之間的共通處。

第三節　以「理一分殊」說見周、張之相通處

「理一分殊」一語是伊川在回答楊時懷疑〈西銘〉一文首先提出來的。此語被朱子奉為理解〈西銘〉一文的圭臬，朱子說：「熹竊謂〈西銘〉之書，橫渠先生所以示人至為深切，而伊川先生又以『理一分殊』者贊之，言雖至約，而理則無餘矣。」〔註106〕然值得注意的是，〈西銘〉一文當中實無「理一分殊」一語，是以此語是否全然契合〈西銘〉的本旨當然可以討論。

且若參照朱子對〈太極圖說〉的詮釋原則，又會發現兩者之間有很大的差異。朱子在詮釋〈太極圖說〉時，甚重視「內證法」，即將〈太極圖說〉與《通書》互證，強調以濂溪解濂溪，但在詮解〈西銘〉時則略於此原則的強調，這是為何呢？筆者以為這與朱子對橫渠《正蒙》一書頗有不滿有關，因其認為橫渠所見有差，所言有誤，故略於以橫渠之言解〈西銘〉，轉而採取伊川對後學的指點來掌握〈西銘〉一文的宗旨。

以下，筆者擬將焦點集中在〈西銘解〉與《朱子語類》卷九十八等相關的討論上，看朱子究竟如何詮解〈西銘〉一文，在具體的詮釋中，探討朱子針對該文本，為學者所揭示出來的義理內涵為何。

〔註106〕《文集》卷三十七〈與郭沖晦〉書二（易說云）

一、「理一分殊」說的承繼與發展

設若單就〈西銘〉一文之篇章結構而論，該文約略可分成兩大部分，前半在明天地乾坤爲人之大父母，故當以天下爲一家，視天下之民，猶如己之兄弟手足；天下之物，猶如己之友朋、黨與。後半則在明德性工夫之實踐，並列舉歷史上仁人聖賢以爲楷模。朱子也是這樣理解的，他說：

> 〈西銘〉一篇，首三句卻似人破義題。「天地之塞、帥」兩句，恰似人做原題，乃一篇緊要處。「民吾同胞」止「無告者也」，乃統論如此。「于時保之」以下，是做處。（《語類》卷98，頁2519。）

朱子認爲〈西銘〉一文，「大抵……前三句便是綱要」〔註107〕，甚至「一篇中錯綜此意」〔註108〕，至於「緊要血脈盡在『天地之塞吾其體，天地之帥吾其性』兩句上」〔註109〕。從「民吾同胞」到「無告者也」乃總論上半段之意。而「于時保之」以下便是修養工夫處。

1. 以乾坤爲大父母

但是朱子爲什麼主張〈西銘〉首三句「乾稱父，坤稱母，予茲藐焉，乃混然中處」具有如此重要之地位呢？何以又必以乾坤爲萬物之父母呢？

朱子在與陸九韶進行〈太極圖說〉與〈西銘〉之論辯時〔註110〕，陸氏便曾反對〈西銘〉混視天地之乾坤爲自家之父母。然而朱子認爲，言「乾稱父，坤稱母」，不是要把天道之乾坤視爲己身之父母，而導致忽略了自身之父母。〔註111〕朱子說：

> 人之一身，固是父母所生，然父母之所以爲父母者，即是乾坤。若以父母而言，則一物各一父母；若以乾坤而言，則萬物同一父母矣。萬物既同一父母，則吾體之所以爲體者，豈非天地之塞；吾性之所以爲性者，豈非天地之帥哉？古之君子惟其見得道理眞實如此，所

〔註107〕《語類》卷98，頁2527。

〔註108〕《語類》卷98，頁2522。

〔註109〕《語類》卷98，頁2520。

〔註110〕朱、陸（九韶）「太極」、〈西銘〉論辯的時間爲：淳熙十二年（乙巳1185年56歲至淳熙十四年丁未1187年58歲），參考陳來：《朱子書信編年考證》，頁239、257；束景南：《朱熹年譜長編》，頁817～819、864。

〔註111〕朱子說：「不可認是一理了，只滾做一看，這裏各自有等級差別。且如人之一家，自有等級之別。所以乾則稱父，坤則稱母，不可棄了自家父母，卻把乾坤做自家父母看。且如『民吾同胞』，與自家兄弟同胞，又自別。」（《語類》卷98，頁2524。）

> 以親親而仁民，仁民而愛物，推其所為以至於能以天下為一家，中國為一人，而非意之也。今若必謂人物只是父母所生，更與乾坤都無干涉，其所以有取於〈西銘〉者，但取其姑為宏闊廣大之言以形容仁體，而破有我之私而已，則是所謂仁體者全是虛名，初無實體，而小己之私卻是實理，合有方別。(《文集》卷三十六〈答陸子美〉書一（伏承示喻）)

朱子於〈西銘解〉中說：「乾者，健而無息之謂，萬物之所資以始者也；坤者，順而有常之謂，萬物之所資以生者也。」這是說「乾坤」者，乃天地之性情〔註 112〕，是萬物之所得以生生不息的本源，也是天地之所以成其為天地、父母之所以成其為父母的真正根據之所在，故人之藐然一身雖為父母所生，但究其本源，仍可說是本於天地之造化。是以就人為天地之子的身分而言，便可謂天地乾坤為大父母。又人與萬物並生於天地之間，同以天地為大父母，古之仁人君子於此一義真有所體會，故能有親親而仁民，仁民而愛物之覺潤無方的廣大心量，又能推擴此心見之於行事上，故最終得以天下為一家，中國為一人。橫渠〈西銘〉之作便是繼此精義而發。今日若只准言一身之父母，堅持人與乾坤了無干涉，則所肯定〈西銘〉一文者，只不過取其表面宏闊廣大之言罷了，對此實體、實理的體會反倒有所缺憾。

在《朱子語類》中復載，朱子強調橫渠下一「稱」字，便可見乾坤與父母是有別的，朱子說：「乾父坤母，固是一理；分而言之，便見乾坤自乾坤，父母自父母，惟『稱』字便見異也。」〔註 113〕可見乾坤與父母雖不容混而視之，但也不可因此而否定當以乾坤為大父母一義。

而以乾坤為萬物之父母，人為天地之子的觀點，在「天地之塞，吾其體；天地之帥，吾其性」二句中又可以得到更進一步的說明。

朱子指出「張子此篇，大抵皆古人說話集來」〔註 114〕，此兩句便是本於孟子「浩然之氣，塞乎天地」與「志，氣之帥；氣，體之充」而來，特取「塞」

〔註 112〕朱子在〈西銘解〉中分別天地與乾坤說：「天地其形體也，乾坤其性情也」。此外，《語類》中也載：「乾坤是性情，天地是皮殼，其實只是一個道理。」（《語類》卷 68，頁 1688。）「大率天地是那有形了重濁底，乾坤是他性情。其實乾道、天德，互換一般，乾道又言得深些子。天地是形而下者。只是這個道理，天地是個皮殼。」（《語類》卷 68，頁 1701。）
〔註 113〕《語類》卷 98，頁 2523。
〔註 114〕《語類》卷 98，頁 2520。

與「帥」兩字以爲此論，這裡正表現出「張子用字之妙處」。

> 問：「『天地之塞』，如何是『塞』？」曰：「『塞』與『帥』字，皆張子用字之妙處。塞，乃孟子『塞天地之間』；體，乃孟子『氣，體之充』者；有一毫不滿不足之處，則非塞矣。帥，即『志，氣之帥』，而有主宰之意。此〈西銘〉借用孟子論『浩然之氣』處。（《語類》卷98，頁2523。）

> 「天地之塞吾其體，天地之帥吾其性。」塞，如孟子説「塞乎天地之間」。塞只是氣。吾之體即天地之氣。帥是主宰，乃天地之常理也。吾之性即天地之理。（《語類》卷98，頁2520。）

意即天地之氣（氣），塞乎天地之間，而人物得以資之以爲體（形體之體）；天地之志（理），爲氣之帥，而人物之所得以爲性。朱子於〈西銘解〉中說：「人、物並生天地之間，其所資以爲體者，皆天地之塞；其所得以爲性者，皆天地之帥。」

　　朱子更有言道：「若不是此兩句，則天自是天，我自是我，有何干涉！」〔註115〕「若不是此二句爲之關紐，則下文言『同胞』，言『兄弟』等句，在他人中物，皆與我初何干涉！其謂之『兄弟』、『同胞』，乃是此一理與我相爲貫通。」〔註116〕也就是說，這兩句話之所以是〈西銘〉一篇之緊要血脈，乃是因爲它明白地道出人之所得之於天地者（理、氣），實同於萬物所得之於天者（在本源上說，詳於下文），故就吾人之爲天地之子的身分看，他人與萬物也同樣爲天地之子，因而由此便可體會到天與人之間並非斷裂，毫無交涉的兩極，且萬物與我、他人與自我的關係也是如此。

　　若謂橫渠〈西銘〉一文中對於人爲何當以天地萬物爲一體，而發父乾母坤、民胞物與之言，並未提出任何理據〔註117〕，則朱子顯然是「從萬物化生的形上學觀點」給出一個解釋，更重要的是，他認爲正因爲天地萬物皆由理、氣所構成，故天人、物我、人己之間乃得以相貫通，且又自然有一分際存在〔註118〕。所以他才會說若非指明天地之塞與天地之帥，則天人、人己

〔註115〕《語類》卷98，頁2521。

〔註116〕《語類》卷98，頁2523～2524。

〔註117〕勞思光：《中國哲學史（三上）》（臺北市：三民，2001年），頁172。

〔註118〕朱子說：「萬物雖皆天地所生，而人獨得天地之正氣，故人爲最靈，故民同胞，物則亦我之儕輩。孟子所謂『親親而仁民，仁民而愛物』，其等差自然如此。」（《語類》卷98，頁2520。）

更有何交涉。

從這兩段文字的解說，朱子對〈西銘〉的核心思想「理一分殊」說的觀點已經呼之欲出了。

2. 理一分殊之意涵

且說朱子在完成〈西銘解〉〔註119〕後，曾將初稿寄給同道中人以廣求意見，迨至乾道八年定稿之際，又作一〈論〉以回應各方意見，此文可分爲上下兩段（應非同時之作），第一段簡扼而精要地說明其對〈西銘〉一文的理解；第二段則主要是替楊時答辯，聲明楊時雖然於回覆伊川致書之際，對〈西銘〉仍有未釋然之處，但考之《語錄》所載晚年之語，則其對「理一分殊」一義言之甚精，故知龜山所見終不止於先前答書之觀點，切不可以此難龜山。以下便是該〈論〉上半段之內容。

> 論曰：天地之間，理一而已。然「乾道成男，坤道成女，二氣交感，化生萬物」，則其大小之分，親疏之等，至於十百千萬而不能齊也。不有聖賢者出，孰能合其異而會其同哉！〈西銘〉之作，意蓋如此。程子以爲明理一而分殊，可謂一言以蔽之矣。蓋以乾爲父，坤爲母，有生之類，無物不然，所謂「理一」也。而人、物之生，血脈之屬，各親其親，各子其子，則其分亦安得不殊哉！一統而萬殊，則雖天下一家、中國一人，而不流於兼愛之蔽；萬殊而一貫，則雖親疏異情、貴賤異等，而不梏於爲我之私。此〈西銘〉之大指也。

觀其推親親之厚，以大無我之公，因事親之誠，以明事天之道，蓋無適而非所謂「分立而推理一」者。……

無庸置疑的，朱子表現出其極度服膺伊川「理一分殊」之說，認爲這就是〈西銘〉一文的宗旨〔註120〕。而在此段文字中，筆者認爲，值得注意的有四個重要訊息：

〔註119〕〈西銘解〉寫作時間爲：初成於乾道六年（庚寅），定稿於乾道八年（壬辰）。參考束景南：《朱熹年譜長編》，頁 429～430、439～440；束景南：《朱子大傳》，頁 297～298。

〔註120〕當代學者研究中，認爲「理一分殊」非〈西銘〉之本旨的，亦不乏其人。如陳俊民先生便認爲「民胞物與的大同理想」才是〈西銘〉的眞正宗旨。（陳俊民：《張載哲學思想及關學學派》（北京：人民出版社，1986 年），頁 85～89。）又如丁爲祥先生認爲「天人合一」、「天人一體」才是〈西銘〉的根核觀念。（丁爲祥：《虛氣相即——張載哲學體系及其定位》（北京：人民出版社，2000 年），頁 169。）

（1）引用〈太極圖說〉「乾道成男，坤道成女，二氣交感，化生萬物」

（2）以乾爲父，坤爲母，有生之類，無物不然，所謂「理一」也。而人、物之生，血脈之屬，各親其親，各子其子，則其分亦安得不殊哉。

（3）一統而萬殊，則雖天下一家、中國一人，而不流於兼愛之蔽；萬殊而一貫，則雖親疏異情、貴賤異等，而不梏於爲我之私。

（4）因事親之誠，以明事天之道。

　　第一點極爲重要，因爲這關係到朱子理解〈太極圖說〉與〈西銘〉之相貫通處的關鍵，此且容待稍後討論。第二點與第三點，朱子則明白地表達出他所理解的「理一分殊」之旨。至於第四點則關係到如何理解〈西銘〉後半段的德性工夫與諸事例的問題〔註121〕。此處，我們先從第二點、第三點看起。

　　朱子認爲「以乾爲父，坤爲母，有生之類，無物不然」，這便是所謂的「理一」，換言之，所謂的「理一」是指萬物同爲天地所生，同以乾坤爲大父母，意即萬物同一本源，故可謂之「理一」。

　　至於「分殊」則是立基於現實存在上，人物之生各有其自身之父母，因此在具體實踐上，必有小大之分，親殊遠近之別。朱子在《文集》卷三十七〈與郭沖晦〉一書中也有同樣的說明。

> 蓋乾之爲父，坤之爲母，所謂理一者也。然乾坤者，天下之父母也。父母者，一身之父母也，則其分不得而不殊矣。故以民爲同胞，物爲吾與者，自其天下之父母者言之，所謂理一者也。然謂之民，則非眞以爲吾之同胞；謂之物，則非眞以爲我之同類矣。此自其一身之父母者言之，則所謂分殊者也。有況其曰同胞，曰吾與，曰宗子，曰家相，曰老，曰幼，曰聖，曰賢，曰顚連而無告，則於其中間又有如是差等之殊哉？但其所謂理一者貫乎分殊之中而未始相離耳。此天地自然古今不易之理，而二夫子始發明之，非一時救弊之言，姑以彊此而弱彼也。（《文集》卷三十七〈與郭沖晦〉書二（易說云））

〔註121〕因爲朱子的〈西銘解〉是一篇全面詮解〈西銘〉之作，當然與伊川因弟子之疑而發的「章旨之指點」有繁簡之別。是以對於〈西銘〉一文後半論德性工夫之踐履，橫渠舉出六個事例來加以說明的一段落，朱子特別說到這一部份「主意不是說孝，只是以人所易曉者，明其所難曉者耳。」（《語類》卷98，頁2521。）易曉者指事親之孝，難曉者指事天之道。意即此「本不是說孝，只是說事天，但推事親之心以事天耳。」（《語類》卷98，頁2522。）也就是說，這是藉由孝子之事父母的心情，來譬喻與說明人當遵從天命與道德命令（事天）。

這裡，朱子清楚地分別「天下之父母」與「一身之父母」兩語詞來說明「理一分殊」，就萬物之同一本源而言是理一，就人物各有其所從生者是分殊。

至於「理一分殊」的意義就在：「以其理一，故推己可以及人；以其分殊，故立愛必自親始。」〔註122〕此外，還需要進一步說明的是，朱子復強調「所謂理一者貫乎分殊之中而未始相離耳」，這又是什麼意思呢？若結合上面引述〈西銘解·附論〉的第三點「一統而萬殊，則雖天下一家、中國一人，而不流於兼愛之蔽；萬殊而一貫，則雖親疏異情、貴賤異等，而不梏於為我之私」來看，筆者以為可以詮釋為：在「理一」的周遍無遺中，不忘卻「分殊」之必要，則雖是泛愛萬物，但仍知親殊之別、本末先後之序，如此便可不流於墨家「兼愛」之弊；在「分殊」的推愛之序中，不捨棄「理一」之承擔〔註123〕，則雖是親疏異情，但仍具民胞物與之精神，如此便可不囿於一己之主觀私情。總而言之，理一與分殊兩者缺一不可，且兩者有一特殊的相互函攝之關聯。

復次，如楊龜山便疑〈西銘〉一文之弊在「無親親之殺」〔註124〕，是以朱子在詮釋的過程中，也小心提醒學者該文中對於「分殊」的說明亦所在多有。例如言「民」、言「物」，便非真以為是吾人之兄弟手足、友朋黨與。其他如宗子、家相、老、幼、聖、賢等等眾多不同的『稱謂』本身便代表不同的差等。所以朱子說：「有父，有母，有宗子，有家相，此即分殊也。」〔註125〕

說明了朱子對〈西銘〉理一分殊說的理解，現在問題是朱子對「理一分殊」說的說明與解釋是否同於該語的提出者呢？

陳榮捷先生曾經指出：伊川首發「理一分殊」之論，其說乃偏在倫理學的範圍，然而朱子不僅承繼了這一點，更將此說擴展至形而上學的領域。〔註126〕此說極是，當代學者亦多從其說。〔註127〕

〔註122〕《四書或問》，《孟子或問》卷一，頁421。
〔註123〕朱子曰：「『吾其體、吾其性』，有我去承當之意。」（《語類》卷98，頁2520。）
〔註124〕（宋）楊時著：《龜山集》（《文淵閣四庫全書》第1125冊）卷十六〈寄伊川先生〉（某竊謂道之不明），頁六 1125～266。又如當代學者中，張立文先生引橫渠「愛必兼愛」（《張載集》，頁21。）與「以愛己之心愛人則盡仁」（《張載集》，頁32。）等語，認為橫渠主「兼愛」。見氏著：《宋明理學研究》（北京：人民出版社，2002年），頁230～232。
〔註125〕《語類》卷98，頁2524。
〔註126〕陳榮捷著，萬先法譯：〈朱熹集新儒學之大成〉，《朱學論集》，頁10；另見陳來譯：〈論朱熹與程頤之不同〉，《新儒學論集》，頁75；或萬先法譯：〈新儒家范型：論程朱之異〉，《朱學論集》，頁75。
〔註127〕可參見陳來：《朱子哲學思想研究》，頁111～123。曾春海：〈從「理一分殊」

但筆者以爲此處還可以做兩點補充說明，第一，即伊川提出這一理論旨在回應儒墨之別與克服只言分殊之弊，故稱其說乃是針對倫理學的意義而言應該是沒有問題的。但伊川在該封書信〔註128〕中言：〈西銘〉一文旨在「明理一而分殊」，而墨氏是「二本而無分」。將「分殊」與「無分」對舉，這乃是「愛有差等」與「愛無差等」的分別，故此處「分殊」是就具體實踐上說，人之推愛行仁必有長幼之序、親疏遠近之別，而與墨家主張「愛無差等」，溺於兼愛，是絕對不同的。但對於「理一」一詞的意義其實並不是很明確。

據伊川的自注語「長幼及人，理一也」，則所謂的「理一」可以是寬泛地指幼吾幼以及人之幼，老吾老以及人之老之遍愛萬物（民胞物與）的廣大心懷。

但伊川又說「分立而推理一」，此「推」字又有「推明」之意，楊時覆書亦云：「前書所論，謂〈西銘〉之書，以民爲同胞，長其長，幼其幼，以鰥寡孤獨爲兄弟之無告者，所謂明理一也。」因此也可以理解爲「因其分之立，而推明理之本一」〔註129〕，如此詮釋，則「理一」有萬物本是同一本源之意，此說又可以相應於其取代孟子「天之生物也，使之一本，而夷子二本故也」〔註130〕之「一本」二字來與墨家「二本」相對比而言，意即由分殊之立而推明萬物同出一源（同本於天理）。筆者以爲此詮釋應較可能爲伊川之意。

也有學者將「理一分殊」一語專就仁義對舉來詮釋，指一切分殊之德共本於同一的仁體、道德本源，也就是說仁體本一，而義用有殊〔註131〕；或者說「理一」是指一切人同一的道德原則（仁），而「分殊」是指此一基本的道德原則落實於客觀情境中，表現爲不同的具體規範（義）〔註132〕。但筆者以爲此意雖契合於儒家思想，但伊川此書信中並未特別將仁義對舉，反而是楊

觀朱子易學與環保哲學〉《朱熹哲學論叢》（臺北市：文津，2001 年），頁 194～197。

〔註128〕《二程集·文集》卷九〈答楊時論西銘書〉，頁 609。

〔註129〕（宋）張栻著；朱熹編：《南軒集》（《文淵閣四庫全書》第 1167 冊）卷二十二〈答朱元晦〉書八（某邇來思慮），頁七，1167～604。

〔註130〕《孟子·滕文公上》卷五，第五章「墨者夷之」。
　　　　案：據陳大齊先生的詮釋，「二本」是指兩條不相融洽的原則，也就是說，夷之所謂「愛無差等」與「施由親始」是兩個無法合一、不相容的原則。（陳大齊：《孟子待解錄》（臺北市：台灣商務印書館，1991 年初版三刷），頁 138～139。）

〔註131〕曾春海：〈從「理一分殊」觀朱子易學與環保哲學〉，《朱熹哲學論叢》，頁 194。

〔註132〕陳來：《朱子哲學思想研究》，頁 111～112。

時的回信及其《語錄》所載者明顯地是「指仁義爲說」〔註 133〕。故伊川的「理一分殊」是否可作此詮釋仍可再討論。

是以朱子的理解極可能就是伊川「理一分殊」的眞實意義。但我們若就以「理一分殊」來詮釋〈西銘〉而言，我們可以知道朱子對於「理一」與「分殊」之義涵的闡發已經有超過伊川那封簡短的信函的內容之處，他雖然同樣用「理一分殊」一語來爲〈西銘〉定調，在倫理學上防止兼愛與自私之弊，但朱子更加明確地是從「原其體、性之所自，是亦本之天地而未嘗不同也」（〈西銘解〉）之「形而上學的萬物化生之根據」的觀點來喚醒吾人當泛愛萬物，卻又不可流於兼愛；來告誡吾人之施愛雖有差等，卻又不可囿於主觀私情。故在建立「民胞物與」的胸懷之儒者之道上，借用徐復觀先生的話說，朱子所開闢的是一「向形而上找根源」的「由上向下貫通的人文世界」〔註 134〕。很明顯地，這一點在伊川的理論中尚未全面地完成（雖然在其強調形上、形下之區分中已含有此意，但至朱子時始得以充分展開），故就此而言，應可說是朱子對伊川的承繼與發展。

第二，若單就「理一分殊」之理論言，我們又可以留意到，就現有的文獻資料來言，朱子清楚地注意到「理一分殊」應該是始於從學延平之際，李延平首先向朱子指出「理一分殊」一觀點的重要，但其旨不在詮釋橫渠〈西銘〉，反而是用以引導朱子明儒釋之辨以及在日用踐履處下工夫。然而朱子除稟承師說外，復將「理一分殊」一課題發揮在人禽之異同上〔註 135〕。由此可見，伊川此說流衍至南宋，已成爲一獨立的命題，允許後來的詮釋者從不同的角度加以理解與運用，朱子除了讓它回歸落實到〈西銘〉一文的詮釋外，又以之說明太極與眾理的關係，人物之性異同的看法，甚至成爲其格物窮理工夫最終得以豁然貫通的理論基礎。

〔註 133〕（宋）楊時著：《龜山集》卷十六〈答伊川先生〉（示論西銘微旨），頁八-九；卷十一，頁十。

〔註 134〕徐復觀：〈程朱異同——平鋪地人文世界與貫通地人文世界〉，《中國思想史論集續編》（臺北市：時報文化出版事業公司，1982 年），頁 600、602。
案：徐先生又認爲朱子晚年由實踐與窮理之修養工夫，終將形上世界消解而歸向於平鋪地人文世界，這一點可以從他對〈太極圖〉的態度之轉變看出來。至此程朱陸王的爭端，便未嘗不可泯除。

〔註 135〕（宋）朱熹編：朱傑人、嚴佐之、劉永翔主編：《朱子全書》（上海：上海古籍出版社；合肥：安徽教育出版社 2002 年），第拾參冊，《延平答問》〈庚辰七月書〉、〈壬午六月十一日書〉、〈辛巳八月七日書〉與附錄（宋）趙師夏：〈延平答問跋〉。

二、周、張之可相通處

此處，以本論文的角度來看，探究朱子對「理一分殊」說所作的發揮與闡述，其中最重要的意義之一就在於理解朱子如何指明在他的認識中，周濂溪〈太極圖〉、《通書》與張橫渠〈西銘〉之間所具有的內在一致性。

1. 朱子的個人觀點

錢穆先生甚留意朱子思想中此一現象，他說：「濂溪、橫渠兩人皆以宇宙造化爲一氣之分陰分陽而來，然皆復在氣之上安放一更高之名辭。濂溪謂之『太極』，橫渠謂之『太虛』，……朱子乃縮合而一視之，並稱之曰『理』。此理字主要乃從二程思想中來。……故朱子之理氣論，實乃縮合周、張、二程四家之說，而完成一更圓密更明確之體系。」〔註136〕又據以下的一條語錄說到：朱子「將〈太極圖說〉與〈西銘〉合說，明其只是一理，而語中又兼及康節之〈先天圖〉」，據此，「可知朱子於此三家，實已是融會合一而說了。」〔註137〕

> 戰戰兢兢，至死而後知免。大化恁地流行，只得隨他恁地；故曰：『存心養性，所以事天也；天壽不貳，修身以俟之，所以立命也。』這與〈西銘〉都相貫穿，只是一個物事。如云：『五行，一陰陽也；陰陽，一太極也；太極，本無極也。五行之生也，各一其性。無極之眞，二五之精，妙合而凝，乾道成男，坤道成女。二氣交感，化生萬物，萬物生生，而變化無窮焉。』便只是『天地之塞吾其體，天地之帥吾其性』，只是說得有詳略緩急耳。……周先生〈太極〉、《通書》，便只是滾這幾句。《易》之爲義，也只是如此。只是陰陽交錯，千變萬化，皆從此出，故曰：『易有太極』。這一個便生兩個，兩個便生四個，四個便生八個，八個便生十六個，十六個便生三十二個，三十二個便生六十四個。（《語類》卷116，頁2795～2796。）

〔註136〕錢穆：《朱子新學案（一）》，頁308。
〔註137〕錢穆：《朱子新學案（三）》，頁120。
　　　　案：朱子確有將濂溪〈太極圖〉中本太極、陰陽二氣、五行以化生天地萬物之觀點，與邵雍〈先天圖〉以「一分爲二」（加一倍法，明道語，見《二程集·外書》卷十二，頁428。）說明八卦與六十四重卦乃至宇宙萬有的生成秩序相會通的用心，最明顯的證據可見《易學啟蒙》卷二〈原卦畫〉、《通書》〈師第七〉的注語以及《語類》卷94，頁2386等。參考束景南：《朱子大傳》，頁776～789。蔡方鹿：《朱熹經學與中國經學》（北京：人民出版社，2004年），頁319～322。

這條語錄另見於《語類》卷九十四，頁二三八七至二三八八，內容大體相同。所謂周先生的著作只是滾這幾句，此乃是指「一陰一陽之謂道，繼之者善也，成之者性也」。蓋朱子既然肯定〈太極圖〉、〈西銘〉兩者所含蘊的是千古不易的道理，則道理本身當然是相貫通的，不可能有窒礙、矛盾的現象產生，若認為有出入，這只是後人的理解相契與否的問題，而非前賢所說真有不同。筆者以為朱子便是在這一肯認與理解態度下，看待周子的〈太極圖〉、《通書》與張子的〈西銘〉（朱子對《正蒙》有微言，故不在此列），且朱子又斷定程子之言性與天道，多本於濂溪，因此北宋四子——濂溪、橫渠與二程，他們的思想乃是相貫通而無礙的。

錢先生的說法，筆者是可以同意的。但需要再加以說明的是，此觀點乃是著眼於單就朱子自身對北宋四子的理解來說，此一「朱子的觀點」不盡然符合學術之實情，依當代的研究成果而論，二程有別當是定論，朱子的思想近於伊川，這一點亦難以反對。又，設若二程之別是義理本質的差異，且朱子對於明道之義理思想也有根本性的隔閡（本質上的差異），則如此一來，他對北宋四子的理解，是以伊川涵蓋明道，進而收攝濂溪、橫渠之說，而所謂的「融會」、「貫通」、「合一」乃是其個人的主觀認定與要求，此只可說是承伊川之說所進行的義理思想之推擴跟發展，這一發展雖然表面上可以把其他三人收納於其中，但在其理解下所作的詮釋實與其他三人的義理本質有所差異，如此一來，則恐不能說朱子將北宋四子融會合一了。這一點是需要留意的。

然而本論文名曰「朱子對北宋四子的理解與詮釋」，則是嘗試探問「朱子個人」對北宋四子的理解，也就是以「朱子的觀點」為核心，故問題的探討不重在朱子與北宋四子的異同比較（當然這是必須隨文涉及的），反而偏重在討論「朱子所理解的」北宋四子之思想樣貌，而「理一分殊」說正足以代表在朱子的理解下，北宋四子之「同條而共貫」〔註138〕處。

2. 萬物化生之論述

在朱子的理解中，橫渠〈西銘〉之所以能闡揚「士」的「承擔」精神〔註139〕，

〔註138〕朱子語，見《文集》卷三十六〈答陸子靜〉書五（十一月八日熹頓首再拜）
〔註139〕余英時先生語。見氏著：〈五·四「理一而分殊」——〈西銘〉的政治涵義〉，《宋明理學與政治文化》（臺北市：允晨文化，2004年），頁211。
　　　案：該文分析〈西銘〉「大君者，吾父母宗子：其大臣，宗子之家相」一段所隱含的君臣關係之看法，說：『他的深層用意是通過宗法化以消減君主的絕對

其關鍵在於對藐然一身的個人卻實為「天地之子」一身份的眞切體會，所以朱子說：「〈西銘〉一篇，正在『天地之塞吾其體，天地之帥吾其性』兩句上。」〔註140〕如此一來，他詮釋「理一分殊」說便不主於從仁義對舉（仁體義用）的角度來說，反而重在人與萬物並生於天地之間，同以天地（乾坤）為大父母之「萬物化生之根據」的角度來理解〈西銘〉一文的宗旨。然而朱子所重視的「萬物化生」之論述，最清楚的表述者莫過於周濂溪的〈太極圖說〉，是以朱子就從這一切入點看出周、張的相通之處。因而他認為：〈太極圖說〉中由太極（理）與陰陽二氣、五行（氣）之交感妙合，化生萬物的說明，便是〈西銘〉『天地之塞（氣），吾其體；天地之帥（理），吾其性』一語所欲表達者，其間只是稍有詳略緩急之別罷了。正因為如此，我們始能理解為什麼朱子在〈西銘解・附論〉中一開頭便徵引〈太極圖說〉之語，曰：「天地之間，理一而已。然『乾道成男，坤道成女，二氣交感，化生萬物』，則其大小之分，親疏之等，至於十百千萬而不能齊也。」

　　換言之，朱子在理解與闡釋「理一分殊」一命題時，是有取於〈太極圖說〉的「萬物化生」之論式的，或者可以說，他是以這一論式為背景來建立他對〈西銘〉的詮解。朱子說：

> 天道流行，發育萬物，其所以為造化者，陰陽五行而已。而所謂陰陽五行者，又必有是理而後有是氣，及其生物，則又必因是氣之聚而後有是形。故人物之生必得是理，然後有以為健順仁義禮智之性；必得是氣，然後有以為魂魄五臟之身。周子所謂「無極之眞，二五之精，妙合而凝」者，正謂是也。然以其理言之，則萬物一原，固無人物貴賤之殊；以其氣而言之，則得其正且通者為人，得其偏且塞者為物，是以或貴或賤而不能齊也。（《大學或問》上卷，頁3。）

朱子認為濂溪所謂「無極之眞，二五之精」，「眞」字以理言，「精」字以氣言〔註141〕，意即「無極是理，二五是氣。無極之理便是性。性為之主，而二氣、五行經緯錯綜於其間也。得其氣之精英者為人，得其渣滓者為物。」〔註142〕

權威，縮短君臣之間一段不可逾越的距離。」此說迥異於一般認為這是在論證封建制度下等級的合理性，頗具新意。

〔註140〕《語類》卷98，頁2524。

〔註141〕「無極之眞，二五之精」的詮釋見〈太極圖說解〉

〔註142〕《語類》卷94，頁2379。

　　案：陳來先生曾注意到朱子〈太極圖說解〉中「太極，形而上之道也」、「性

　　然而就「理」（性、太極）〔註143〕言之，則萬物乃是同此一本源，人物之「性」在此並無差別。朱子在〈太極圖說解〉中於「五行一陰陽」與「無極之眞」兩段的注語中反覆強調『天下無性外之物，而性無不在』一義。在〈西銘解〉「惡旨酒」一段的註解中也引用到橫渠的一句話來代表他對於「性」的理解，此即「性者萬物之一源，非有我之得私也」〔註144〕，朱子曾對此語加以詮釋云：「所謂性者，人物之所同得，非惟己有是，而人亦有是；非惟人有是，而物亦有是。」〔註145〕這是說「性」是人物所同得於天者，此相當於說人物同以乾坤爲大父母，此乃所謂「理一」也。

　　可是若以人物所稟受的「氣」而言，則「人得其氣之正且通者，物得其氣之偏且塞者」〔註146〕，在這一方面，人與物有極大的差別，即使是單就人與人之差異論，亦是千差萬別。

　　依此思路，朱子在〈太極圖說解〉釋「二氣五行，化生萬物。五殊二實，二本則一。是萬爲一，一實萬分。萬一各正，小大有定。」一段說：

> 二氣五行，天之所以賦受萬物而生之者也。自其末以緣本，則五行
> 之異，本二氣之實，二氣之實，又本一理之極。是合萬物而言之，
> 爲一太極而已也。自其本而之末，則一理之實，而萬物分之以爲體，
> 故萬物之中，各有一太極。而小大之物，莫不各有一定之分也。

我們在本章第一節論「無極而太極」處討論過朱子視「太極」爲「萬化之根」，爲「造化之樞紐，品彙之根柢」，「太極」之爲「理」乃是「統體之理」。

　　在這裡，朱子復指出，若自萬物之存在以逆觀太極（自其末以緣本），則金、木、水、火、土五行之殊異本於陰陽二氣之消長，陰陽二氣之變化又以太極之理作爲所以然之根據，故總此萬物生化之究竟根源而言之，爲一「太

爲之主」兩語與胡五峰《知言》中「道謂何也？謂太極也」、「氣之流行，性爲之主」顯然關係密切。見陳來：《朱子哲學思想研究》，頁78。
〔註143〕在朱子的義理思想中，「理」可相當於「性」。伊川有言：「性即理也」（《二程集》卷二十二上，頁292。），朱子盛讚此語，以爲這是千萬世說「性」之根基。（《語類》卷93，頁2360。）關於朱子對此語的肯定又可參看《語類》卷59，頁1387。
　　「性」亦可相當於「太極」。朱子說：「性猶太極也，心猶陰陽也。太極只在陰陽之中，非能離陰陽也。然至論太極，自是太極；陰陽自是陰陽。惟性與心亦然。所謂一而二，二而一也。」（《語類》卷5，頁87。）
〔註144〕（宋）張載撰：《張載集》（臺北縣：頂淵，2004年），頁21。
〔註145〕《語類》卷98，頁2511。
〔註146〕《語類》卷4，頁65。

極」之理，所以「太極」又可以說是「合天地萬物之理」、「總天地萬物之理」，此是取其究竟根源之義，非總合義；然若自本源處以論萬物之化生（自其本而之末），則語「萬物分之以爲體」乃是說萬物各稟受（分）得此「太極之理」以爲其體（性），故可曰：「萬物之中，各有一太極」。

以上是朱子對「五殊二實，二本則一。是萬爲一，一實萬分」的解釋，「五」代表五行，「二」代表陰陽，「一」代表太極，「萬」代表萬物，而「是萬爲一」即「合而言之，萬物統體一太極也」；「一實萬分」即「分而言之，一物各具一太極也」。至於「萬一各正」一語則猶如「各正性命」〔註147〕。而「小大有定」一語，朱子加以說明爲：「小大之物，莫不各有一定之分」，即長幼之序，親殊之別莫不有一定之分，此則顯然是在表達「愛有差等」之義。

故由此確實能看出朱子的「理一分殊」說有取於〈太極圖說〉的「萬物化生」之論式，也可以說，從這裡我們可以看出朱子將濂溪的〈太極圖說〉與橫渠的〈西銘〉合釋（相互詮釋、補充），而周子、張子的思想也可具有相融通之處。

不過應該稍加說明的是，「理一分殊」一概念，朱子使用於不同的義理脈絡中意義稍有不同。如在倫理學的領域，詮釋〈西銘〉一文本時，所謂的「理一」是說萬物同本於一源，而萬物之生生育育又各有其一身之父母，故自實踐之事而言，則小大之分，親殊之別，亦不得不有等差之殊。此處所謂的「分殊」，「分」字，可讀去聲，指職分、分際〔註148〕，即「愛有等差」之義。

至於在形上學、理氣論的領域中，亦可說「理一分殊」。朱子說：「『一實萬分，萬一各正』，便是『理一分殊』處。」〔註149〕這裡所謂的「理一」同樣是指天地萬物同一的本源，此即「統體之理」──太極。然而我們上文才剛剛討論過：萬物各稟受得此太極之理以爲其體（性），所謂「一物各具一太極」〔註150〕，在此一義理層面上說，萬物各自所具有的「太極之理」乃是同一無

〔註147〕朱子說：「所謂『萬一各正』，猶言『各正性命』也。」（《語類》卷94，頁2409。）

〔註148〕陳榮捷先生特別指出「分」字，應讀作去聲，指職分，而非分別之意，此說甚是。見陳榮捷：《宋明理學之概念與歷史》（臺北市：中研院文哲所籌備處，2004年二刷），頁143。另見氏著，陳來譯：〈論朱熹與程頤之不同〉，《新儒學論集》（臺北市：中研院文哲所，1995年），頁74～75。或見萬先法譯：〈新儒家范型：論程朱之異〉，《朱學論集》（臺北市：臺灣學生書局，1988增訂再版），頁74。

〔註149〕《語類》卷94，頁2409。

〔註150〕《語類》卷94，頁2409。

別的。如是，則此處所謂的「分殊」一概念又該如何理解呢？

首先，我們應先體會朱子這裡所言「分」字的意義。《語類》載：

> 鄭問：「『理性命』章何以下『分』字？」曰：「不是割成片去，只如月映萬川相似。」（《語類》卷 94，頁 2409。）

> 問：「『理性命』章注云：『自其本而之末，則一理之實，而萬物分之以爲體，故萬物各有一太極。』如此，則是太極有分裂乎？」曰：「本只是一太極，而萬物各有稟受，又自各全具一太極爾。如月在天，只一而已；及散在江湖，則隨處而見，不可謂月已分也。」（《語類》卷 94，頁 2409。）

此「分」字可以理解爲「稟受」，但朱子強調萬物之稟受得太極之理以爲其體（性）並不是把太極加以分割而各得一小部份，相反的，是「物物有一太極」〔註151〕，此「有」乃是各自「全具」此萬化之本的「有」。朱子認爲這就好比「月映萬川」一樣，在天上的月只是一個，而散在湖海、萬川之月也同樣是此天上之月。

如此說來，將「分殊」之『殊』理解爲「殊異」〔註152〕，才是此說之所以令人費解的原因之關鍵，蓋就「分」（稟受）所得之本源言，仍可說是同。因此，問題在「殊」從何而來？朱子說：

> 蓋天之生物，其理固無差別。但人物所稟形氣不同，……故理之在是物者，亦隨其形氣而自爲一物之理。雖若不復可論仁義禮智之彷彿，然亦不可謂無是性也。……蓋由不知氣質之性只是此性墮在氣質之中，故隨氣質而自爲一性，正周子所謂「各一其性」者。（《文集》卷五十八〈答徐子融〉書三（有性無性之說））

解答此問題的關鍵就在於人物之生不僅是稟得「理」（太極），同時也稟得「氣」（陰陽、五行），朱子說：「人物之生，莫不有是性，亦莫不有是氣」〔註153〕，

〔註151〕《語類》卷 94，頁 2371。

〔註152〕陳來先生在《朱子哲學研究》中極詳盡地分析朱子如何運用「理一分殊」一命題處理各種不同的問題。他認爲朱子將此命題運用於四方面：（1）本體論上，宇宙本體的太極與萬物之性的關係；（2）宇宙論上，本源與派生的關係；（3）普遍的原理與具體的物理；（4）萬物皆稟受之的天地之理與萬物。筆者此處所論相當於第一點，但陳先生強調「物物有一太極」的觀點，故主張將此「殊」字引申爲「多」（頁 116），以符應月印萬川之喻。請參看陳來：《朱子哲學思想研究》，頁 111～123。

〔註153〕《孟子集註》卷十一〈告子 上〉「生之謂性」章

若依〈西銘解〉的說法是人物同稟得「天地之志」與「天地之氣」，但「性是天賦與人，只一同；氣質所稟，卻有厚薄」〔註154〕，而理又必須寓於氣質之中，掛搭於氣稟之上，所謂「性離氣稟不得。有氣稟，性方存在裏面」〔註155〕，故終於「隨其形氣而自爲一物之理」、「隨氣質而自爲一性」。而這就是濂溪〈太極圖說〉所謂「各一其性」的意義。此所謂「一物之理」可名曰「物理」或「萬物之性理」，若依本章第一節關於兩種意義的「理」之區分，此處所言之「理」乃是「形式之理」。至於「隨氣質而自爲一性」的「性」，在朱子的義理思想中即可名曰「氣質之性」〔註156〕。

因而也就是說，就每一物稟此太極之理而存在，皆有其所以然之理以爲性而言，萬物皆得同一之理，此是「物物有一太極」。但是此理又不得不寓於氣質之中，透過氣質之粹駁不齊而表現，故此在物之「理」（物理）之表現便有偏與全之不同，甚至還有能表現與根本不能表現之差別。由此可知，此「殊」乃是因氣質之不齊而有，換言之，殊異之處，並不在「理」本身有異（理是一、是同），而只是說理之透過氣質而在表現上有所差異。

總而言之，回到上文，「理一分殊」一概念的運用在朱子不同的義理脈絡中意義容或稍有不同。如在形上學、理氣論的領域言，則「理一分殊」之「分殊」，有異於其在倫理學中的意義，是指眾理、萬理、萬物之性理的殊異，意即因稟受氣質之不齊所造成的理之表現之差異。

這裡，若以「一」與「多」的概念分析之，則「太極」之爲理是「一」，雖然可就萬物逆溯（自末以緣本）：一物各有一太極，而「太極」之理是「合天地萬物之理」、「總天地萬物之理」，此說或有令人懷疑太極之爲理是天地萬物之理的「總和」之處，但就萬物所稟得之理以本源上說並無差異，以及朱子採「月印萬川」之喻所做的說明，則可知此「總」與「合」非是總和、集合之義，而是言宇宙萬化之總（究竟）根源，如是，「太極」之爲一所以然之

〔註154〕《語類》卷59，頁1389。

〔註155〕《語類》卷94，頁2381。

〔註156〕所謂的「氣質之性」，乃是對比於「本然之性」、「天命之性」而說，在朱子的義理系統中，是指「氣質裡面的性」，或「性體在氣質中濾過，因而成爲在氣質限制中之性」。朱子此義甚特殊，不同於此語的原創者張橫渠，橫渠之意乃是就氣質本身之不同而說爲一種性。可參見牟宗三：《心體與性體（一）》，頁336～337；《心體與性體（三）》，頁430～433、487～489、492～493。楊儒賓：〈第八章　氣質之性的問題〉，《儒家身體觀》（臺北市：中研院文哲所，1996年），頁335～412。

整全之理，是一與多中的「一」，此「一」是整一之一，而非綜體之一。

而物理、萬物之性理因爲有殊異之表現存在，故可視之爲「多」，然此「多」是同一太極之理隨事物而顯現之相，故此「多」不是一定多、實多，乃是一權說的「多」相〔註157〕。故可說階磚便有磚之理，竹椅便有竹椅之理，舟有只可行於水之理，車有只可行於陸之理〔註158〕，如果以喻言之，朱子說：「人物之生，天賦之以此理，未嘗不同，但人物之稟受自有異耳。如一江水，你將杓去取，只得一杓；將碗去取，只得一碗；至於一桶一缸，各自隨器量不同，故理亦隨以異。」〔註159〕總之，「理只附氣，惟氣有昏濁，理亦隨而間隔」〔註160〕矣。

不過，猶可注意的是，朱子對此「分殊之理」（物理、萬物之性理）的不同是加以肯定的，這一步的肯定極爲重要，一者可以肯定世界，再者可以肯定存在物的差別性。由於肯定分殊，便會相應於各存在物之不同而成就之。由於承認差別，便當就人生之不同的倫常關係與情況而作合理的安排。朱子在〈西銘解〉中說：「故凡有形於天地之間者，若動若植，有情無情，莫不有以若其性、遂其宜焉。此儒者之道，所以必至於參天地、贊化育，然後爲功用之全，而非有所強於外也。」在此理解下，所謂「儒者之道」是以成就人生的一切事，善化所及的一切存在之宏願爲使命，但面對存在事物的差異性、多樣性，便當「因人物之所當行者而品節之」〔註161〕，此乃是「若其性、遂其宜」，「而非有所強於外也」。

綜合以上而論，朱子從「從萬物化生的形上學觀點」（萬物稟天地之理、氣而生），藉由闡發周濂溪〈太極圖說〉的「太極」一觀點與張橫渠〈西銘〉的「理一分殊」一命題，解釋到：「太極」（統體之理）爲一，又萬物分之以爲體，所以物物各有一太極，但萬物之性理仍會因氣稟的不同而表現不同，故萬理、眾理（形式之理）有殊異性、多樣性存在，爲多。因而藉由這樣的詮釋，在理氣論方面，「理一」之理與「分殊」之理的問題便可以有著落。就朱子個人主觀理解與要求而言，最終也將北宋四子的思想相融貫且完整起來。

〔註157〕關於理的「一」與「多」，參考牟宗三：《心體與性體（三）》，頁505～507。
〔註158〕《語類》卷4，頁61。
〔註159〕《語類》卷4，頁58。
〔註160〕《語類》卷4，頁68。
〔註161〕朱熹：《中庸章句》首章「修道之謂教」注語。

第五章　回顧與反省

一、全文回顧

　　本論文從「朱子是否集（北宋）理學之大成」展開問題的討論，分別陳述正反雙方之意見，進而由「是否集大成當深入義理系統來考察」與「異質的義理系統會通之可能性」兩方面來說明採用此一評定之不適切。然而筆者又繼續追問這一爭議何以會發生在朱子身上？朱子如何使其所理解的北宋諸子之義理思想相融貫？他運用了哪些資源去詮釋（涵蓋）其他說法以將北宋諸子融貫爲一體？故筆者最終以探討「朱子如何理解與詮釋」北宋四子爲本論文的研究焦點。並選取「中和」問題、「仁」說的論議及其對濂溪與橫渠的理解與詮釋爲主要議題。

　　參悟「中和」一問題，可說是延平遺留給朱子的一個最精微的心性修養問題，然而朱子在追思延平遺教的過程中卻難有相應的體會，在此情況下，他轉而求助於湖湘學派，此刻對於「中和」問題的看法雖獲得初步的解答，但不久之後，朱子又突然轉變對已發、未發；察識、涵養工夫的整體觀點。因此學界多將前期的觀點稱「中和舊說」，後期的觀點稱爲「中和新說」。

　　而筆者所注意到的是在新、舊說之間，朱子完成了《二程集》的編纂工作，此一文獻整理的工作對於朱子的「中和新說」之領悟究竟有何具體的影響，朱子並未明言。但是從朱子一再強調「舊疑《遺書》所記不審，今以此勘之，無一不合」〔註1〕、「用此意看《遺書》，多有符合。讀之，上下文極活絡分明，無凝滯處」〔註2〕的情況看來，應該可以相信《二程集》的編纂工作

〔註1〕《文集》卷四十三〈答林擇之〉書六（所答二公問）
〔註2〕《文集》卷四十三〈答林擇之〉書二十二（精一之說）

確實提供了朱子再次熟悉程子之言的機會，且在相關信函中朱子均表現出極度相信自己己丑新悟所得乃是本於程子之言，中和新說是可以在伊川的說法中得到印合的。朱子在〈已發未發說〉中連續徵引了十八條程子之言，並在陳述己見時強調他是「據此諸說」所作的發揮。因此筆者以此為立論基礎與研究方向來探究朱子的「中和」說，論析朱子如何對程子之言加以取捨與發揮。

此十八條語錄多出自〈與呂大臨論中書〉與〈與蘇季明論中和〉兩文獻，約可分為五大類，一者為「中」之名義；再者為赤子之心；三者為未發時之境況；四者為敬而無失；五為相應於已發、未發之修養工夫。二、三類乃是基於心性之體悟所作的詮釋。四、五則是靜時涵養，動時省察，敬貫動靜的修養工夫。

首先，在心性論方面，朱子首重伊川「心一也，有指體而言，有指用而言」一語，認為此語與橫渠「心統性情」說相似。而「心統性情」在橫渠乃是一孤立語，其意義恐難以確定。但是在朱子的義理系統中，心統性情之「統」字有兩義，一指兼、包，一指主宰、管攝。在「心兼性情」方面，因心周流貫徹乎已發未發、動靜、體用之間，故可「兼通」性情二者，因此又可說性是「心之體」，情是「心之用」，這是將心性情三分後再總起來看，在情未發時，心寂然，性理渾然而具於心，所以可由心之寂然處見作為超越的根據之性理，此時雖可說是性，但乃是性理渾然在心的意思；而在情已發之時，因為有心的主宰，所以性理的意義得以具體表現出來，故謂情是心之用。在「心主性情」方面，則是就工夫論的意義言心對性、情的主宰作用，心對情的主宰作用落實來說就是所謂的「省察」工夫，又可分為在情欲已肆，行事已成之後，強加省察克治之功與在念慮之微之幾上、心氣之始動上努力兩方面。至於「心之主乎性」則是指未發時以敬存養的工夫，即是以「敬」提撕此心，喚醒此心本有之明，於是乎渾然而在（本有）的性理便真正的得以具於寂然的心中，而有「一性渾然，道義全具」之未發氣象，此一狀態又須加以持守，故朱子復濟之以「涵養」的工夫。如以一來，程子所言的「於已發之際觀之」、「惟敬而無失最盡」、「敬而無失即所以中也」、「只平日涵養底便是也」與「存養於未發之前則可」等語在朱子中和新說後所建立的修養工夫論中皆可以得到印合。

又從其對伊川「赤子之心發而未遠乎中」的詮釋，以及對「既思即是已

發」、「靜中有物始得」等語的論析中，又可以進一步看到朱子對「已發」、「未發」觀點的體會以及他對伊川有關論中和之文獻資料的整理與取捨。

朱子強調伊川已承認「凡言心者，皆指已發而言」為未當，故「心」乃兼通於未發、已發，且若論原頭（未發之大本），則聖凡無異，但是若就是否落實「以敬涵養」的工夫而言，聖則湛然清明，庸則憒憒昏昧。至於赤子雖亦有未發時之心，但孟子言「赤子之心」是取其純一無偽之意，乃是就已發說，所以不可因「心為已發」的未當，而懷疑伊川「赤子之心為已發」的觀點。。

至於「既思即是已發」的觀點乃是伊川反對「求中」的工夫所提出者，朱子承此思路發展而提出「思慮未萌」一概念作為「未發」時節的特徵之一，所以又將心知、耳聞、目見與心思、耳聽、目視分別代表未發與已發，反對未發時「耳無聞、目無見」的說法而對伊川所留存的文獻進行糾謬。但朱子也注意到就意識層次的思慮活動言「已發」，此『發』有別於《中庸》喜怒愛樂之情緒的激發，所以他提醒友人兩者雖無衝突，然而當以後者為主。

關於伊川所說的「靜中有物」一語，朱子認為「動靜」一詞可就心言，相當於寂感；亦可就情言，相當於已發未發。是以靜中有「物」，此物乃是指知覺不昧之心，但心之所以能知、能覺又必有見聞之理以為根據，所以亦可關聯地說及知覺之理，乃至太極。朱子又本其對未發時心性的體會肯定呂大臨「未發之前，心體昭昭具在」之說。

此章最後筆者復加以討論朱子如何衡定中、和之字義。朱子本伊川「只一個中字，但用不同」之語發展出「中」字「一名而二義」，未發之中以「不偏不倚」詮解之，此乃狀性之德、形道之體，用伊川的話說，即是「在中」；已發之中（時中）以「無過不及」詮解之，此乃語情之正、顯道之用，用伊川的話說，即是「中之道」。

如此一來，朱子終於巧妙地以其「中和新說」的義理間架，對伊川所提出的眾多辭語與觀點也有了妥善的安排與說明，使其扣合於《中庸》首章「中和」說的文獻，並建構出一完整而嚴密的詮釋系統。

接下來，第三章討論朱子的「仁」說中對二程的理解與詮釋，首先需要說明的是，朱子關於「仁」的討論可分為「仁之名義」與「求仁之方」兩部分，以知行觀言之，前者屬「知」，後者為「行」。

在「仁之名義」方面，朱子本伊川「四德之元，猶五常之仁，偏言則主

一事，專言則包四者」一語而提出「仁」有偏言、專言之分，「『心之德』，如程先生『專言則包四者』是也；『愛之理』，如所謂『偏言則一事』者也。」因此「仁」之一字可包含兩層次的意義，一者是相當於四德之「元」（專言者）、「善之長」的『仁』；一者是仁、義、禮、智四者平列對說的『仁』。前者乃是「全德」，可綜攝、函括一切德目，名曰「心之德」；後者則為「眾德」之一，是相對於義（宜之理）、禮（別之理）、智（知之理）而為「愛之理」者。

朱子復認為其「愛之理」一名的提出「其實亦只是祖述伊川『仁性，愛情』之說」，不過據筆者的觀察朱子此語的提出乃是從「以愛論仁」一觀點發展而來，朱子認為要曉得仁之名義，當「就愛處指出仁」，且要認清「仁」是所以能愛者，而「愛」有不能全盡「仁」之處。但由於其對「愛」（情）的強調遭致友人的非難，故朱子又以伊川「仁主於愛」一語來證明仁與愛、性與情之間有「脈絡之通」，並進一步發展出「愛之理」一詞來定義「仁」，以求更精確地表達性情之別。繼此之後，朱子更加全面地採用「已發未發」說、「性情體用」論等觀點來加以說明「仁」之為超越的性理，是形而下的「愛」（情）之內在的根據（性），超越的所以然之理。而「愛之理」一說的提出又可說是針對湖湘學派「以覺言仁」而發，面對「以覺言仁」之說，朱子指出伊川「指知覺為仁則不可」已明言其非。又在其主張理解「仁」，當并義、禮、智三字通看的觀點下，知覺屬「情」，乃「智之用」，實離「仁」甚遠。另外，最重要的原因是朱子不契「以覺言仁」說所隱含的「識仁」之工夫，故以禪斥之。

朱子又本著天人相呼應的觀點提出「仁者天地生物之心，而人物之所得以為心」，天地之心與生物的關係相當於仁與情的分別，而人道之『仁』（專言之仁）即是此「天地生物之心」之在人者，故可為萬理之原、萬事之本，因而此「專言之仁」可以綜攝、涵括眾德，此即所謂的「仁包四德」，亦即此『仁』乃是一切德行表現與道德創造的總根源，故又可以「全德」名之。然而如何體會此「專言之仁」呢？朱子認為當由形下的「氣」之表現（春生之氣無所不通、惻隱之心無所不貫）來體會形上的『仁』，以見其無所不統。又，此「專言之仁」，朱子特名之曰「心之德」，「所謂『心之德』者，即程先生穀種之說」，以穀種喻心，其中具（本具）生之理是性（仁）。故合此三節，筆者將「仁者，心之德」詮解為：「專言之仁」即「天地生物之心」之存乎人者，是人得之於天而內具於心，而為眾善之源、百行之本者。

最後，在「求仁之方」的修養工夫方面，朱子提出「人有是心，則有是

德矣」，然而卻爲私欲所亂，「則或有是心，而不能有是德」，故必求去其所以害仁者，而此一工夫就是「克己復禮」，克去有我之私欲而復返於禮，若能如此，則本心之德乃能「復全」於我。從這裡也可以看到在朱子「心統性情」的理論架構下，心與仁（理、性）二者是「可分可合」的關係，「可分」是人汩於私欲而使其分，「可合」是後天的求仁工夫復其合，即「心與理一，渾然無私欲之間而然也」。朱子又進一步去詮釋伊川論仁所言之「公」與明道論仁所提出的「一體」觀，朱子認爲公是無私，是仁之前事，而非「仁」；「物我爲一」乃是仁之用（愛）之充其極的表現，是「仁之量」、是仁之後事，而不可以之爲下手工夫。故唯有「克己」而後「公」，「公」而後「仁」，「仁」而後乃能體會「渾然與物同體」的境界。

　　然而在關於「仁」的討論上，朱子並沒有直接針對明道論「仁」的相關文獻進行完整的解析與詮釋，所以欲了解朱子對於明道的義理思想之相契與否一重要問題，筆者以爲當可求之於朱子對〈定性書〉的理解與詮釋之探討。

　　朱子雖然肯定〈定性書〉一文，但對於明道的語言風格始終有所不滿。朱子認爲該文大綱只在『廓然而大公，物來而順應』兩句，但這是就已成處說，而非初學下手工夫處。因此朱子提出「隨理順應」與「克去私意」作爲具體的工夫，但這是〈定性書〉一文所沒有的。明道〈定性書〉一文原本所主張者當是直以「內外兩忘」爲工夫，更不先是內而非外，以直下至澄然無事，而定而明之境。然而對此，朱子卻說：「內外兩忘，非忘也，一循於理，不是內而非外也。不是內而非外，則大公而順應，尙何事物之爲累哉！」不僅是用自己的工夫論來詮釋明道所提出的修養工夫，又說：「明道意以爲須是內外合一」，將「內外兩忘」轉爲「內外合一」，此可以證明朱子的理解與思路確實異於明道，甚而可以說其並不相契於明道之自始無內外之對，由頓悟、逆覺體證直下達至「內外兩忘」的圓融境界之工夫。

　　在第二與第三章，是就朱子思想的兩大問題關鍵（中和說與仁說）來探究朱子對二程的理解與詮釋，其中焦點多集中在心性論與修養工夫論，因此在第四章中我們將重心轉向討論朱子對濂溪、橫渠的理解與詮釋，焦點則是針對朱子的理氣論。

　　朱子特別推尊濂溪，認爲他具有「上接洙泗千歲之統，下啓河洛百世之傳」的宗主地位。在肯定周程授受的情況下，朱子認爲因爲當時二程門下未有能受之者，故二程不言「太極」。至於橫渠，朱子認爲他所見不免有差，思

想的表達也不夠圓熟，故在道統的論述中只能居於輔翼之地位。但是〈西銘〉一文所傳達的「理一分殊」之思想乃「天地自然古今不易之理」，而《正蒙》一書則是「思慮考索所至，非性分自然之知」，故不免有差失之處。

　　朱子在理解與詮釋濂溪的著作之方法上，強調當會合〈太極圖〉、〈圖說〉、《通書》三者以相參究。在詮釋〈太極圖說〉上，朱子認爲「無極而太極」是全圖之綱領，這是說「無形而有理」，太極只是一個「理」字，是天地萬物生生之源。而「無極」乃是無形，此句說明了宇宙萬化之根源雖無形象卻是實有此理。筆者又主張依唐君毅先生的詮釋，將濂溪所言之「太極」詮釋爲「天道之誠」，「無極」則是表狀太極之超越於思想行爲之上。如此一來，有助於看出朱子如此詮釋之意義：逕謂太極爲理，是爲了使二程之言性理，與周子之言太極，重相涵接；至於強調「無形」正可以突顯出太極之爲「理」的超越性。朱子又採取伊川「道非陰陽也，所以一陰一陽道也」與「動靜無端，陰陽無始」之說來說明「道」（理）與陰陽動靜（氣）的關係以及氣化流行之無端、無始。最重要的是在「太極與氣之動靜」一核心觀念處，朱子不同於濂溪直就太極言動而無動、靜而無靜之妙運，而是曲折地一方面著眼於理掛搭於氣之中，而說理「有動靜」；一方面著眼於理是氣化活動之所以然，而說理「含動靜」。

　　至於對橫渠〈西銘〉的理解與詮釋則強調伊川所指出的「理一分殊」一觀念，所謂的「理一分殊」，「理一」是指萬物同爲天地所生，同以乾坤爲大父母，意即萬物同一本源；「分殊」則是立基於現實存在上，人物之生各有其自身之父母，因此在具體實踐上，必有小大之分，親殊遠近之別。不過「理一分殊」一命題，用於不同的義理脈絡中意義稍有不同，朱子說：「『一實萬分，萬一各正』，便是『理一分殊』處。」此即在藉此命題以說明太極之爲「統體之理」（「一」），與萬物之性理、眾理、萬理（「多」）之間的關係。此外，朱子更從「萬物化生的形上學觀點」這一切入點看出周、張的相通之處，即〈太極圖說〉中由太極（理）與陰陽二氣、五行（氣）之交感妙合，化生萬物的說明，便是〈西銘〉『天地之塞（氣），吾其體；天地之帥（理），吾其性』一語所欲表達者。故最後或許可以單就朱子自身對北宋四子的理解來說，其理氣論，實乃綰合周、張、二程四家之說，而完成一更周密、更明確的思想體系。

　　若嘗試將本論文諸章節總合起來看，筆者認爲朱子在參悟中和與仁說論

議階段是其思想形構的關鍵期，在這一階段中，朱子有意的將自己體悟所得印合於二程的文獻，因此在「中和說」中，朱子承繼伊川的「心一也，有指體而言，有指用而言」的觀點而發展爲心性情三分、心統性情的理論架構；在「仁說」中，朱子更紹述伊川『仁性，愛情』之說，確立性、情的兩層區分，又本伊川「四德之元，猶五常之仁，偏言則主一事，專言則包四者」一語，提出「仁」有專言、偏言的看法。在這些觀點中朱子逐漸承接上伊川所可能涵蘊的義理內涵，甚至加以推擴發展，因此，朱子復本著這些綱領原則充其極的去理解二程之語，當然，能爲朱子所相應的理解的還是以伊川之語爲多。甚至有時他是以自己的體悟所得去加以含涉二程的論點，如朱子在確立「克己復禮」爲求仁之方後，仍試圖令程子之言有所著落，故曰：克己而後公，公而後仁，仁之後方可渾然與物同體。但從朱子的這些綱領原則之擇取中，也能看出朱子所選擇與服膺的往往是伊川之語，就這一方面言，朱子即使推崇明道的〈定性書〉，但仍以爲太高，學者難入，故特別補上他自己的修養工夫論，由克去私意故能廓然大公，由循理而行故能物來順應。

　　然而到了理解與詮釋濂溪與橫渠之際，則朱子的思想已較圓熟，他已掌握程子的綱領，如「道非陰陽也，所以一陰一陽道也」與「動靜無端，陰陽無始」等觀點，故少了中和說與仁說階段的自我體認之曲折，他能清楚地表達「無極而太極」是「無形而有理」，至於〈西銘〉一文的主旨則是「理一而分殊」，因此筆者認爲他在此時的用心主要是在綜合融通北宋四子，將他所體會到的四子之同條共貫處闡發出來，並由此確立承接孔、孟千載之傳的「道統」。

　　但是以現代的學術眼光來看，朱子的工作絕非恢復北宋四子的思想原貌（或許他個人認爲周、張、二程之意不外乎此），反而是以其自身的理解與用心對北宋四子進行意義再造。因此若我們能對朱子的理解下之北宋四子與歷史眞實下的周、張、二程作一區隔，則我們雖不必（亦不可）以朱子的理解爲標準，但可以其詮釋爲中心來展開宋明理學的研究，而且藉由朱子對北宋四子的理解與詮釋亦爲我們提供了一個認識北宋理學的參照系。

二、反省與展望

　　關於朱子的「中和問題」與〈仁說〉目前已有不少的研究成果，本論文則嘗試從朱子對二程所遺留下來的文獻之理解與詮釋出發，針對若干尚未受

到注意的細節展開討論。另外，在理氣論方面，筆者則以朱子如何透過其個人的理解與詮釋來指明濂溪、橫渠思想之共通處爲觀察角度，希望此一研究成果能對朱子學的研究有所助益，且爲前賢之補充。

然而本論文的研究是一「最初步」的考察，僅探討「朱子如何理解與詮釋」北宋四子，而對於朱子與北宋四子之間的「異同比較」則顯得較爲薄弱，這一方面應該是往後可以再加以發展與深入探討的。

與朱子此一工作最爲相似的有明末儒學大家劉蕺山，其編有《五子連珠》、《聖學宗要》等書〔註3〕，若將兩人的理解方式與詮釋用心加以對勘比較，應該是一有意義的研究方向。

又如對比朱子與船山對橫渠的理解與詮釋應該也是一個可以列入考量的研究方向。

此外，因論文內容的安排，所以不得不對諸多議題有一取捨，如第一章所提及的「氣質之性」等，故猶有許多尚未被挖掘的議題，值得進一步去研究。

凡以上數點皆可作爲本論文往後繼續發展的可能性，或不同向度的延伸。

〔註3〕對於蕺山《聖學宗要》的研究，參考杜維明、東方朔著：《杜維明學術專題訪談錄：宗周哲學之精神與儒家文化之未來》（上海：復旦大學出版社，2001年），頁155～212、302～340。

附錄一　朱子「中和舊說」之研究現況考察

一、前言

　　多元的聲音是人文學科不可避免又值得慶幸的情況，而當代朱子學詮釋更是如此，對於當代朱子學的研究現況目前有楊儒賓先生的〈戰後臺灣的朱子學研究〉〔註1〕與鍾彩鈞先生的〈現代日本學者有關中國朱子學研究之概況〉〔註2〕兩篇文章，分別討論臺灣（一九四九年後）與日本漢學界對中國朱子學的研究情況之概覽。

　　而筆者本文之作則嘗試針對朱子學中單一議題：「中和舊說」的研究現況作一對比性的研究現況之考察，此考察的基本用心，除客觀地展示諸詮釋系統間的差異外，希望能讓各家說法在文獻的解析上相互攻錯，以收周延之效，且冀望能從中窺見一「隙縫」〔註3〕，使後來學者進一步循「文獻的研究途徑」〔註4〕——回歸朱子原文，開創一可從事調適而上遂的努力之天地。惟筆者限

〔註1〕　楊儒賓：〈戰後臺灣的朱子學研究〉，《漢學研究通訊》第 19 卷第 4 期（2000.11），頁 572～580。

〔註2〕　鍾彩鈞：〈現代日本學者有關中國朱子學研究之概況〉，黃俊傑主編：《儒家思想在現代東亞：日本篇》（臺北市：中研院文哲所籌備處，2000 年），頁 333～379。

〔註3〕　朱子曰：「讀書，須是看著他那縫罅處，方尋得道理透徹。若不見得縫罅，無由入得。看見縫罅時，脈絡自開。」（宋）朱熹撰；黎靖德編，王星賢校點：《朱子語類》（北京：中華書局，2004 年重印）卷 10，頁 162。

〔註4〕　牟宗三：〈研究中國哲學之文獻途徑〉，見《牟宗三先生全集》（臺北市：聯合報系文化基金會出版，2003 年）第 27 冊《牟宗三先生晚期文集》，頁 329～

於語言能力，考察的對象所及僅以中文學界，且有專書之作品者爲主。

二、「中和問題」之於朱子的意義

　　一般而言，當前學界沒有人會否認「中和問題」——已發未發說，在朱子思想確立的發展過程中之樞紐地位，但基於對以下幾點不同的看法：

　　　　1.「中」之名義與其實質義涵；

　　　　2. 已發、未發的界定，及其背後所隱含的心性論觀點；

　　　　3. 相應於已發、未發所確立的工夫修養論之實義，如涵養、敬、察識。

　　乃至於對朱子義理思想的定位、宋明理學的整體理解有所差異，於是對朱子參究中和一課題遂有不同的理解。我們首先來看諸家對朱子中和說的評定。

（一）對中和說的評定

　　肯定朱子學術思想之博大宏通，強調「朱子爲學精神重在會通和合，尋求古人之共同處，不在獨抒己見，表明其個人之特異處」〔註5〕的錢穆先生便認爲朱子對於已發未發一問題的沉潛反復、左右采獲就是此一精神的最好展示〔註6〕，他指出朱子中和問題的發展脈絡是：（1）先自有所悟——偏重於日用發處用工，又較注意書本尋究；（2）追念延平遺教——涵養未發；（3）折從南軒——先察識後涵養（中和舊說之悟）；（4）返就師說，調和歸一。〔註7〕終而提出「心統性情」一結論（中和新說之悟）。其言曰：

　　　　又獲新悟，始於此心之已發未發，能兩面兼顧，更不專著一邊。此後朱子於橫渠「心統性情」之說備極稱讚，……蓋因朱子四十歲以前爲此已發未發問題費盡曲折，而始達到此結論，……至是，朱子始以往日自所體悟者與師門遺教綰合雙成，已發未發兼顧交修，而獲得一定論。〔註8〕

347。

〔註5〕錢穆：〈略論朱子學之主要精神〉，《宋代理學三書隨劄》（臺北市：東大圖書，1983 年初版），頁 216。

〔註6〕錢穆：《朱子新學案（二）》（臺北市：聯經出版社，2001 年，錢賓四先生全集版本），頁 292～294。

〔註7〕錢穆：《朱子新學案（二）》，頁 259。

〔註8〕錢穆：《朱子新學案（二）》，頁 292～293、頁 259。

錢先生認爲朱子最後的結論（中和新說）是綰和自身體悟者與延平遺教，在修養工夫上，乃是不專主在靜時涵養或動時察識任何一邊，但其他研究者多不能同意「綰合延平遺教」之說，如陳來先生便認爲：朱熹離開了道南的本來方向而轉爲程頤主張的理性主義軌道。

> 丙戌、己丑兩次中和之悟的反覆究索，…使他（朱子）走上另一條道路，即不是從心理上，而是從哲學上探求未發已發，以致引發出他的整個心性情的理論體系；不是通過未發工夫獲得神秘體驗，而是把未發工夫作爲收斂身心的主體修養。……實際上表明朱熹離開了道南的本來方向而轉爲程頤主張的理性主義軌道。〔註9〕
>
> 已發未發說……在心性哲學的意義在於由「性情體用」思想引導出「心統性情」的學說，它在道德修養的意義在於由肯定未發而確立主靜涵養。……從追求未發體驗的直覺主義轉爲主敬窮理的理性主義，才是朱熹早期學術思想演進的眞正線索，也是他心性論發展的基本背景。〔註10〕

陳先生指出朱子參究「中和」一問題的意義在於確立「心統性情」的學說與「主靜涵養」工夫，並進一步強調從追求未發體驗的直覺主義轉向主敬窮理的理性主義是朱子早期學思發展的重要線索。

相較於陳先生將朱子的參究中和一過程放在道學義理思想系統中（主要指道南與湖湘兩派，更可上溯明道、伊川之說）加以衡定以確立「朱熹早期學術思想演進的線索」。束景南先生則是將參究中和一過程與朱子早年出入佛老，及回歸儒學爲思想背景合而觀之，故強調此一課題之於朱子學思的意義在完成「逃禪歸儒」的思想演變。

> 中和新說的確立，宣告了朱熹漫長曲折的主悟——主靜——主敬的逃禪歸儒思想演變歷程的終結。……朱子拈出了程頤「涵養須用敬，進學在致知」，建立起儒家體認實理的修養——認識方法，而同釋家心寂理空的修行方法劃分了界線，這是朱熹反佛思想的又一次飛躍。〔註11〕

陳氏與束氏兩人的看法之所以有差別，主要癥結在於：（1）朱熹從學於延平

〔註 9〕陳來：《朱子哲學思想研究》（上海：華東師範大學出版社，2000 年），頁 160。
〔註10〕陳來：《朱子哲學思想研究》，頁 192〜193。
〔註11〕束景南：《朱子大傳》（北京：商務印書館，2003 年），頁 287。

之後，其本人是否已能清楚判分儒佛，而在心性論、修養工夫上能不雜老釋之說；（2）朱子參究「中和」一問題是否與儒釋之辨有關聯。這是兩位先生對於中和問題的背景思想設定所以分歧的主因。

如陳先生依朱子孫婿趙師夏〈延平答問跋〉「同安官餘，以延平之言反覆思之，始知其不我欺矣。」「文公領簿同安，反覆延平之言，若有所得，於是盡棄所學而師事焉。」考定乙亥（朱子 26 歲）一年是朱子一意歸向儒學的確定之年，此時朱子已覺禪學之非，而立志歸本伊洛，而戊寅（朱子 29 歲）再見延平時，便「盡棄所學而師事焉」〔註 12〕，則中和一問題便與儒佛之辨無密切的關聯性，乃是朱子在道學系統內的發展方向之衡定問題。

束景南先生雖然亦同樣主張朱子於紹興二十八年戊寅師事延平〔註 13〕，其受學可以概括爲「存養」、「致知」、「應事」三階段，《論語要義》的完成即標誌朱子完成了主悟到主靜的轉變，但「李侗這種靜坐、默坐澄心雖然把朱熹引出了道謙一超直入的主悟，卻又有把他拉向劉子翬的主靜和天童正覺的默照禪的舊路的危險，決定了從學延平的朱熹仍不可能完全擺脫禪氣。」〔註 14〕，再加上，朱子思想上根深蒂固的痼疾——就內裡體認空理的積習，不能自覺地進行從日用處體認事理的儒家工夫〔註 15〕，此正是朱子未能全盡「逃禪歸儒」之因。而隆興二年甲申（朱子年 35 歲）清算宗杲——無垢的佛學論戰更推動了他在中和說上的演變。

以是之故，兩先生對於「朱子早期學思發展」便有不同的看法與理解。此外，束景南先生對朱子參究中和一問題的結論是：

> 「靜」被揚棄同時又包含在「敬」中，…「察識」被揚棄同時又包含在「致知」中，所以他的中和新說是一種融合閩學與湖湘學、明道主靜與伊川主敬兩家指訣的理學思想，它以敬、知雙修爲特點：

〔註 12〕陳來：《朱子哲學研究》，頁 35～43。

案：歷來對於朱子何時師事延平說法不一，當代研究者對此問題的討論也相當多，主要有三說：（1）陳榮捷從（明）李默、（清）洪去蕪之說，主紹興二十三年、癸酉（1153），朱子年 24 歲，受學於延平。（2）錢穆、牟宗三、劉述先同意（清）王懋竑以紹興二十三年始見延平，至三十年、庚辰（1160），朱子年 31 歲乃受學焉。（3）陳來、束景南認爲王懋竑所疑（稱「丈」而不稱「先生」）實不足爲據，而主紹興二十八年、戊寅（1158），朱子年 29 歲往見李侗而師事之。

〔註 13〕束景南：《朱子大傳》，頁 173。
〔註 14〕束景南：《朱子大傳》，頁 176。
〔註 15〕束景南：《朱子大傳》，頁 178。

持敬的涵養與致知的察識的統一，道德修養方法與認識方法的統
一，既克服了李侗一偏於靜的缺少察識工夫，又克服了湖湘學一偏
於動的缺少涵養工夫。他把這種思想確定爲二程思想的「大要」和
自己生平學問的大旨。〔註16〕

束氏對於「閩學」與「湖湘學」的看法是：「由胡安國父子到張栻之湖湘學，
以程頤『主敬』爲一脈相傳指訣；由楊時到李侗之閩學，則以程顥『主靜』
爲一脈相傳指訣。」〔註17〕而朱子生平學問大旨便是融合此兩家理學指訣，
克服或偏於靜、或偏於動的修養工夫，建立起「敬知雙修的修養——認識方
法」。

　　設若單就修養工夫不專主一邊而論，學界多能同意此說，蓋因朱子已明
白表示：「大抵心體通有無，該動靜，故工夫亦通有無、該動靜，方無滲漏」
〔註18〕、「涵養於未發見之先，窮格於已發見之後」〔註19〕、「敬字工夫通貫
動靜」〔註20〕。但值得注意的是：此是否就可以表示延平、湖湘之學各有所
偏，因此各有所弊，而朱子之說便足以糾正其不足呢？

　　劉述先教授的研究便曾針對此點給出一回應：

　　朱子以爲這樣可以避免平日過重動察的毛病，同時卻又不致流入偏
　　於靜的流弊。涵養於未發，察識於已發，如此則動靜兩方面都可以
　　用心做工夫，似乎可以照顧到延平一向重視而自己歷年辛勤始終無
　　法銷融的那一方面，這才終於得以對治了自己本質上的毛病，也匡
　　正了湖湘一派的偏失。至是朱子才找到了他自己的成熟思想的路
　　數，此後一直謹守此規模，不再有本質性的改變。〔註21〕

雖然肯定朱子以他自己的方式找到一動靜一如的修養方法，但劉先生並不認

〔註16〕束景南：《朱子大傳》，頁286。
〔註17〕束景南：《朱熹年譜長編》（上海：華東師範大學出版社，2001年），頁362。
〔註18〕《文集》卷四十三〈答林擇之〉書二十二（精一之說）
　　　　以下關於《朱子文集》的引述，均採（宋）朱熹撰：朱傑人、嚴佐之、劉永
　　　　翔主編：《朱子全書》（上海：上海古籍出版社；合肥：安徽教育出版社，2002
　　　　年）一版本爲主。
〔註19〕《語類》卷18，頁403。
　　　　以下關於《朱子語類》的引述，均採（宋）朱熹撰：黎靖德編，王星賢校點：
　　　　《朱子語類》（北京：中華書局，2004年重印）一版本爲主。
〔註20〕《文集》卷三十二〈答張敬夫〉書十八（諸說例蒙印可）
〔註21〕劉述先：《朱子哲學思想的發展與完成》（臺北市：臺灣學生書局，1995年，
　　　　增訂三版），頁102。

爲朱子能眞正相契於延平之教，他認爲：「朱子一生並不眞正了解延平之默坐
澄心爲把握天命流行之體之一手段」〔註22〕，只是在心理上「由追思延平遺
教而感到靜養工夫之不可廢，所以他必定要爲這一方面在他自己的思想系統
中找到一定位」〔註23〕。而劉先生對於朱子的成熟思想之路數一結論大體同
意於牟宗三先生所說，牟先生主張：

> 經過其參究此問題之發展，朱子乃喪失此「致中和」之縱貫系統于
> 道德踐履上之獨立性，而將其融解于《大學》格物致知之格局，遂
> 只成靜涵靜攝之橫列系統。〔註24〕

牟先生認爲：在「中和說」、「仁說」兩部論辯確定後，朱子之義理系統與型
態可以全部朗然呈現。朱子其實只以伊川之綱維落實於《大學》（《論》、《孟》
僅是其補充與輔助），由此以展開其「橫攝系統」。所謂的「橫攝系統」，乃是
相對於「本體宇宙論的實體之創生的直貫之縱貫系統」而說，即主觀地說爲
靜涵靜攝之系統，客觀地說爲本體論的存有之系統。「用『靜涵』一詞，乃心
氣之靜的涵蓄淵渟之意；用『靜攝』一詞，乃認知的綜函攝取之意。靜涵相
應朱子本人所說之涵養，靜攝相應朱子本人所說之察識以及致知格物、格物
窮理」〔註25〕。

中和說論定後所成之基本綱領可歸結爲：一、心性情三分，心統性情；
二、靜養動察，敬貫動靜。「表面雖似同于延平，以涵養爲本，而義理間架實
更遠于延平。」〔註26〕而「朱子所說之動察之察，非致察于良心之發見之察」
〔註27〕，然而後者才眞是湖湘學之所以重察識的根本意義所在。也就是說，
朱子參究《中庸》已發未發的過程實不能對於延平、五峰之學有一相應的理
解，他只是順伊川之語而說，終致成爲另一系統之義理。

（二）說法歧異之因

依上所論，我們可以了解到：當代學者均極肯定「中和問題」對於朱子
哲學思想之發展與完成具有「抽關啓鍵」〔註28〕之作用，然而對於朱子的思

〔註22〕劉述先：《朱子哲學思想的發展與完成》，頁77。
〔註23〕劉述先：《朱子哲學思想的發展與完成》，頁114。
〔註24〕牟宗三：《心體與性體（三）》（臺北市：正中，1990年），頁42。
〔註25〕牟宗三：《心體與性體（三）》，頁48。
〔註26〕牟宗三：《心體與性體（三）》，頁211。
〔註27〕牟宗三：《心體與性體（三）》，頁120。
〔註28〕朱子語，見《文集》卷三十二〈答張敬夫〉書四（前書所稟）

想型態、義理系統方向的理解卻有相當大的差異，乃至於看似平行、難以有交集，之所以如此的原因當然與研究者本身的研究方法的取徑、思想性格、詮釋的立場與態度、朱子義理思想的定位以及理學（或名道學，乃至有宋一代之學術）思想的整體理解等等有著密切的關聯。

如在研究方法方面，錢穆先生一延「學案」舊例，分篇逾五十，於各篇章課題中又能詳考思想見解之遞轉與遞進，並冀以宏觀的角度全面而完整的理解朱子的學術思想，故全書分為思想之部與學術之部二編〔註29〕。又特重史學之研究精神，如言「治一家之學，必當於其大傳統處求，又必當於其大背景中求」、「治朱子學，則必求明朱子其人及其時代」〔註30〕。陳來先生的研究方法亦採取以問題為主的專題研究，又注重對朱子思想歷史演變的考察〔註31〕，此兩點皆有類於錢穆先生，然對於問題的辨析、觀點的反省與批判則有更加詳盡的挖掘與論析。束景南先生則在《朱子大傳》〈自序〉中言其方法為「文化還原法的歷史研究」，自陳該書是「一部心態研究之書，是用傳記體的形式研究道學文化心態的著作」，就是「把朱熹這個「人」放到人、文化、社會的三維有機系統中加以考察，這樣，對朱熹的文化心態的探討可以在社會文化背景的宏觀展現與心理結構的微觀透視的統一上來進行」，其研究目的在於「寫出他道學心態二極對立的全部複雜性」，故最終「通過步步展現朱熹的思想歷程，把對他的心態系統的動態展現變為一種文化發生學、文化心理學與文化歷史學三者合一的描述。」〔註32〕至於牟宗三先生則不僅精於哲學思考，且對於諸文獻進行十分細密的分析與釐清，以期達到「會而通之，得其系統之原委」的理性之了解〔註33〕，故特顯理論系統之謹嚴。

又如在詮釋的態度及立場方面，因各研究者可能從不同的學思背景出發，而有不同的立足點。簡言之，可概分為史學與哲學兩端，在史學一方，

〔註29〕案：錢先生《朱子新學案》原欲作三大篇，另一則為「經濟」之部，但「今成思想、學術兩編，篇幅已多。其第三編，自問無以遠出乎王氏《年譜》、夏氏《質疑》之上，此兩家書縱有疏失，亦易考見，故不復作。而於朱子對當時之政論政見，則散附其一二於〈史學〉篇，雖不能詳，要亦可見其大體。」見錢穆：《朱子學提綱》（臺北市：素書樓文教基金會出版：蘭臺網路總經銷，2001年），頁212。
〔註30〕錢穆：《朱子學提綱》，頁211。
〔註31〕陳來：《朱子哲學研究》，頁8。
〔註32〕束景南：《朱子大傳‧自序》，頁8～13。
〔註33〕牟宗三：《心體與性體（一）‧序》，頁1。

強調將理學放在儒學傳統中去認識，更進一步將理學的興起與發展放在宋代
學術文化的脈絡中，乃至當時的社會歷史環境，加以考察。此可以束景南先
生為代表。在哲學一方，則認為思想觀念有其發展的獨立性，因此可以超越
時空與文化的背景限制，直探無分古今中外的真理本身，故其研究著眼點在
於哲學思想發生的脈絡，突顯其本質及其精神價值之意義。此可以牟宗三、
劉述先先生為代表。〔註34〕

又如在理學（或名道學，乃至有宋一代之學術）思想的整體理解方面，
更確切地說，即宋明理學的主要課題一問題點，一般的觀點中，最基本的看
法可以以陳來先生所言為代表：

> 通過「道統」的設立和「道學」的創立，新儒學把這一時代儒學知
> 識份子對「儒學」的認同明確化和強化，他們對宇宙秩序、人倫秩
> 序和社會價值的重新安排，他們的精神追求和政治理想，也都反映
> 出面對成熟強大的佛教、道教的挑戰，儒學新的自我意識的勃興，
> 和重構儒學的宏願。同時，不可否認的是，新儒學與其所在的社會
> 制度具有某種互動的聯繫。〔註35〕

陳先生指出宋明理學家的努力一方面是透過重構儒學之宏願，強化對「儒學」
的自我意識之認同，終而期望完成對宇宙秩序、人倫秩序和社會價值的重新

〔註34〕關於此一問題的探討，黃俊傑先生〈思想史方法論的兩個側面〉一文頗值得
參考，收錄於黃俊傑編譯：《史學方法論叢》（臺北：臺灣學生書局，1981年，
增訂再版），頁243～301。葛兆光：《思想史的寫法——中國思想史導論》（上
海：復旦大學出版社，2004年）一書中亦針對此一問題有所反省。而近年余
英時先生的大作《朱熹的歷史世界》所引發的論辯諸議題中，關於「抽離」
一問題，實也是源此而發，參余英時《宋明理學與政治文化》（臺北市：允晨
文化，2004年）一書的〈附錄〉。而相關的論辯文章有：楊儒賓：〈如果再迴
轉一次「哥白尼的迴轉」〉，《當代》第一九五期（2003.11），頁125～141；〈我
們需要更多典範的轉移〉，《當代》第一九八期（2004.02），頁97～105。。葛
兆光：〈拆了門檻便無內外：在政治、思想與社會史之間〉，《當代》第一九八
期（2004.02），頁86～96；〈回到歷史場景：從宋人兩個說法看哲學史與思想
史之分野〉，《河北學刊》第24卷第4期（2004.07），頁19～23。（美）包弼
德：〈對余英時宋代道學研究方法的一點反思〉，《世紀哲學》第四期（2004
年），頁92～102。陳來：〈從「思想世界」到「歷史世界」〉，《二十一世紀》
第七九期（2003.10），頁130～139。田浩：〈余英時：《朱熹的歷史世界——
宋代士大夫政治文化的研究》〉，朱杰人、嚴文儒主編：《《朱子全書》與朱子
學——2003年國際學術討論會論文集》（上海：華東師範大學出版社，2004
年），頁208～218。得悉另有黃進興、劉述先等人的書評，但筆者尚未得見。
〔註35〕陳來：《宋明理學》（上海：華東師範大學出版社，2003年二版）·〈序〉，頁9。

安排；另一方面，在面對外部挑戰的情況下，力斥佛、道二教，同時「吸收二教發展精神生活的豐富經驗，探求精神修養、發展、完善的多方面課題與境界，建立了基於人文主義的并具有宗教性的「精神性」」〔註36〕。

在此一課題上，牟宗三先生則有其獨特的洞見，其言曰：

> 宋明儒之將《論》、《孟》、《中庸》、《易傳》通而一之，其主要目的是在豁醒先秦儒家之「成德之教」，是要說明吾人之自覺的道德實踐所以可能之超越的根據。此超越根據直接地是吾人之性體，同時即通「於穆不已」之實體而爲一，由之以開道德行爲之純亦不已，以洞澈宇宙生化之不息。性體無外，宇宙秩序即是道德秩序，道德秩序即是宇宙秩序。……此是宋明儒之主要課題。〔註37〕

相異於牟先生主張：宋明儒學的主要課題是說明自覺的道德實踐何以可能之超越的根據，唐君毅先生則認爲：「聖人必學而至，而此學又必須學到『不思而中、不勉而得、自然中節，更不學不慮』……乃整個宋明儒者共同之問題，而亦貫于宋明理學思想史之發展中者」〔註38〕，亦即如何達至「從心所欲不踰矩」、「發而皆中節」的聖人化境（究極之理想）是宋明儒者的共同課題，而諸儒所言之差異，唯在工夫之討論上。對此問題，人如只是於已發處（情欲已肆、行事已成後），加以省察克治之功，或在念慮之微之幾上、心氣之始動上用工夫，恐仍非正本清源之究竟工夫，故若欲同聖人之從容中道，所發者自始即循理而發，直下無過不及，此則更需一本源工夫，即關聯於所謂「未發之中」的問題。故唐先生以爲「此一未發之中之問題，吾意在根柢上初乃一『如何在人之意念行爲未發之先，用一工夫，使所發意念行爲，皆自然中節，如聖人之從容中道』之問題。」〔註39〕

此外，在研究者的思想性格方面，更可以舉唐君毅先生爲例。劉述先先生曾說：「唐先生煞費苦心，企圖證明在新儒家的宮室之美，廟堂之富的弘大規模之下，可以兼容並包程朱陸王等不同型態的思路，彼此不必互相衝突，而可以相反相成。但這樣的思路把銳角化成了鈍角」〔註40〕，楊儒

〔註36〕陳來《宋明理學》·〈引言〉，頁14。

〔註37〕牟宗三：《心體與性體（一）》，頁37。

〔註38〕唐君毅：《中國哲學原論　原性篇》（臺北市：臺灣學生，1991年，全集校訂版），頁577。

〔註39〕唐君毅：《中國哲學原論　原性篇》，頁576。

〔註40〕劉述先：《朱子哲學思想的發展與完成》·〈自序〉，頁2。

賓先生亦言：「唐先生本人的寫作風格重圓融調會，四面張羅，問題容易鈍化」〔註 41〕，此二位先生均準確地指出唐先生的學問性格與寫作風格的特點，此一特點的確在唐先生《中國哲學原論》中論及朱子學的部分極為顯明，如《原性篇》〈附編　原德性工夫　朱陸異同探源〉、《原教篇》第十至十二章〈朱陸之學聖之道與王陽明之致知之道〉等，但換一角度看，此或許正是唐先生學思之微旨所在，正如高柏園先生所言：「其（案：唐先生）學問性格亦正在試圖依辯證以消融一切哲學之異同，最後以至不齊之齊、各安其位之終極關懷也。吾人如欲善解唐先生之學，實不可忽略此方法論上所隱含之甚深密意也。」〔註 42〕

　　綜上所論，造成研究者對朱子哲學思想定位的關鍵性課題──中和說具有不同的理解與評定之原因是多方面的，能夠掌握各家論述不同的原因當然是後學者善體前賢先進之用心的關鍵處，能於此處有相應的理解當有助於掘發研究者的問題意識與研究用心，但後學若於此等處做過度的揣度與評斷，則是筆者所深感不安者。蓋研究方法、詮釋的妥效性以及對宋明理學的主要課題與定位之理解等各方面因為可以回溯到文獻材料中，試圖於文獻中尋求印證與支持，故可以嘗試有一批判性的反省，但對於研究者的思想性格、生命情調、立場或關懷等，則關係到研究者本身的價值觀與信念的選擇，若能認同之，則一方面當闡揚其意義與價值，使其由隱而顯，一方面則當自我期許能紹述此學；倘若真不能苟同，則大可存而不論。再者，面對此等個人主觀因素或可能影響及研究的客觀性一問題，則後學正應當藉此反躬自省，以之為鑑。

　　又鑑於其他研究者的嘗試〔註 43〕，順各家說法的思路而客觀地展示諸研

〔註41〕楊儒賓：〈戰後臺灣的朱子學研究〉，《漢學研究通訊》，頁 572～580。

〔註42〕高柏園：〈論唐君毅與牟宗三對朱子思想之理解態度〉，
　　　　http://www.hfu.edu.tw/~lbc/BC/4TH/BC0432.HTM。

〔註43〕相關的論文有二：一者，大陸學者陳代湘先生：〈論錢穆與牟宗三對朱子中和學說的研究〉，《泉州師範學院學報》第 20 卷第 1 期（2002.01），頁 97～100。此文首陳錢氏之說，次述牟氏之說，終於對雙方給予簡評，陳先生認為「牟先生是站在心學的立場上來研究評判朱子」（頁 100），因此對牟先生提出兩點質疑：1、朱子以明智的頭腦、強勁的學力以及淵博的知識，為何連儒學「大宗」（正宗）的本體概念都理解不了？ 2.逆覺體證是否是證悟道德本心的唯一工夫？ 對錢穆先生的批判則是指其對朱子似乎偏愛有加，「實際上他自己有些地方已陷入門戶意氣之中而不自知。」（頁 100）
案：筆者以為若單就「立場」評斷錢、牟之說，恐是過當之言。又朱子所謂

究者的心得，如將錢穆、牟宗三各列一節分別簡述其觀點，如此一來，即使可以將諸說作一精要的羅列，但只能突出彼此間巨大的差異性，使人徒生諸說難有交集之感。故如何營造出一開放的空間，使諸觀點得以在此對話、溝通，並藉此對比出研究者的睿識與洞見，以期激盪出一調適上遂的可能性，實是本文的主要用心之所在。也就是說，如何建立一肯定多元的溝通平台，讓各種不同的觀點得以發言、對話，復次，在面對諸「不同地理解」之同時，若期望能探求一「較好地理解」，則必須進一步反省此『較好』之標準何在一問題。

　　所以筆者嘗試回到文獻本身尋求解決之道，亦即當我們在對思想材料有一基本的考訂之後，「文獻材料」或許可以充當諸論點溝通、交流的平臺與「較好地理解」之裁判者，何以故？因為「文本」本身具有雙重性，一者開放性，一者規範性。依前者，文本是開放的，在義理上可以涵蘊多重詮釋觀點的可能性，但此並非表示詮釋可以具有無限制性，舉凡一項合理的詮釋必須能夠還原到文本中，取得文本的印證與支持，而其詮釋觀點籠罩的文獻越廣，則詮釋就代表越成功。因此可靠的「文本」本身也能提供一批判、反省諸觀點之衡定標準。下文便依此嘗試展開論析。

三、「中和舊說」之義理內涵

　　對於中和問題最具有權威性的證據當是朱子於乾道八年壬辰（1172 年）八月所作的〈中和舊說序〉，該序中朱子說明他作此編之目的在「深懲前日之

的「一旦豁然貫通」是否有「悟」的義涵當然可以討論的，但若能正視牟先生所強調的道德與知識的分界問題，則陳先生的質疑應該可以得到進一步的釐清。

再者，台灣輔仁大學哲學研究所博士生潘玉愛：〈論錢穆與牟宗三對朱子中和說的研究〉，2005 年「錢穆先生思想研究論文發表會」論文集，頁 323～335。此文亦同樣分別陳述錢穆與牟宗三的觀點（第二節、第三節），之後再論兩說之交涉（第四節），此一部份又分兩點說明：1.兩造說法的同異；2.再闡兩造說法的延伸。前者重其同，後者言其異。潘氏以為同者有三：（1）均重調和朱陸；（2）中和說是朱子學建立的關鍵；（3）對於已發未發的理解。而異者有二：（1）方法不同；（2）生命情調不同（錢近朱；牟近陸）。案：同者的（1）、（3）兩點，筆者深感不然。「朱陸會通」絕非錢氏與牟氏的研究用心之所在，又兩人對於已發未發說背後所隱含的心性論觀點迥異，如何說理解相同？至於第（2）點則是學界的普遍看法，恐無人反對。異者方面，錢氏的考據、牟氏的辨析，其差異確實是顯明的，但以「生命情調」論兩人對於朱子中和說所以異之原因，則大有可商榷處。

病，亦使有志于學者讀之，因予之可戒而知所戒也」〔註44〕，朱子在己丑之悟後三年主動的將前日往還相關的書信檢料成一編，其用心除對自己的學思歷程作一整理、回顧，以自我警惕外，並使有志於此的學者因觀前人（朱子）之「過」而知所警戒。

在該序中，可以看出朱子早年的中和思想曾經有過兩次重要的轉變，第一次即序中「一日喟然嘆曰」所陳之見解，一次即序中言「乾道己丑之春」的「凍解冰釋」。學界一般多將前者稱「中和舊說」（或依紀年爲名，主此悟在乾道二年丙戌，朱子時年 37 歲，曰「丙戌之悟」；主此悟在乾道四年戊子，朱子時年 39 歲，曰「戊子之悟」），後者稱「中和新說」（或依紀年爲名，曰「己丑之悟」）。

（一）中和舊說的相關（考證）問題

可惜的是《晦庵先生朱文公文集》的編者〔註45〕並無將此編（《中和舊說》）完整留存，而是散入文集各卷中（或有脫佚亦未可知），可考者僅《文集》卷三十 〈與張欽夫〉第三書（人自有生）與第四書（前書所扣），兩篇朱子自注「非是」、「乖戾」的書札，故對於中和問題的相關文獻材料本身的認定與考證也是引起看法歧異的關鍵之一。

1.《中和舊說》一「書信集」所收之文章

若我們問：朱子所編紀錄中和問題相關討論之「書信集」，集中所收錄之書箚可能是哪些呢？

多數治朱子學的研究者認爲此「書信集」僅收「乾道五年」（1169 年）己丑之前的往還書札，此說雖有可能，但也不能忽略此「書信集」乃編於乾道八年壬辰（1172 年 43 歲）八月，因此當中所收錄的書札也可能是將「乾道八年」以前的相關書信皆予以收編、整理，陳來先生便注意到此一問題，他說：

> 然細審之，〈中和舊說序〉所謂「故書」、「當時往還書稿」似兼指丙
> 戌、己丑兩次中和之悟，非獨指丙戌之悟也。

〔註44〕《文集》卷七十五〈中和舊說序〉

〔註45〕關於《朱子文集》的編纂，可參考：郭齊、尹波點校：《朱熹集》附〈版本考略〉（四川：四川教育出版社，1996 年）；朱傑人、嚴佐之、劉永翔主編：《朱子全書》·《晦庵先生朱文公文集（壹）》之〈校點說明〉。徐德明：〈朱熹刻書考略〉，朱杰人、嚴文儒主編：《《朱子全書》與朱子學──2003 年國際學術討論會論文集》（上海：華東師範大學出版社，2004 年），頁 273～275。

這些討論的書信朱熹在乾道八年壬辰編在一起,題爲《中和舊說》,
向來皆以朱子所謂「中和舊說」一語專指丙戌之悟,實際上朱子是
把包括己丑以後的中和論辯統編爲中和舊說,所謂「與湖南諸公論
中和第一書」當即編入《中和舊說》的第一書,故有此題。〔註46〕

陳先生這一提醒的主要用心是修正對「中和舊說」一語只有指「丙戌(或戊
子)之悟」的刻板印象,即朱子使用此語時,是包括己丑以後的諸書信而言,
亦即朱子編此書信集時(壬辰),是把在此之前的對於中和問題有相關的書信
皆收錄編輯整理,統名曰:「中和舊說」。若眞是如此,則此一觀點的注意,
其意義便在於能有助於我們更全面地看待朱子中和觀點的發展,不僅拘限於
舊說、新說之諸信函。如陳來先生把中和說的心性問題延伸到《知言》的論
議與「仁」說的論辯來加以討論。

　　而筆者以爲可以再稍加作一補充的是:朱子作此編的目的與用心。筆
者以爲朱子作此編的用心在於深戒「前日之病」,所謂的「前日之病」乃是
指「忽近求遠,厭常喜新」,而該序文中朱子特重反省其看待『程子之言』
前後兩種不同的態度,故「近」且「常」可以是指『程子之言』而言,如
舊說時期對程子之言的看法是「雖…有不合者,亦直以爲少作失傳,而不
之信」,而新說時期則是認爲程子之言「不應一切謬誤以至于此」,又「虛
心平氣而徐讀之」,故終有大悟。因此從這裡也可以見到若《中和舊說》一
「書信集」能兼收「舊說」、「新說」之往復書信確實較能顯朱子前後兩時
期對『程子之言』的不同態度與理解,也較能傳達朱子此編的用心(深懲
前日之病)。

2.「中和舊說」之年代考證

　　在〈中和舊說序〉中我們可以看到朱子對於已發未發說有前後兩次迴異
的體會,後一次的體悟,朱子已明言在「己丑」之春,但首次的證悟在何時,
則學界有兩種說法:

甲、乾道二年　丙戌(1166)三十七歲　簡稱「丙戌之說」
乙、乾道四年　戊子(1168)三十九歲　簡稱「戊子之說」
採甲說者有:(清)王懋竑、牟宗三、陳來、束景南　以下簡稱「主丙戌
　　　　　　說者」

〔註46〕陳來:《朱子哲學研究》,頁 161・註 1;頁 173・註 1。

採乙說者有：錢穆、申美子〔註47〕、陳榮捷、劉述先　以下簡稱「主戊
　　子說者」

王懋竑一反傳統主「戊子」之年始悟「舊說」的說法，而提出朱子對中
和問題初次的體悟應該在「丙戌」年，而錢穆先生對王氏之說頗有疑議，並
試圖論證舊說之悟當在「戊子」年才能於義理上得到一較圓滿的說明，劉述
先先生在此一觀點上同意錢氏的說法，但近來專精於考證的陳來、束景南二
位先生則呼應王氏的說法，強調由文獻材料的考證來看，舊說之悟當在丙戌
年是確然無疑的，但如此說是否能全面回應錢、劉二氏的在義理上與文獻上
的質疑呢？首先我們先看王懋竑的說法：

> 向以〈中和舊說序〉云「聞張欽夫得衡山胡氏之學，則往從而問焉」，
> 爲至潭州時，故以四書在戊子。今以答羅宗約書考之，自指書問往
> 來，而非至潭州時也。〈答何叔京〉書「未發已發，渾然一致」與此
> 四書意相合，又言程門紀錄之誤，與〈中和舊說序〉所云「以爲少
> 作失傳而不之信」，亦正相合，而何書自在丙戌。　何書言伯崇過建
> 陽在丙戌，許順之書亦及之，第三書末及〈雜學辨跋〉，其在丙戌冬
> 無疑。　彼此參考，四書之在丙戌而非戊子，確然矣。〔註48〕

正如前面所述，《中和舊說》一編已不可見，可確定者僅只於兩封書函，因此
王氏於此問題上能指出相關於舊說的諸書信，並予以考訂，就此點而言，實
是朱子學明於後世的一大功臣。王氏的考證爲：以丙戌年致何叔京之函謂「未
發已發，渾然一致」，恰與中和舊說相合，故可斷在丙戌。又引同年〈答羅宗
約〉〔註49〕書言「時得欽夫書問往來，講究此道」以爲朱、張二人在潭州相

〔註47〕申美子先生考定《文集》卷四〈哭羅宗約二首〉作於乾道四年（戊子），當中
　　　　有「但使窮新得，終當訂舊訛」一句，「新得」、「舊訛」可分別代表中和舊說
　　　　與延平遺教，故斷言中和舊說當在戊子（朱子39歲）年。參見申美子：《朱
　　　　子詩中的思想研究》（臺北市：文史哲出版社，1988年，初版），頁185～187。
　　　　案：筆者以爲此「新得」、「舊訛」是否真可分別代表中和舊說與延平遺教是
　　　　一問題，且若據束景南先生的考證，朱子在乾道四年的新得是「敬」一觀點，
　　　　則這一證據猶有可商議處。
〔註48〕（清）王懋竑：《朱子年譜考異》卷一。引自朱傑人、嚴佐之、劉永翔主編：
　　　　《朱子全書》第二十七冊《附錄》，頁426。
〔註49〕但此文（《續集》卷五〈答羅參議〉書四（示及汪丈書））其中有「大抵衡山
　　　　之學，只就日用處操存辨察，本末一致，尤易見功。某近乃覺知如此，非面
　　　　未易究也。」一段，錢穆便據此書云「操存辨察」一詞，特加「操存」於「辨
　　　　察」之前，正是強調涵養之功，可見朱子此時仍垂念師說，而與中和舊說四

會之前已有書問往來的佐證，推翻過去據〈中和舊說序〉將舊說四書訂在戊子年的看法。

當代大陸學者陳來與束景南兩位先生的說法大致本王氏考證的線索而進一步精密化，其考證的理路〔註50〕是：

A. 確立「人自有生」四書為中和舊說

王氏於《年譜》中以有自注之二書為準，詳檢《文集》，而考訂除此兩書外，《文集》卷三十二〈答張敬夫〉書三（誨諭曲折數條）與書四（前書所稟）兩書，當是同時之作，此點學界均無異議，故稱此四書為「人自有生四書」或「中和舊說四札（書）」。

又此四書的先後問題，恐非同《文集》的編序，當可依牟宗三與陳來兩位先生的推斷〔註51〕：首卷三十〈與張欽夫〉書三（人自有生）；次卷三十二

書（主先察識）不合，故可證舊說應非丙戌年之作。見錢穆：《朱子新學案（二）》，頁 277。

束景南先生雖認同此書把「操存」置於「辨察」之前，「表明他站在李侗立場對湖湘學的理解還有偏頗」，但其進一步考訂此書當繫於隆興二年甲申，代表朱子赴豫章弔唁張浚後的書問往來，以及朱子開始注意及湖湘學的察識於已發一工夫之重要線索。見束景南：《朱子大傳》，頁 250～251；《朱熹年譜長編》（上海：華東師範大學出版社，2001 年），頁 331～333。而陳來也同樣反對王懋竑將此書定在丙戌年，認為當在乾道元年乙酉，見陳來：《朱子書信編年考證》（上海：上海人民出版社，1989 年），頁 33。

〔註50〕陳來：《朱子哲學思想研究》，頁 166～168。束景南：《朱熹年譜長編》，頁 358～359；《朱子大傳》，頁 253～254。

〔註51〕兩人推斷之理路大體如下：（暫依《文集》編序以一、二、三、四書稱之）第二書乃針對南軒「兩物」之疑而發，然而第四書卻非酬答性質，其開頭說「前書所稟寂然未發之旨，良心發見之端」，所謂「前書」顯是指第一書而言，因「寂然未發之旨，良心發見之端」可用以概括第一書之旨，如此一來，此書恐是「遺書（第一書）」後，尚未得南軒之復書時，朱子「累日潛玩」之心得，故進一步申述其體悟所得，因而終有「已發者人心，而未發者皆其性也」一結論。而南軒亦恐是針對此觀點而疑有「兩物之弊」，接著朱子便以第三書回覆。參考牟宗三：《心體與性體（三）》，頁 93～94。陳來：《朱子哲學思想研究》，頁 169。

又關於此舊說四書的著作時間問題，陳來指出第一、四、二書作於丙戌夏、秋，第三書則作於次年乾道三年丁亥之春。但束景南先生顯然並不同意此說，他認為舊說四書的次序當同於《文集》的編序，他認為中和舊說第三札乃作於乾道二年丙戌十月。詳參束景南：《朱子大傳》，頁 253～254·注 1。

對於此四書次序的看法，學者或依編序，或以義理推斷第四書在第一書之後，但雙方均對於此四書乃皆是舊說之旨全無異議。而唐君毅先生雖在四書次序的看法上採後一說，但其對第三書的理解則甚為特別，他認為第三書是悔悟

〈答張敬夫〉書四（前書所扣）；復次卷三十〈與張欽夫〉書四（前書所扣）；末則是卷三十二〈答張敬夫〉書三（誨諭曲折數條）。

B. 舊說四札與卷四十〈答何叔京〉諸書當為同時之作

a. 首先，以涉及《孟子集解》、《語錄》、《淵源錄》等語確定卷四十〈答何叔京〉第二、三、四書乃相承未遠之作，且《文集》卷四十乃按時間先後編次者。

b. 以〈答何叔京〉第三書有「天性人心未發已發，渾然一致」一語證其與中和舊說第二書、第四書所述之意旨大體相同

c. 舊說第二書自注：「所疑語錄皆未是」而〈答何叔京〉書三亦云：「雖子程子之言，其門人所紀錄，亦不能不失。」此亦可明答何叔京諸書乃舊說時之書信。

d. 中和舊說第四書言：「近范伯崇來自邵武，相與講此甚詳」即答何書二「近得伯崇過此講論逾月」、答何書四「伯崇近過建陽相見，得兩夕之款」；又第四書云：「《孟子》諸說始者猶有齟齬處」即答何書四所說《孟子集解》，故此七封書信約略同時。

C. 以〈答何叔京〉諸書作於「丙戌」證明舊說之悟在丙戌年；並以舊說第三書反對舊說之悟在戊子年之說

a. 〈答何叔京〉第四書因涉及〈雜學辨跋〉故知該書作於乾道二年丙戌（冬、十一月）

b. 〈答何叔京〉第三書言「本欲專人致書以謝臨辱，又苦農收乏人」與《續集》〈答羅參議〉書六「何叔京秋間相過」相合，當作於乾道二年丙戌（秋）

c. 〈答何叔京〉第二書言「近得伯崇過此講論逾月」，第四書言「伯崇近過建陽相見，得兩夕之款」，而以卷三十九〈答許順之〉書十一云「夏秋間，伯崇來相聚，得數十日講論」考之，知兩答何書亦當作於丙戌由舊說第四書與答何書二、四有明顯相干處，故必同在丙戌年〔註52〕

舊說之文。詳見唐君毅：《中國哲學原論 原性篇》，頁 584。

〔註52〕 束景南先生對於中和舊說第四書的考訂有前後不同之說，2001 年出版（一版一刷）的《朱熹年譜長編》言「足見中和舊說第四箚作在七月，而一、二、三箚必作在七月以前」（頁 359），而 2003 年出版（一版一刷）的《朱子大傳》言「足見中和舊說第四札作於十一月，而一二三札必在十一月以前」（頁 253）。

d. 舊說第三書言及「復見天地之心」與答何書八同，而何書八言及
將何鎬所贈《遺書》寄張栻、林擇之始來問學，又言：「今恐已
熱，難出入」，故知作於乾道三年丁亥春、夏間，而舊說第三書
必在此之前（陳來訂在丁亥春；束景南訂在丙戌十月）

e. 舊說第三書曾云「浩浩大化之中，一家自有一個安宅」，《文集》
卷四十二〈答石子重〉書五有云：「『大化之中自有安宅』，此立
語固有病。然當時之意卻是要見自家主宰處」。按此答石書中有
「熹自去秋之中走長沙」、「熹忽有編摩之命」，故知作於乾道四
年戊子初（剛由長沙訪南軒歸來之時）。可見既曰「當時」，則舊
說第三書非與答石書爲同時之作，必在戊子之前

　　以上，大致是王懋竑、陳來、束景南三位先生對於中和舊說年代考證之
推論，接下來，我們可以對比地看錢穆、劉述先兩位先生針對「中和舊說在
丙戌年」的質疑與修正。

　　首先，錢穆先生曾強調其本人對於義理與考據的根本觀點是「須先通觀
義理大體，而後考據有所施」〔註 53〕，所謂「通觀義理大體」乃是指對朱子
參究中和問題有一整體性的掌握，其中當然必涉及李延平之學思，依錢氏的
看法，延平之教本亦內外兼顧，動靜交修，不專主一邊，其大端有三：默坐
澄心（於靜中體認未發之大本氣象）、於日用處用工、去聖經中求義。然朱子
受教於延平，除開其還就儒術重作研尋之契機外，當時爲救正懸空說得無限
道理之病，則較偏重於後兩端教言中致力，而終有所獲，此時的新悟可以「源
頭活水」〔註 54〕、「萬紫千紅」兩詩爲代表。故朱子對於延平涵養未發之旨，

　　　其中的關鍵在舊說第四箚究竟與答何書二或答何書四同時。

〔註 53〕錢穆：《朱子新學案（二）》，頁 287。

〔註 54〕此即〈觀書有感〉詩之語句，關於此詩的時間問題，主要有兩說：一者，王
　　　懋竑、牟宗三、友枝龍太郎、陳來、束景南、申美子皆斷定在乾道二年丙戌
　　　（1166）年；再者，錢穆、劉述先以爲成於紹興三十一 辛巳（1161）年春。
　　　又相對於錢穆先生認爲這是從學於延平之體悟所得，陳來等諸位先生多認爲
　　　這是參究中和舊說之心情（陳來：《朱子哲學思想研究》，頁 164。），但陳榮
　　　捷先生卻不完全同意此兩主張，他強調「合兩首觀之，中心思想爲中流自在，
　　　不事安排。悟道乃朱子一生事，不當限於 1166 年參究中和舊說之心情」見
　　　陳榮捷：〈論朱子《觀書有感》詩〉，鍾彩鈞主編：《國際朱子學會議論文集》
　　　（臺北市：中研院文哲所，1993 年），頁 11～19。
　　　然束景南先生雖同樣認爲此詩（案：束氏主張該詩名爲〈方塘詩〉）作於乾道
　　　二年，但其看法又異於以上諸說，他認爲以《文集》卷三十九〈答許順之〉

則不免未有深契〔註55〕。

迨延平卒後，朱子「奉親屏處山間，深僻窮約之中，所進益密，所得益細，乃覺工夫終有疏失，心境未歸寧一，於是延平求中未發之遺言，乃始時時往來胸中」〔註56〕。而丙戌年所作〈答何叔京〉二、三、四書皆是朱子追念並力主師門遺教之意，故特注意於未發一邊。然而此與往日自所體悟者（在日用發處下工夫）始終不能相合，因而有「孤負教育之意，每一念此，未嘗不愧汗沾衣也」〔註57〕、「竟亦未能一蹴而至其域也」〔註58〕、「抱冰炭」〔註59〕之感，此時雖新得衡山（湖湘學派，五峰、南軒）之說而喜之，蓋因其說與早年自所體悟者有相似處，然欲求與師門遺教縮合一致終亦不可得，故云「非面未易究也」〔註60〕。故於乾道三年丁亥（38歲），本此心情遠道求訪南軒，此即〈中和舊說序〉所謂「往從而問焉」。

至於朱子到潭州訪南軒，停留兩個月，彼此究竟談論些什麼內容，今已不可考。惟李《譜》、洪《譜》俱載：「是時范念德侍行，嘗言二先生論中庸之義，三日夜而不能合」，錢先生認為：「此乃初相見時，朱子方抱持延平遺教前往，故不能合耳」〔註61〕。也就是說朱子雖因湖湘一派持論正與延平相反，故特前往求教，但談論之初仍對南軒「先察識後涵養」的主張一時不能信愜，此即〈中和舊說序〉言「欽夫告余以所聞，余亦未之省也」，故退而沉思，甚至殆忘寢食，而終有所悟。總而言之，「中和舊說」乃為朱子與南軒兩人在長沙講論兩月後所引起。易言之，朱子在乾道四年戊子「捨延平，從南軒」，始有「中和舊說」之悟。

書十、十一、十二合看，此詩代表朱子對「敬」一工夫的認識之重要飛躍，是朱子生平學問大旨「敬知雙修」的最初源頭，更蘊含了由中和舊說轉中和新說的內在契機。束景南：《朱子大傳》，頁256～257。

〔註55〕錢穆：《朱子新學案（二）》，頁244、257～258；錢穆又有言：「蓋朱子之所獲於延平者有三綱：一曰須於日用人生上融會；一曰須看古聖經義；又一曰理一分殊，所難不在理一處，乃在分殊處。」《朱子新學案（三）》，頁40。
對於延平之學與朱子受教於延平所得者之看法，學界亦多有討論，此處限於篇幅與問題的集中暫不處理。

〔註56〕錢穆：《朱子新學案（二）》頁257～258、240、249。

〔註57〕《文集》卷四十〈答何叔京〉書二（熹孤陋如昨）

〔註58〕《文集》卷四十〈答何叔京〉書四（專人賜教）

〔註59〕《文集》卷五〈二詩奉酬敬夫贈言并以為別〉

〔註60〕《續集》卷五〈答羅參議〉（時得欽夫書）

〔註61〕錢穆：《朱子新學案（二）》，頁240。

　　以上，簡述錢穆先生對「中和舊說」始末之基本看法，繼而可整理其所本之證據與對「中和舊說在丙戌年」之質疑，同時亦參考劉述先先生的觀點〔註62〕，試分點述之如下：

【戊子說之證據】

（1）〈中和舊說序〉為最直接明白之證據，「往從而問焉」（指朱子往潭州會南軒）極為明顯，無可置疑。

（2）據《文集》卷四十二〈答石子重〉書五涉及「大化之中自有安宅」，此書作於戊子，故知舊說第三書必定在戊子年，前兩書（第一、第二）亦然。

（3）作於戊子年的〈答何叔京〉書十一、十三兩函，言「因其良心發見之微，猛省提撕」、「於日用間察之」等，正是中和舊說「先察識」之意，且云「乃知『日前』自誑誑人之罪蓋不可勝贖也」，所指必在近，不在遠（丙戌年）。

【質疑丙戌說】

（4）成於丙戌的《雜學辨》（《文集》卷七十二）謂「未發以前，天理渾然」，正同於延平之教而異於中和舊說只主「察識已發」。

（5）朱子與羅宗約的通信，只能證明他在丙戌年已和南軒有書信往來，不足以證中和舊說四札在丙戌年。

（6）丙戌諸函，數次提及延平，可見當時是誠心追思延平遺訓，而舊說諸書明顯與延平遺教不合，不僅未涉及延平，甚而第二書對龜山有微言。故兩者不可能同時。

（7）「天性人心未發已發，渾然一致」一語未必定需舊說成立後才能夠說得出。

（8）范伯崇到建陽不只一次，故不得以丙戌年訪過朱子即證舊說必在丙戌。

（9）若舊說四書在前，朱子赴長沙前已與南軒無大出入，何以有「非面未易究」之前往長沙的動機？又何以《年譜》載兩人論《中庸》義三日不能合？

（10）若舊說四書在乾道二年丙戌，而〈與湖南諸公論中和第一書〉在乾

〔註62〕錢穆：《朱子新學案（二）》，頁237～298。劉述先：《朱子哲學思想的發展與完成》，頁89、91～96。

　　　道五年己丑，前後相隔三年，何以只言「乃知『前日』之說非」乎？
（11）若丙戌已有中和舊說四書，何以與何叔京書中絕不提及？何以亦
　　　有追念延平遺教之語（指答何第二、三、四書）？
　　筆者以爲兩說之所以異主要的關鍵有二：一者，對〈中和舊說序〉「往從
而問」一語的解讀；再者，對〈答何叔京〉諸書信（尤其是第二、三、四書）
的理解。〔註63〕

〔註63〕關於錢、劉二氏之觀點，恐可再議者或陳來、束景南兩先生已作出回應者，
　　　　標明如下：
　　　　第二點，關於〈答石子重〉一書，可參照丙戌說 C-e，見陳來：《朱子哲學思
　　　　想研究》，頁 169；陳來：〈《朱子新學案》述評〉，《中國近世思想史研究》（北
　　　　京：商務印書館，2003 年 10 月一版一刷），頁 232～233。
　　　　第四點，關於《雜學辨》的著作年代，束氏繫之於隆興二年甲申。見束景南：
　　　　《朱熹年譜長編》，頁 328。若然，則《雜學辨》中所傳達者，僅可定爲「舊
　　　　說以前」的想法，而其義理內涵是否同於延平之教則可進一步再討論，如束
　　　　景南也說：「說『未發以前，天理渾然』，表明他還極力恪守李侗默坐澄心體
　　　　認天理和於靜中體認大本未發氣象的思想」（《朱子大傳》，頁 249。），又這是
　　　　否能表示朱子契合於延平涵養未發之義理思想呢？筆者以爲信守或恪守師說
　　　　與眞正得力於某一工夫修養，容或不同。朱子雖曾多次言及延平之教，但又
　　　　云「不得盡心於此，至今若存若亡」、「向雖聞此而莫測其所謂」、「當時既不
　　　　領略，後來又不深思，遂成蹉過」、「未達而先生歿」，故牟宗三先生強調「延
　　　　平之於朱子只是提供一入路，而朱子之所思實與延平無多大關係」（《心體與
　　　　性體（三）》，頁 184。）是可以成立的。
　　　　第三點、第十點，以「日前」、「前日」之詞語證中和舊說在近時（戊子），而
　　　　不在有三年之久的丙戌年，或許可能，但此關涉朱子本人詞語的使用習慣，
　　　　故恐待進一步的論證。
　　　　至於第五、六、七、八、九、十一諸點，則是反面地質疑丙戌之說，並非正
　　　　面的證成己說之觀點，雖無涉於考據，但在義理詮釋的圓滿與完整上，實甚
　　　　有意義。
　　　　此處最重要的問題是：朱子前往長沙會見南軒之動機，及雙方論學之內容。
　　　　因爲主戊子說者多強調此次相會主要目的是在討論已發未發之問題，且若丙
　　　　戌年已有舊說之悟，則兩人之看法已趨相同，何須前往長沙？因此，主丙戌
　　　　說者必須對此問題有一回應。
　　　　但實際上，沒有任何的材料直接紀錄朱子、南軒這兩個月的相聚之具體討論內
　　　　容，故今已難詳考。錢穆先生據《語錄》卷 104「舊在湖南理會乾坤」一條，
　　　　認爲當時主要討論乾坤、知行、動靜等問題（《朱子新學案（二）》，頁 238～
　　　　239。）；陳來先生認爲「三日不合」之說確乎可疑，他認爲朱熹湖南之行雖與
　　　　張栻討論了未發之義、太極之妙、乾坤動靜等，但「討論最多的還是衡山之學
　　　　的察識端倪即先察識後涵養之說」（《朱子哲學思想研究》，頁 171。）；束景南
　　　　先生指出：對國事朝政的憂慮是推動他前往湖湘的直接動力，而「在相見之前，
　　　　兩人對中和的看法已漸趨基本一致，正是這種一致促使朱熹千里赴會，要想進

關於「往從而問」，錢、劉二氏都主張「往從而問」一語是指朱子於乾道三年丁亥（朱子三十八歲）往長沙訪問南軒一事〔註 64〕，並據此反駁丙戌年之說。然此一問題，王懋竑已經考慮過，他認爲這是指隆興二年甲申（朱子三十五歲），朱子赴豫章弔唁張南軒之父張浚卒，兩人在舟中相處三日以後的「書問往來」〔註 65〕，而束景南則認爲「往從」是指朱子這次弔唁的「前往相見」〔註 66〕，也就是說，這次的相見，除哭祭張浚外，也有問衡山之學的用心。筆者以爲束氏的回應實較妥當，因「往從而問」便有前往探問之意。且若束氏的詮釋可以成立，則「往從而問」一語恐怕便不能成爲證立戊子說（或反對丙戌說）的證據。

對於〈答何叔京〉諸書信（尤其是第二、三、四書）雙方雖然均同意該信函作於丙戌年，但主丙戌說者，認爲由「天性人心未發已發，渾然一致」一句以及其他蛛絲馬跡（詳請參丙戌說 B 點諸項），可證答何諸書與中和舊說「同時」，故可由與何叔京諸書的寫作時間考訂中和舊說之年代。然而，主戊子說者，則試圖破「同時」之論點（詳請參戊子說 6、7、8、11 點），並解讀此諸函爲「追念延平遺教之語」。到底〈答何叔京〉諸書信背後所含蘊的是中和舊說之思想，還是追念延平遺教之語呢？

又論者提出「『已發未發，渾然一致』，這樣的話頭未必待中和舊說成立後才能夠說得出」〔註 67〕以反對丙戌說，此觀點背後恐隱含著質疑主丙戌說者以「未發已發，渾然一致」爲中和舊說之主要思想特點的看法。若然，則其所謂的「中和舊說」之義理思想究竟爲何，便更值得注意。但此等處就涉及中和舊說的義理內涵，非只是考證的問題。故此下將回到中和舊說的義理內涵來考察關於朱子「中和舊說」之研究現況。

　　一步了解湖湘學」，且據《別集》卷六〈答林擇之〉書一爲證，說明他前往湖湘是要進行全面的學問交流，即從太極之理上展開，關聯到「敬」、「仁」、《孟子》學、《中庸》學（具體訓解注說）、編訂二程著作、〈武侯傳〉等方面，也就是說，「根本不是只討論『未發之旨』（《朱子大傳》，頁 258～277。）。

〔註 64〕　錢穆：《朱子新學案（二）》，頁 275。劉述先：《朱子哲學思想的發展與完成》，頁 89；〈增訂三版序〉，頁 1。

〔註 65〕　（清）王懋竑：《朱子年譜考異》，頁 425。陳來亦同此說，見氏著：《朱子哲學思想研究》，頁 170。

〔註 66〕　束景南：《朱熹年譜長編》，頁 332～333。亦可參考楊祖漢：〈胡五峰之體用論與朱子「中和舊說」的關係〉，編輯小組編：《含章光化——戴璉璋先生七秩哲誕論文集》（臺北市：里仁書局，2002 年），頁 50～51。

〔註 67〕　劉述先：《朱子哲學思想的發展與完成》，頁 89。

（二）中和舊說四書試析

若欲追問朱子之所以參悟中和的原因，於延平歿後（隆興二年甲申朱子三十五歲），「追思延平遺教」應該是一個重要的動機，而無法由其回憶中的延平之教契悟《中庸》已發未發之旨，或深覺延平所說與自所體悟者不同是悟中和舊說之前困心衡慮的癥結所在，但以朱子求道之誠，必以自己的方式不斷地前進去尋求能夠令自己安心的答案，是以有參究中和問題的一段曲折。

以下試以中和舊說四札為對話平臺，讓當代研究者以此文獻材料為基礎展開對談。

筆者以為中和舊說 第一書 （《文集》卷三十〈與張欽夫〉書三（人自有生））所透露的線索、要點有：

(1) 朱子個人原先的體悟是「人自有生，即有知識。事物交來，應接不暇。念念遷革，以至於死。其間初無頃刻停息」，但往聖前賢（可以是指《中庸》或延平）卻道有未發之中，寂然不動者，故朱子試將其理解為「以日用流行者為已發，而指夫暫而休息，不與事接之際為未發」，並以此求未發之中，然而卻「愈求而愈不可見」。

(2) 於是乃悟工夫當「驗之於日用之間」，因所謂「未發」，絕非「別有一物，限于一時，拘于一處」，乃是「凡感之而通，觸之而覺，蓋有渾然全體應物而不窮者，是乃天命流行，生生不已之機，雖一日之間，萬起萬滅，而其寂然之本體，則未嘗不寂然也。」

(3) 因「天理本真，隨處發見」、「良心萌糵亦未嘗不因事而發見」、「大本之無所不在，良心之未嘗不發也」，故工夫乃是「致察而操存之」。

在要點（1）方面，主要的問題是朱子此時嘗試而未有所獲的「求未發之中」之工夫是否正是延平所說的「默坐澄心」一工夫呢？

束景南先生說：「朱子起初以『不與事接』為『未發』，而於『泯然無覺』的寂然中求未發之中，其實正是李侗說的默坐澄心」〔註68〕，但延平所謂的「默坐澄心，體認天理」若依牟宗三先生的詮釋，「此步工夫函有一種『本體論的體證』」即「在默坐危坐之隔離的、超越的體證中，此體從私欲、氣質、喜怒哀樂情變之激發（感性）之混雜中澄然凸現以自持其自己，成為其純粹自己之自存自在」〔註69〕，但朱子卻只體會到「泯然無覺之中，邪暗鬱塞，

〔註68〕束景南：《朱子大傳》，頁254。
〔註69〕牟宗三：《心體與性體（三）》，頁4～5。楊祖漢先生於〈胡五峰之體用論與朱

似非虛明應物之體」，可見他對此一修養工夫實無所得，故朱子在初次體證下所否定的求未發之中的工夫未必便可等同於延平之教，況且朱子本人亦曾多次表示其對延平「靜中體驗未發」之教未能相契，如言「不得盡心於此，至今若存若亡」、「向雖聞此而莫測其所謂」、「當時既不領略，後來又不深思，遂成磋過」、「未達而先生歿」等。又「朱子到晚年乃轉對延平有許多批評，適反證他之所悟畢竟與延平不同」〔註70〕。

又錢穆先生說：「書中所云人自初生即有知識，即〈舊說序〉中所謂『人自嬰兒以至老死』云云也。……此書所悟，實仍是舊日源頭活水萬紫千紅之見解，兼采南軒議論，而謂未發本體即在已發中，由此打通與延平立教之隔閡」〔註71〕。

依照錢先生的說法朱子的「中和舊說」是朱子將早先自所體悟者（偏重日用發處用功），兼採南軒之說（先察識），而體認到延平之教所謂的「未發本體」即在已發中。〔註72〕

然筆者不能無疑的是，若朱子從學於延平之自所啟悟雖可以〈春日〉、〈觀書有感〉、〈再題〉〔註73〕等諸詩作為代表，且錢氏的解析亦甚為精當，「庚辛壬諸詩所詠，其於此心之活潑呈露，無往不在，體悟所到，尤堪玩味」、「朱子當時，既悟將心覓心之非，亦不喜宴坐觀心之說。鳶飛魚躍，心無不在」、「乃於心之為心，有其一番新認識…心無內外，捨卻當前，又於何處求之」

子「中和舊說」的關係〉一文中有言：「朱子之師李延平的『默坐澄心，體認天理』，是求未發之中的工夫，但其中必涵一逆覺體證在，即必是從情之未發而體證一與現實之心境不同的超越的天理、或本心，而不是就現實的較平靜之心境來說未發之中。朱子此時不契於延平之教法」，頁45～46。

〔註70〕劉述先：《朱子哲學思想的發展與完成》，頁90。

〔註71〕錢穆：《朱子新學案（二）》，頁249～250。

〔註72〕案：錢先生極重視朱子早年問學於延平之所得及其早年詩作，其言曰：「要之朱子此下有關心學方面之逐步進展，皆從此處發源。故欲窮究此下朱子心學之閫奧，則莫若即沿此蹊徑，先求之於戊寅、庚辰、壬午與李延平三次相見時之諸詩。」氏著：《朱子新學案（三）》，頁40。

又其一再強調朱子「中和舊說」是以往日自所體悟者（舊日源頭活水萬紫千紅之見解），兼採湖湘學派「先察識後涵養」一工夫綜合而成，曰：「其實此等見解，仍是源頭活水萬紫千紅之意，與延平默坐澄心求中未發之旨則相去益遠。…此兩書（筆者案：中和舊說第一、第二書），顯是朱子仍據自己舊見而合之以湖南一派五峰、南軒之意，而捨棄了龜山、延平一脈相傳之宗旨。」見錢穆：《朱子新學案（二）》，頁251～252。

〔註73〕《文集》卷二〈詩〉

〔註 74〕，但朱子此函所謂「人自有生，即有知識」數語之「舊時領會」是否有錢氏所詮釋的「從學於延平之自所啓悟」之思想高度，似乎是可以懷疑的。縱使兩者有相同之處，但中和舊說所悟之核心關鍵當是於日用流行中體證一與已發之流行渾然不分的「寂然本體」（未發之中），故已從「舊日源頭活水萬紫千紅之見解」往前邁進一步了。因此不好說中和舊說的新悟實只是重新印證他本人從遊延平時自所啓悟者。

　　不過，上述引文中，錢先生提及「兼采南軒議論，而謂未發本體即在已發中」兩句話甚堪玩味，「兼采南軒議論」當是就朱子於工夫論上提出：在日用平常處「致察而操存」一觀點，此一觀點極相似湖湘學派所謂「先察識後涵養」的主張，因此能從此處見中和舊說受湖湘學派影響的痕跡，此論點其他研究者亦多有論及〔註 75〕。此論點能否成立的關鍵在朱子悟中和舊說之前已經從南軒處聞湖湘學「先察識後涵養」之說，而《續集》卷五〈答羅參議〉書四一文中有「大抵衡山之學，只就日用處操存辨察，本末一致，尤易見功」一語便是最直接的文獻證據，故此論應是可以成立。如此一來，我們當可進一步追問朱子此時所確立的「致察而操存」之修養工夫與五峰《知言》中所言：「齊王見牛而不忍殺，此良心之苗裔，因利欲之間而見者也。一有見焉，操而存之，存而養之，養而充之，以至於大，大而不已，與天同矣。此心在人，其發見之端不同，要在識之而已」的修養工夫有何異同？但為求問題焦點的集中，此一問題此處暫不討論。但筆者認為必須強調的是，朱子前此已得《知言》一書並與南軒有書信往來，藉此得以認識「於已發處察識而存養」之說，然而是否受湖湘學派影響與能否真正了解五峰「先察識後涵養」之工夫應是兩問題，當可分開考察。

　　此文雖暫不討論同異的比較問題，但仍須探問朱子此時之工夫論要點（3）牟宗三先生便對「致察而操存」一工夫之著力處特加以留意，其言曰：

〔註 74〕錢穆：《朱子新學案（三）》，頁 38～39。

〔註 75〕如「此書顯示朱子略受湖湘學派之影響，漸離李侗之默坐求中而趨於湖湘學派之因事省察矣」（陳榮捷：《朱熹》（臺北市：東大出版，1990 年），頁 187。）；「朱熹在丙戌之悟前通過張栻對湖南先察識之學已有所聞，所以在得出心為已發思想的同時，他立即把這一點與湖湘之學主張的『察識端倪』聯繫起來。……這種強調從已發入手，先察識後涵養的方法表現出朱熹當時受到湖湘之學的明顯影響」（陳來：《朱子哲學思想研究》，頁 165。）；「轉而求之於日用之間，辨察操存於已發，這也是本自胡宏先察識、後存養的思想」（束景南：《朱子大傳》，頁 254。）

「此書所論，要點是以『天命流行，生生不已之機』爲未發之中體。……至於工夫則是『致察而操存』此本心或良心，由『良心萌蘗』、『因事而發見』而『致察而操存』。『致察』是致察此良心之發見，操存是操存此本心或良心。」〔註76〕也就是說工夫是用在未嘗不發的良心萌蘗上，由致察於已發處而體驗到有一「寂然之本體」，此「寂然之本體」是渾然全體應物不窮者，故可謂「天命流行，生生不已之機」，而所謂的「未發」便是就此而言，絕非指「暫而休息，不與事接之際」。後者只是將「未發」作一時間性的概念使用，而前者則實有所指，具有實質內容，故可云「未發本體」，即牟先生所謂「未發之中體」也。

　　「未發本體即在已發中」一論題則是就上面中和舊說第一書：要點（2）而言，此一論點若能將中和舊說諸書合觀則將更爲顯明。

　　第四書（《文集》卷三十二〈答張敬夫〉書四（前書所稟））旨在重申「通天下只是一個天機活物，流行發用，無間容息」，所謂「未發本體」者絕非「別有一物，拘于一時，限于一處」，已發未發乃「無一毫之間」，故可即夫日用之間，「據其已發者而指其未發者，則已發者人心，而未發者皆其性也。」

　　蓋人自有生以後，應物往來，念念遷革，無頃刻停息，因此凡人之生命存在總是處於一已發的狀態，無「未發之時」，此即〈中和舊說序〉所言「人自嬰兒以至老死，雖語默動靜之不同，然其大體莫非已發，特其未發者爲未嘗發爾」，但這並非否定《中庸》乃至道南一系所強調的「未發」，而是重在將「未發」當作「大本」看，理解爲日用流行中，萬起萬滅背後應物不窮的「寂然本體」，「未發者爲未嘗發」便是就此「未發之中」乃是寂然不動者而言，若更進一言之，此作爲根據之「大本」不是在已發者之外另爲一物、或拘限於一處，此未發本體即在已發中，乃是無所不在、無一物不備者，故云「已發未發無間」。如果把未發/已發、心/性、寂然/感通、體/用等觀念，統合起來看，則是：

> 所謂未發之中、寂然之體，便在這感通而應物不窮處。不是離開了感通，另有寂然之體。…寂然者即在感通中…此處亦言體用，而亦是以性爲體，以心爲用，認爲即於已發之心之用處，方可見未發之性體。〔註77〕

〔註76〕牟宗三：《心體與性體（三）》，頁72。
〔註77〕楊祖漢：〈胡五峰之體用論與朱子「中和舊說」的關係〉，頁46～47。楊先生

簡言之，未發爲性已發爲心，性體心用〔註78〕，未發本體便在已發中，即心乃可見性（即用見體）。

可惜張南軒的回覆今已不得見，我們只能從中和舊說 第二書（《文集》卷三十〈與張欽夫〉書四（前書所扣））中見到他對朱子此刻新悟的建議──「尚有認爲兩物之弊」。

只是南軒爲什麼會發此「兩物之弊」的質疑，則較爲費解。牟宗三先生認爲若衡之此書「發者方往，而未發者方來，了無間斷隔截處」之義，則前書所說似已能充分表示此意，所以南軒之疑「只是一時之感覺，並非真有問題可被指摘」。陳榮捷先生認爲南軒對朱子第一書所說之體會大抵是以朱子「分未發、已發爲兩截」。故朱子覆書強調體用一源。束景南先生的理解是：朱子「仍引程頤『未發』之前的說法，張栻認爲他還是沒有脫卻將未發、已發分而爲二的先後隔截之病」〔註79〕。

確然，衡之中和舊說第二札，朱子虛心地「接受」了南軒的批評，且嘗試更清楚的表達近日體證所得，以就教於南軒，因此至少對朱子而言，南軒的提醒是有意義的，如是，我們應可由朱子的回應反觀南軒的建言。

> 只一念間已具此體用。發者方往，而未發者方來，了無間斷隔截處。
> 夫豈別有物可指而名之哉？然天理無窮，而人之所見有遠近深淺之
> 不一。不審如此見得，又果無差否？更望一言垂教，幸幸。

此一段文字即是朱子對南軒「兩物之弊」的回應。如以「體用」的觀點詮釋之，則所謂的「體」（天理本真）是隨處發見，不少停息者，正因「體」能無間容息的發用流行（體必起用），所以「體」與「用」便了無間段隔截處，已發未發實乃無間矣，故可謂只一念間體用已具，亦可言「只是來得無窮，便常有個未發底」。但因朱子前此重在強調「據其已發者而指其未發者」（即用

此文首在嘗試用「體用」一觀念理解五峰的思想，繼而以性體心用，未發爲性已發爲心，及即用見體，這些五峰的理論架構來解說「中和舊說」，證明朱子「中和舊說」雖云「自悟」所得，但其立論確實很接近五峰，此應是受《知言》中所含的義理架構所影響。

〔註78〕不僅有楊祖漢先生嘗試用體用論的觀點解析朱子的「中和舊說」，陳來先生更是明白的強調：「從心性論的哲學角度來看，中和舊說所謂心爲已發，性爲未發的思想實質是以性爲體，以心爲用的觀點，……在中和舊說中朱子實質上把『未發』『已發』當做與『體』『用』相當的一對範疇來處理心性論。」見陳來：《朱子哲學思想研究》，頁165。

〔註79〕牟宗三：《心體與性體（三）》，頁81。陳榮捷：《朱熹》，頁188。束景南：《朱子大傳》，頁254。

以見體），特重「未發者」之義，此「未發者」在「人自有生」第一書中名「未發之中，寂然不動者」、「渾然全體應物而不窮者」、「寂然之本體」、「天下之大本」，統言之，未發者是「性」也（中和舊說第四書明言之）。但在南軒看來，性體心用固然無誤，然而性之義，只能在心之活動處見（盡心致用以成體）〔註 80〕，若過於強調「未發之中」則不免生離開感通而應物不窮處，可另有寂然之體的偏失，這便把「未發本體」視爲另有一物、另處一地了。故朱子感謝摯友南軒的提點，重申未發與已發並不間斷，所謂的「未發之中體」即在已發中，絕非別有「物」可指而名之曰「未發」，故謂「若果見得分明，則天性人心、未發已發，渾然一致，更無別物」〔註81〕。

已發未發既渾然無間斷，便無分段時節先後之可言，因此只要一著「時」字（伊川言：「存養於未發之時」，其徒謂：「當中之時」）、「際」字（龜山曰：「未發之際」）〔註82〕、「前」字（南軒〈中論〉有「未發之前」）便是病痛，便微有前後隔截氣象。

朱子認爲他此時是脫然有所悟的，也明白了「求未發之中」的工夫與去聖經中求義理當有所不同，有云：「不待區區求之於章句訓詁之間也」〔註83〕、「此與守書冊、泥言語全無交涉」〔註 84〕，而且也對其證悟所得漸能自信，認爲《中庸》之書要當以此爲主，而諸君子訓義，於此鮮無遺恨。比來讀之，亦覺其有可疑者。雖子程子之言，其門人所紀錄，亦不能不失。蓋記者之誤，不可不審所取也」〔註 85〕，我們也可以在〈答何叔京〉書十一中見到朱子此階段對自己的體悟之自信，其言曰：「曷若默會諸心以立其本，而其言之得失自不能逃吾之鑒」〔註86〕。

〔註80〕楊祖漢先生表示：「所謂兩物，是指未發已發、心性、體用而言。五峰雖以未發爲性，已發爲心，但…性之義，只有在心之活動處看到，故心性體用等不能區分爲二物。又朱子以寂然感通分屬未發已發，不同於五峰之以寂感不可分拆，此亦或爲南軒認爲有兩物之蔽之故。……『發者方往而未發者方來』，是說性不斷呈現於心，體不斷成用。此處朱子強調體用之不離，未發與已發並不間斷」見氏著：〈胡五峰之體用論與朱子「中和舊說」的關係〉，頁47。

〔註81〕《文集》卷四十〈答何叔京〉書三（昨承不鄙）

〔註82〕錢穆先生認爲「疑龜山，即是疑延平也。」見錢穆：《朱子新學案（二）》，頁252。束景南亦言：「這無異於是直接批評李侗的師教了。」見束景南：《朱子大傳》，頁 254。

〔註83〕《文集》卷四十〈答何叔京〉書四（專人賜教）

〔註84〕《文集》卷四十〈答何叔京〉書十三（今年不謂饑歉至此）

〔註85〕《文集》卷四十〈答何叔京〉書三（昨承不鄙）

〔註86〕《文集》卷四十〈答何叔京〉書十一（奉親遣日如昔）。案：此段所引〈答何

　　總之，朱子此第二書因南軒的致疑而對中和舊說之悟——「未發」爲非「別有一物拘於一時，限於一處」——有更顯明而具體的闡釋。

　　中和舊說之悟後，朱子對長久以來難以解明的中和問題終於有了一番新的體會，但不久之後，卻又主動致書南軒訴其悔恨，此即中和舊說 第三書 （《文集》卷三十二〈答張敬夫〉書三（誨諭曲折數條）），朱子言：「大抵目前所見，累書所陳者，只是儱侗地見得個大本達道底影象，便執認以爲是了」、「前此方往方來之說（案：即第二書），正是手忙足亂，無著身處」，何以會有如此迂迴曲折的發展，學界也試圖給出一個解答：

> 正因朱子前所見只是大本達道的儱侗影象，從氣化之迹去了解天命流行之體，無怪乎只覺得是個浩浩大化，簡直定不下來。（劉述先語）〔註87〕

> 否定了「未發」的工夫而強調已發處察識，又對如何存養不知怎樣下手。於是張栻覆信告訴他「以求仁爲急」的涵養方法。湖湘派說的「求仁」也就是主敬，張栻明確說：「求仁之方」就是「持敬主一」（〈主一箴〉）。（束景南語）〔註88〕

劉先生之說乃本於牟宗三先生的解析，牟先生認爲朱子此書反省前說之病，反省之結果卻只說「浩浩大化之中，一家自有一個安宅」，則似之前所言之「天命流行之體」、中體、本心等等，好像全是些口耳之辭語，且說不出此『安宅』究竟是什麼，凡此正可見朱子對於「天命流行之體」（中體）無相應之契會〔註89〕，而之前所理解者只是著實於「氣化不息之迹」上來理會，因而有中和舊說第三書所說的種種弊病，也就是說，對於中和舊說中所函的義理系統明透與否的關鍵只在對於天命流行之體、本心等是否有相應之契

　　　叔京書〉書十一、十三，據陳來考訂，繫於丁亥之夏與戊子之夏（氏著：《朱子書信編年考證》，頁42、50。），筆者主中和舊說在丙戌年，故此兩書應可視爲舊說下之浸潤與議論，當不違舊說之旨。

〔註87〕劉述先：《朱子哲學思想的發展與完成》，頁86。

〔註88〕束景南：《朱子大傳》，頁254。

〔註89〕牟宗三先生對「天命流行之體」的詮解是：所謂『流行』是剋就『於穆不已』言，而『於穆不已』是上屬而剋就『天命』自身說。此體自身是『動而無動，靜而無靜』之至神，是無迹、無所謂『流行』的；說『流行』者只是由其所引起之生化過程（氣化過程）而倒映於其自身之虛相；所以言『天命流行之體』是就帶著此體自身所引起之生化之用，體用不離而說，以見凡有氣化之處皆無非是天命之所作用。若只著於氣化不息之迹上，認此氣化不息之迹即是『天命流行之體』，則非是。見牟宗三：《性體與心體（三）》，頁81～83。

會，而非朱子此書所反省者。於是牟先生斷定朱子此書中的反省（自陳弊病之所以然與其嘗試尋求的解決之道）實仍未能中肯。〔註90〕

但此書既然是朱子本人的自我反思所得，我們似乎也可以嘗試正面地看待朱子此信函中所傳達的訊息。

朱子或許曾在其他信函中透露出不安之感，所以在此書之前南軒已曾多次提醒朱子以「求仁」為當務〔註91〕，但朱子仍覺「無立腳下工夫處」，對於「日間但覺為大化所驅」的困境，「雖竊病之，而不知其所自來」，然近日「偶卻見得所以然者，輒具陳之，以卜是否？」也就是說，朱子此封書信的寫作目的乃是為了嘗試指明其自身所以觸處窒礙的原因，以就教於南軒，並進一步說明其解決之道。

朱子自陳所以不能透徹、不能該貫之故乃是「於『致中和』一句，全不曾入思議」，對朱子本人而言，未妥當地理解《中庸》「致中和」（「致中和，天地位焉，萬物育焉」）一語，是其所以觸處窒礙的關鍵所在〔註92〕，則束景南先生認為「對如何存養不知怎樣下手」是朱子「但覺為大化所驅」的原因恐與文獻所呈現者有距離。然而朱子此時如何理解「致中和」一語呢？

> 此核心乃在其前書于致中和一句未嘗致思。此即全是一工夫上之問題。所謂致中和之問題，在當時即：如何致「未發之在中而無偏倚」之性理，以見于「發而中節」之「發」之一問題。依此一問題，人便不能直下緣未發之體之生生不已之機，而任其不容已地發；而應

〔註90〕見牟宗三：《性體與心體（三）》，頁96～98。但牟先生認為「朱子此書之反省實仍未明澈問題之所在也」（頁97），而劉先生則認為朱子本人「其批評也切中其弊」（頁86）。

〔註91〕束景南先生認為南軒所謂的「求仁」工夫，便是「持敬主一」，蓋〈主一箴〉云：「伊川先生曰：『主一之謂敬』，又曰：『無適之謂一』，嗟乎求仁之方孰要乎此！」，見束景南：《朱子大傳》，頁254；楊祖漢先生則認為：「南軒告以求仁之為急，便是要朱子於已發之心中，直下體證一與日常生命不同之仁心，此即由覺、感通而體悟仁也。…南軒之說，本於五峰，上文曾引《知言》『彪居正問心無窮者也』一段，即表示此意。」見楊祖漢：〈胡五峰之體用論與朱子「中和舊說」的關係〉，頁49。

〔註92〕牟宗三先生解《中庸》「致中和」一語為：由感性之情未發時見一異質之超越之體，復返而由此體以主宰情以成為情發之和　（頁84），又指出朱子於舊說第一書中所云「學者於是致察而操存之，則庶乎可以貫乎大本達道之全體而復其初矣」，便足以落實地解此「致中和」之義矣，但在舊說第三書中卻以為「於『致中和』一句，全不曾入思議」，由此可證朱子實對其所謂之工夫體會並不真切，並未進入其生命中。　參見牟宗三：《心體與性體（三）》，頁78。

在未發已發之間，有一斷制，即：在未發上應有一事先之工夫。否
則所發者，即只是隨氣之鼓動而發，不免挾湫海之泥沙以俱傾，隨
氣質之粗猛以俱行，無寬裕雍容之氣象矣。此中之病根所在，則亦
正不外人原有氣稟物欲之雜於氣之鼓動之中，與天命流行，生生不
息之機，可俱起俱行（唐君毅語）〔註93〕

唐君毅先生認為「致中和」的問題即是：「如何致『未發之在中而無偏倚』之
性理，以見于『發而中節』之『發』」，換言之，即「必須於事物未至之時，
先有以自去其緣于氣稟物欲之雜而來之紛綸膠擾，然後可以言發而不乖之
和」。

　　唐氏此說乃基於：他判定此書中悔悟之語便是中和舊說與中和新說的轉
捩點，故在此書的詮釋上，強調於未發上應有一事先之工夫。若單就義理說，
此論舊說、新說轉折的看法或許可成為一說，因為如此理解甚能解釋朱子之
後與林擇之書嘗言：「事物未至，固已紛綸膠擾，無復未發之時，既無以致夫
所謂中，而其發必乖，又無以致夫所謂和」〔註94〕一語。但在考據上，如此
理解中和舊說第三書恐怕大有問題，因為此書論及「復見天地之心」一語，
可證此書與《文集》卷四十〈答何叔京書〉　書八（熹碌碌講學親旁）約略同
時，而答何書當在乾道三年丁亥春夏之際〔註95〕，故在考據上言，此書並非
中和舊說轉中和新說的關鍵信函，因而此信函中所蘊含的義理內涵應仍尚不
足以表示已達至中和新說的程度〔註96〕，故唐先生對此函的闡釋恐難以成立。

　　因此，若單看此「致中和」一句，似難以解明朱子此時省思的內涵與意
義，所以我們不妨嘗試從其他角度來思考。中和舊說第三書有言：「而今而後，
乃知浩浩大化之中一家自有一個安宅，正是自家安身立命，主宰知覺處，所
以立大本行達道之樞要」，此正朱子反省方往方來之說後的新領會，「安宅」
一詞本自《孟子》「夫仁，天之尊爵也，人之安宅也」〈公孫丑上〉、「仁，人
之安宅也」〈離婁上〉，故「安宅」確實是就「仁」說，朱子在一年多後（乾
道四年初戊子　正月）又曾對此「大化」、「安宅」之說有所反省，其言曰：

〔註93〕唐君毅：《中國哲學原論　原性篇》，頁585。
〔註94〕《文集》卷四十三〈答林擇之〉書二十（所引「人生而靜」）
〔註95〕參陳來：《朱子哲學思想研究》，頁168。束景南：《朱子大傳》，頁253～254。
〔註96〕唐先生認為此函以「主宰知覺處」為安宅，即不復只重心之發用，而亦更近
　　　　其最後所歸之以「思慮未萌、知覺不昧」言心之未發之體之旨（雖近，仍有
　　　　別）。固宜為後出也。　參見唐君毅：《中國哲學原論　原性篇》，頁584‧註語。

「大化之中自有安宅」，此立語固有病。然當時之意卻是要見自家主
宰處。所謂大化，須就此識得。然後鳶飛魚躍，觸處洞然。若但泛
然指天指地，說個大化便是安宅，安宅便是大化，卻恐顚頂儱侗，
非聖門求仁之學也。〔註97〕

唐君毅先生對此段的詮解是：「此書自言當時意思，卻是要見得自家之主宰知
覺處，此即不以大化為主，而以主宰知覺處為主；即已趣向在：一不為大化
所濫之心體為安宅，而有進于其前之即渾然全體之大化為安宅者。」〔註98〕
也就說，朱子在作舊說第三書前以渾然全體之大化為主，更輕忽地將之視為
安宅，因而不免混氣機之鼓蕩，挾湫海之泥沙，只儱侗地見得個大本達道底
影象，終覺粗厲勇果，無寬裕雍容之氣。而在作第三書之時，始明白不為氣
機鼓蕩所濫者才真是自家主宰處。

藉由此段「當時之意」的指點，唐氏試圖說明舊說第三書的「大化」、「安
宅」之說的意義，而筆者以為此段不僅有助於解明舊說第三書，且朱子言「此
立語固有病」、「所謂大化，須就此識得」等義似乎與舊說第三書所說者亦有
所不同，蓋所謂立語有病，可能是說在舊說第三書中強調當即於大化中、日
用流行間見一「不為氣機鼓蕩所濫者」為安宅，此固然無誤，但至此時才真
切了解到「大化」與「天地間之氣機鼓蕩」須有所釐清，云「所謂大化，須
就此識得」，即表示真正識得安宅才能體會所謂的「大化流行」、「鳶飛魚躍」，
若泛然指天說地，便以為是「大化」，則此混氣機鼓蕩者何處可尋一安宅？故
言前說「立語」有病。由此或許正反顯出朱子一再言及的「天命流行，生生
不已之機」、「天機活物」，雖可解作「渾然全體應物而不窮者」、「寂然本體」
乃至「天命流行之體」（未發本體），但另一方面也很容易墮下來變成奔騰不
已、不可止歇的氣機鼓蕩，朱子在這裡下了好多年工夫，但好像在兩者之間
始終掌握不到一明白的分疏。一直到己丑年終於體認到「人原有氣稟物欲之
雜於氣之鼓動之中，與天命流行，生生不息之機，可俱起俱行」（唐君毅先生
語），故此後朱子學的用心皆在對治此氣稟物欲之雜一問題上。

以上，我們已試圖藉由考察當代研究者對朱子中和舊說四書的分析了解
朱子己丑年以前對中和問題的看法，總結如下：

〔註97〕《文集》卷四十二〈答石子重〉書五（熹自去秋之中走長沙） 作於乾道四年
初（戊子 正月） 參陳來：《朱子書信編年考證》，頁51。束景南：《朱子大傳》，
頁254。

〔註98〕唐君毅：《中國哲學原論 原性篇》，頁586。

1. 所謂「未發」非「別有一物拘於一時，限於一處」，乃天下之大本、寂然之本體、渾然全體應物而不窮者
2. 而未發已發了無間斷隔截處，未發本體即在已發中
3. 工夫便是據其已發者而指其未發者，即「致察而操存之」
4. 未發爲性已發爲心，性體心用，即用乃可見體，捨心之發無以見性
5. 唯有眞切體會到「安宅」（仁）之所在，始能眞見大化流行，而不爲氣機鼓蕩所濫，更不可泛指天地以爲大化。

四、對中和舊說的諸反省

筆者主張朱子在丙戌年對「未發之中」有了一番新的體悟，確立先察識之說，於是赴潭州與張南軒當面講究相關問題，歸後，對南軒讚賞不已〔註99〕，共勉以南軒所作〈艮齋銘〉〔註100〕爲學問宗旨，至戊子年仍然強調「因其良心發見之微，猛省提撕，使心不昧」〔註101〕是做工夫底本領。但現在問題是，朱子的「中和舊說」是否即是孟子學呢？

（一）義理系統的判定

對於朱子所主張的「致察而操存之」一修養工夫前曾引述牟宗三先生的詮釋作爲說明，此處再讓我們看看陳來教授的說法：

> 所謂察識端倪即察識良心發見處，即孟子所說的四端。……這些見解在許多方面都與後來的陸學相近，……無怪乎王陽明取〈答何叔京〉十一、十三兩書入《朱子晚年定論》以爲合於陸氏之說，……然而這些思想並非「晚年定論」，在 40 歲之前的思想演進中也只是一個短暫的插曲，而緊接而來的己丑之悟才從根本上確立了朱熹的學術面貌。〔註102〕

陳先生認爲中和舊說的修養工夫雖近於象山心學的路向，但這只是朱子在中

〔註99〕如「欽夫見處，卓然不可及」《文集》卷四十二〈答石子重〉書五（熹自去秋之中走長沙）、「敬夫所見，超詣卓然，非所可及」《文集》卷四十一〈答程允夫〉書五（去冬，走湖湘）

〔註100〕（宋）張栻著；朱熹編：《南軒集》（臺北市：臺灣商務印書館，《文淵閣四庫全書》第 1167 冊）卷三十六，頁 1167～714。

〔註101〕《文集》卷四十〈答何叔京書〉書十一（奉親遣日如昔）

〔註102〕陳來：《朱子哲學思想研究》，頁 172～173。

和問題的參究中一小段插曲，迨乾道五年己丑朱子轉向中和新說，這才眞是朱夫子的學問定論。也就是說，第一次中和之悟只是給當時處於矛盾、兩難的朱子提供了暫時的出路，但陳來教授對於朱子是否能夠眞切的體會這「一個短暫的插曲」並未明言，此插曲對朱子的意義何在也未有討論。而牟宗三先生則清楚地表示朱子如此言工夫，客觀地說，其辭語所表示之方向「是孟子『求放心』之路」〔註103〕，但朱子對此義並不眞切，又信不及，終生無所受用，之所以如此乃是因爲：

1. 朱子生命之本質（實在論的心態、直線分解的思考方式）畢竟不近於此。〔註104〕

2. 《中庸》言喜怒哀樂之發並不同於本心之「發見」。已發之發是情之「激發」，而「發見」則是本心、中體之呈露，但朱子未能察及此兩發字之不同。故混「良心發見」之「發」與「喜怒哀樂未發已發」之「發」而爲一。〔註105〕

　　所以其中和舊說所謂「致察而操存」，只是在辭語上如此說，並非眞能自覺地清澈其原委而說〔註106〕，故待「中和新說」悟後便覺此信函「非是」，此「非是」是對「中和新說」而言，是就朱子個人主觀理解而言，而非此書信中所可能涵有之客觀義理系統（孟子『求放心』之路），換言之，牟先生認爲「舊說新說之別乃是兩系義理之別。舊說乃是孟子系之義理，而新說則是朱子本人順伊川之糾結所清澈成之靜涵靜攝之系統」〔註107〕，而朱子對舊說之義理系統實無眞切的體會，故轉向中和新說後便以爲舊說「非是」。

　　然而當代學者中，主張「朱子是心學」的金春峰先生〔註108〕，不僅認爲

〔註103〕牟宗三：《心體與性體（三）》，頁75。

〔註104〕牟宗三：《心體與性體（三）》，頁123。

〔註105〕朱子所以體會不切的原因在其「混喜怒哀樂之發與本心發見之發而爲一」，五峰一系所謂的「先察識」即是「先識仁之體」義義，亦即朱子舊說第一書所說的致察於「良心萌蘗之因事發見」，但朱子誤以爲察識「喜怒哀樂之已發」。因此混同，故在朱子轉向新說後，便逕以爲舊說「非是」。參見牟宗三：《心體與性體（三）》，頁77～78、123。

〔註106〕由此（混喜怒哀樂之發與本心發見之發）便函：對此中體（天命流行之體）、孟子所言之「本心」無眞切而相應之契悟，只是見得一個儱侗的影像。凡此皆表示朱子對於「體」上工夫有欠缺。參見牟宗三：《心體與性體（三）》，頁123。

〔註107〕牟宗三：《心體與性體（三）》，頁78。

〔註108〕金先生由朱子早年學思的分析指出「把心在邏輯分析上區分爲認知之心（思

中和舊說是孟子心學的義理系統，並且主張「從『中和舊悟』以後，朱子即牢守此一心學基地而貫徹一生，直到晚年」〔註109〕。姑且不論朱子中和新說是否仍堅持舊說的心學觀點，此處最主要的問題是：若評定朱子中和舊說是孟子學系統，則朱子對舊說之義理系統是否能真切地體會並信守不失？顯然，牟先生的答案是否定的，但金先生的答案卻是肯定的。故以下試探究其論證以作為對比。

牟先生由朱子己丑之悟後對「先察識後涵養」一說的否定以及對胡五峰的諸多批評，證朱子混「良心發見」之發與喜怒哀樂未發已發之發（情之激發）而為一，所以是對舊說之義理系統（孟子學）無真切的體會。但是金先生說：

> 朱熹力主涵養本原是工夫的基本點，明確地批評胡五峰及湖湘學者先察識之說，完全不是因為朱熹與胡宏的心學方向發生了歧異，而是相反，更加明確了心學的本原與基礎地位。
>
> 其批評只是指出這種說法之行文措辭可能帶來的片面性，而不是否定由此而存養擴充的心學思想。……朱子所謂「涵養本根」與《知言》的操存擴充，兩者的意思顯然是一致的。〔註110〕

金春峰先生主張朱子在己丑之悟後，雖特別強調伊川的「涵養須用敬，進學則在致知」，但朱子仍然是將此語置於心學基礎上理解，與伊川原義並不相同，是以朱子所謂「涵養本根」與五峰《知言》的「先察識」兩者同是心學，

慮營為）與道德本體之心，也是貫穿於朱熹『中和舊說』的一個基本思想與基本方法」，若欲從思慮營為之心求「未發之中」，是「愈求而愈不可見」，故「未發之中」只能指道德之心這一「心之本體」。金先生又主張在「中和舊說」中已建立『心有體有用』一觀點，「心之體」是性、是道德本心、良知、「天命流行、生生不已之機」、天理本真；「心之用」則兼指思慮營為之心（氣之靈）與道德本體之發用。但朱子對於心與道德本心（性）的關係，已發、未發與心性的關係，在行文上仍然混淆不清，故己丑之悟後便認為前說「非是」，即「非是」是剋就名義而言，在義理上，新悟與舊說所悟「於心性之實未始有差」。參見金春峰：《朱熹哲學思想》，頁17～27、39～48。

以上概述了金氏對「中和舊說」的理解，但筆者對金先生所言，實不能無疑：1. 朱子是否曾將心拆解為二心，且言舊說中朱子主張「心」有體有用，恐尚待文獻材料證明；2. 金氏的詮釋難以顧及到中和舊說諸書信中朱子本人對已發、未發、心、性的規定與說明，如未發為性已發為心，此問題恐不可以朱子本人「行文上混亂不清」而一筆勾消（見氏著：《朱熹哲學思想》，頁47。）。

〔註109〕金春峰：《朱熹哲學思想》，頁20。

〔註110〕金春峰：《朱熹哲學思想》，頁366、374～375。

並無本質上的差異，朱子所以修正「先察識」說只是認爲其工夫在「行文措辭上」可能帶來片面性。但如此詮釋是否能全盡朱子與湖湘學派有關「先涵養」與「先察識」之論辯的底蘊？則頗值得討論。蓋此論辯朱子除了欲以涵養「補」察識之不足，使修養工夫更加綿密外，其更堅持主敬涵養工夫當爲察識之所本，如言「初不曾存養，便欲隨事察識，竊恐浩浩茫茫，無下手處」、「須是平日有涵養之功，臨事才能識得」等〔註111〕，也就是說，在隨事省察之前，「必先有」一段涵養工夫。若然，則朱子對「先察識」的批評便不只是「行文措辭上」的問題而已。又朱子所了解與非難的「察識」工夫（已發時察識、動察）是否即是五峰所主張的「先察識後涵養」之說？對於金先生而言，也是一尚待詳辨的問題。

（二）舊說轉向新說的原因

在前面已曾說到，就〈中和舊說序〉一文，我們可以確定朱子關於已發未發一問題，在己丑年（乾道五年 1169 年朱子時年 40 歲）有了進一步的體悟。

> 乾道己丑之春，爲友人蔡季通言之。問辨之際，予忽自疑。斯理也，雖吾之所默識，然亦未有不可以告人者。今析之如此其紛糾而難明也，聽之如此其冥迷而難喻也，意者乾坤易簡之理，人心所同然者，殆不如是。而程子之言出其門人高弟之手，亦不應一切謬誤以至于此。然則予之所自信者，其無乃反自誤乎？則復取程氏書，虛心平氣而徐讀之，未及數行，凍解冰釋。然後知情性之本然，聖賢之微旨，其平正明白乃如此。(《文集》卷七十五〈中和舊說序〉)

在該序中，朱子說明他所以有此轉變的機緣是與蔡季通問辨之際，對於自身所認爲已能掌握到的《中庸》已發未發之要旨，雖欲剖析之，但竟然「紛糾而難明」，且聽者亦「冥迷而難喻」，這樣的實際感受促使他重新反省其過往的體證所得。又朱子之前看待程子之言的態度是若有不合己意者，便認爲是「少作失傳而不之信也」，然而此刻捫心自問：難道這樣的自信反而造成自己的錯誤嗎？於是復取程氏之書，虛心平氣而徐讀之，終於凍解冰釋。

在這裡，朱子記錄了他自己由中和舊說轉向中和新說的發展歷程，其中與蔡氏問答、辯說是促成此轉向的「外在機緣」〔註112〕，批判地自我反省與

〔註111〕《文集》卷三十二〈答張敬夫〉書十八（諸說例蒙印可）；《文集》卷四十二〈答胡廣仲〉書四（伊川先生曰）

〔註112〕束景南先生引〈慶元黨禁〉一段話，「熹嘗講《中庸》已發未發之旨，……元

對程氏之書的反覆沉潛是朱子學思前進的動力〔註113〕。故中和新說可謂是「與蔡季通語，忽又因疑得悟」（錢穆語），但何以會有此疑，則在此序文中似乎找不到解答，即〈中和舊說序〉似乎仍不足以說明造成這一轉變的根由究竟是什麼。而此一問題的解明也正是當代學者所急於努力的目標之一。

> 及朱子長沙歸來折從南軒，…又云「此與守書冊泥言語無交涉」也。
> 然延平往日教朱子於聖經中求義理，於日用間用工夫，朱子此時，
> 乃著重了下一句，不免擺棄了上一句，於朱子內心終不自安，故不
> 久而其說又變。〔註114〕

錢穆先生認為朱子不安於舊說是因為舊說只著重「於日用處用工」（已發、動）的一方面，卻輕忽了「去聖經中求義理」一工夫，又覺得「龜山以下一脈所傳求未發以前氣象，固是偏著一邊，然亦不能擱棄不加理會」〔註115〕，所以至己丑年春，朱子再次返就師說，將往日自所體悟者（近湖湘學）與師門遺教縮合雙成，復從程門中拈出一「敬」字，始覺動靜交融，已發未發兼顧交修，工夫完密無少虧漏。〔註116〕

束景南先生則提出促成朱子在中和說上一步步演進的線索有二：一者是對「居敬」工夫的反覆沉潛；再者是整理校定二程著作。

束先生認為朱子中和舊說「先察識後涵養」之工夫宗旨，是以格物為察識工夫，以居敬為涵養工夫〔註117〕，後者本自湖湘學派〔註118〕。束氏著《朱

定不以為是，獨引程氏說，以為『敬而無失，便是喜怒哀樂未發謂之中』。…熹再與元定論辯，始悟其說而悉反之，由是益奇元定。」認為朱熹之悟中和新說，亦受蔡元定啟發。見束景南：《朱熹年譜長編》，頁407。

〔註113〕 張立文先生言：「這種批判地自我否定，是促使朱熹由中和舊說向中和新說轉變的活力，是學說自我完善的生命力。」見張立文：〈未發已發論之縱貫——朱子參究未發已發論之挫折、轉變和影響〉 載 鍾彩鈞主編：《國際朱子學會議論文集》（臺北市：中研院文哲所，1993年），頁509。

〔註114〕 錢穆：《朱子新學案（二）》，頁283。

〔註115〕 錢穆：《朱子新學案（二）》，頁258。

〔註116〕 但筆者以為朱子是否緣於擔憂輕忽了「去聖經中求義理」一工夫，或在「心理上」「追思延平遺教而感到靜養工夫之不可廢」（劉述先語）此等「主觀動機」，因而在己丑之悟時，把道南一系所強調的「未發」工夫找回來？尚待更多的論據來支持此說。

〔註117〕 束氏認為《文集》卷四十〈答何叔京〉書三「由是而克己居敬，以終其業」與中和舊說第四札「致知格物，居敬精義之功」兩文最足以證實其所說「以居敬為涵養工夫」的觀點。見束景南：《朱子大傳》，頁255。

〔註118〕 相對於牟宗三與陳來兩先生對「先察識」說（察識良心發見處）的詮釋，束

熹年譜長編》於乾道二年（一一六六丙戌三十七歲）特列『始悟「主敬」思想，有源頭活水詩自詠其思想飛躍』一條，摘錄《文集》卷三十九〈答許順之〉書十、十一、十二　關於「主敬」工夫的討論，並下一按語，曰：「其時朱熹正與張栻、何鎬、許升等討論「敬」之存養工夫，……已兆示其由中和舊說向中和新說發展之契機」。〔註119〕而答許書中所載〈方塘詩〉即詠此時思想之飛躍。

　　乾道四年，經過同湖湘諸學人在「觀過知仁」上的論辯〔註120〕，朱子終於進一步「否定」了他從湖湘派那裡接受來的「先察識後操存」。在給程洵的信中朱子生平第一次引用了程頤的名言「涵養須用敬，進學則在致知」以代替「先察識後操存」之說〔註121〕。雖然朱子此刻還缺少一種頓悟的靈感，尚

景南先生認爲中和舊說「先察識後涵養」一工夫宗旨雖同於湖湘學派，「但湖湘派說的察識是指向內的精察吾心，明心識性，這種察識本心也就是向內的察識仁體；而朱熹說的察識卻是指向外的精察物理，是動察，是應事格物，還保留著李侗應事即物就分殊上體認實理思想的影響。」見束景南：《朱子大傳》，頁 271。

案：束氏主張朱子中和舊說「以格物爲察識工夫」（同上，頁 255。），此觀點恐與中和舊說第一書「良心萌蘗亦未嘗不因事而發見。學者於是致察而操存之」、〈艮齋銘〉「四端之著，我則察之」或戊子年〈答何叔京〉書十一 「若不察於良心發見處，則渺渺茫茫，恐無下手處也」（《文集》卷四十）有不合之處。

又束景南認爲「在先察識、後涵養上，朱熹以格物爲察識工夫同湖湘派有別，但以居敬爲涵養工夫卻直接來自湖湘派」 見束景南：《朱子大傳》，頁 255。此外，當代學者中，美國漢學家田浩先生也表示：「前一章討論張栻很注重程頤格物與主敬的學說時，我們推測張栻與朱熹討論心的中和問題時，張栻很可能首先提出這些討論主題……（筆者案：在中和新說後）雙方的共識如此容易達成，似乎表示朱熹也接受張栻強調主敬、格物的觀點。」見田浩：《朱熹的思維世界》（西安：陝西師範大學出版社，2002 年），頁 67〜68。

〔註119〕束景南：《朱熹年譜長編》，頁 361〜362。亦見束景南：《朱子大傳》，頁 257。此外，關於〈觀書有感〉詩的討論可參看本文註解 49。

〔註120〕束景南先生認爲乾道四年八月朱子已曾與張栻、吳翌、蔡元定、林用中、林允中、王近思等討論「觀過知仁」之說，並作〈觀過說〉，但朱子此時尚未有定論，故乾道八年與張敬夫、吳晦叔、胡廣仲、胡伯逢等人又嘗再討論，參束景南：《朱熹年譜長編》，頁 401。

〔註121〕即《文集》卷四十一〈答程允夫〉書六（可欲之說甚善）一文，束氏將此函繫於乾道四年十一月間，強調此書對了解朱子中和新說的形成至關重要。他對此信函的考證，請參看束景南：《朱子大傳》，頁 281・註解 1。

案：註解中說〈答程允夫〉書五（去冬走湖湘）「作於乾道三年九月」，筆者以爲依束氏此段文義當是指「乾道四年」，此處或許是作者筆誤或印刷排版造

未自覺到運用這種說法來解說和構造中和說，然而其建立中和新說的條件確
實已具備了。

　　束先生又指出：朱子在長沙歸後，因對湖湘學感到失望〔註122〕，於是逕
自越過湖湘學而直接求教於二程，希望從二程的著作中尋求解答（校編《二
程集》之動機），正因如此，整理校訂二程全部著作便對朱子向中和新說發展
起了重要的作用，也就是說，在乾道三年長沙歸後到乾道五年一段中和新說
醞釀、形成與確立的時期，整理校訂《二程集》讓朱子有一全面熟悉二程著
作及其思想的機會。〔註123〕

　　最終，在乾道五年己丑春，朱子同蔡元定問辯之際，忽然大悟中和舊說
之誤，於是馬上用「涵養須用敬，進學則在致知」為指導原則，重讀二程著
作，原來總覺得矛盾牴觸的各種說法竟然無不貫通，一無滯礙。中和新說於
焉確立。

　　從中和舊說階段開始，朱子已表現出其甚為在意自所體悟者與聖賢之
書、前人之言雙方面的印合問題，如舊說第一書「然聖賢之言，則有所謂未
發之中，寂然不動者」；第四書「因復取凡聖賢之書，以及近世諸老先生之遺
語，讀而驗之，則又無一不合」；〈中和舊說序〉「後得胡氏書，有與曾吉父論
未發之旨者，其論又適與余意合，用是益自信。雖程子之言有不合者，亦直

　　　　成的錯誤。又陳來先生訂〈答程允夫〉書六 作於乾道五年己丑。氏著：《朱
　　　　子書信編年考證》頁61。
　　　　此外，束氏又引《文集》卷四十〈答何叔京〉書二十一（後書所論持守之說）
　　　　（束氏標為「書二十、二十二」，但依其引文實乃「書二十一」）與《文集》
　　　　卷四十二〈答胡廣仲〉書一（欽夫未發之論）（案：束氏標「卷四十一」，恐
　　　　誤，應是「卷四十二」）為據，論以敬為存養之要是朱子於乾道四年戊子冬思
　　　　想上的主調之一。然而陳來先生以義理為憑據，將此二書俱繫於乾道五年己
　　　　丑或乾道六年庚寅。見氏著：《朱子書信編年考證》，頁72。
〔註122〕乾道三年衡岳之遊，朱子原欲更全面地了解湖湘派學說，然而卻對湖湘學者
　　　　產生了株守師說、流於說禪的負面印象，於是朱子一方面便對湖湘學者展開
　　　　「拈槌豎佛」、「以心說心」的批判，一方面同時反省「先察識後存養」之工
　　　　夫，醞釀自己思想的新突破，此可以《文集》卷四十二〈答石子重〉書五 與
　　　　《文集》卷三十〈與張欽夫〉書二 兩封信為代表。見束景南：《朱子大傳》，
　　　　頁264～265、270～272、279～281。束先生也曾以這兩封書信為據，認為朱
　　　　子自湖湘歸後，「實未共守此箇工夫宗旨」（筆者案：即〈艮齋銘〉）。氏著：《朱
　　　　熹年譜長編》，頁395。
　　　　案：《文集》卷三十〈與張欽夫〉書二（蒙示及答胡彪二書） 陳來先生將之
　　　　繫於乾道五年己丑之悟時。見陳來：《朱子書信編年考證》，頁57。
〔註123〕束景南：《朱子大傳》，頁282～284。

以爲少作失傳而不之信也」。到了己丑之悟時，朱子的〈已發未發說〉更是大量徵引程氏之言，〈與湖南諸公論中和第一書〉特別在陳述己說之前有「按《文集》、《遺書》諸說」等字，凡此，皆可證明束景南先生留意於朱子《二程集》的校編工作與其參究中和問題的發展歷程兩者間可能的關聯性一問題其來有自。

另一方面，束先生也徵引了相當多的文獻試圖證明朱子對「主敬」工夫的反覆沉潛是他由中和舊說向中和新說發展的「內在契機」，若欲進一步省思此觀點，則牽涉到兩重問題：一是文獻材料的問題，一是義理方面的問題。

首先，關於文獻證據方面，在前文的註解裡，可發現陳來先生於《朱子書信編年考證》一書中，將束氏所徵引的材料大多定爲「己丑之悟以後」的作品。何以會有偌大的差異？這當然是因爲朱子《文集》中諸書信多未標明時間，《文集》的編纂亦不以時間爲序，因而衍生許多考證上的問題。所以當代的研究者不得不在義理的分析前下一番考證的工夫，其方法不外乎將論及相關議題的諸信函彙合而觀之，再從中尋索蛛絲馬跡，以定諸信函的寫作時間，或在文獻不足爲據的情況下，通觀義理發展以推測其著作時間。後者乃是不得已的方法，因爲該方法中研究者個人的推測相對的增加。

陳來先生在此處所採取的方法近於後者，如其言：「按主敬致知相發並進之旨始建於己丑」、「主敬思想乃己丑以後所言」〔註124〕，因而將內容上強調「主敬」思想的書信皆定於乾道五年以後，亦費一番工夫考證〈遺書後序〉一文〔註125〕。然而對於提及「涵養須用敬，進學則在致知」的關鍵性一文（《文集》卷四十一〈答程允夫〉書六（可欲之說甚善）），束景南先生採取的考證方法近前一種，即若此書與前書（書五）乃先後相接之作，則〈答程允夫〉書六 亦同樣約作於乾道四年，於是便可證明朱子在新說之悟前已甚爲關注「主敬」思想。

再者，於義理思想的探討方面，束景南先生的看法，很可以引發我們去

〔註124〕陳來：《朱子書信編年考證》，頁60、75。

〔註125〕見陳來：《朱子哲學思想研究》，頁180～181。束景南先生亦主張現存的〈程氏遺書後序〉應是己丑中和新說之悟以後所改定者，即完成於乾道五年，參束氏：《朱子大傳》，頁286；《朱熹年譜長編》，頁409。不同的觀點見金春峰：《朱熹哲學思想》〈附論：朱熹《程氏遺書後序》完成於乾道四年，戊子時〉一段 ，頁366～369。但在金先生的反駁中，他似乎誤讀了陳來的考證，陳來將《續集》卷二〈答蔡季通〉書九（近看《遺書目錄序》）一函定於「己丑或稍後」，而非「定在戊子」。見陳來：《朱子書信編年考證》，頁65。

思考：朱子究竟是因爲不斷地致力於「居敬」工夫，終於能「沿著「敬」的思路又「螺旋式」地回到了原來李侗「未發」工夫上」（束景南語），否定了湖湘派「先察識後涵養」之說，代之以伊川的「涵養須用敬，進學則在致知」，於是「靜」被揚棄的同時又包含在「敬」中；「察識」被揚棄的同時又包含在「致知」中。

抑或朱子在中和舊說的反覆用心中，意外地感受到「胸中擾擾，無深潛純一之味，而其發之言語事爲之間，亦常急迫浮露，無復雍容深厚之風」，而此病之起因正是「以心爲已發，而日用工夫，亦止以察識端倪爲最初下手處，以故闕卻平日涵養一段工夫」，也就是說「人自有未發時，此處便合存養」，遂肯定伊川所云「涵養須用敬」一語。

總而言之，朱子是因工夫修養所至而得以新悟已發未發說，或者是因爲於心性體悟上另有所見而得以調整其修養工夫呢？然筆者以爲兩說或皆可成立，此處恐難有定論，蓋對一位眞誠的學道之士而言，修養工夫、體悟所得兩者本相須而非相待，實下工夫乃可見眞本體，體會得眞切才是工夫落實處。

那麼朱子從舊說轉向新說的原因爲何呢？

朱子在〈與湖南諸公論中和第一書〉中，首先自我反省中和舊說成立的原因是：基於以前曾經體認到此心流行之體，又因程子「凡言心者，皆指已發而言」一語〔註126〕，於是主張「心爲已發，性爲未發」。但朱子本人仍意識到己丑之前的主張與程子之言「多所不合」，更有「胸中擾擾，無深潛純一之味……急迫浮露，無復雍容深厚之風」的病痛。

己丑時，終於體會到前日所以不安，「蓋所見一差，其害乃至於此」，也就是說舊說的結論──「心爲已發，性爲未發」正是病根之所在，此處不僅是文義界定的偏失而已，因爲實在說來，若「直以心爲已發，而日用工夫，亦止以察識端倪爲最初下手處」，終將「闕卻平日涵養一段工夫」，亦即「日用工夫全無本領」。

朱子認爲伊川「凡言心者，皆指已發而言」一語對其中和舊說思想的確立關係匪淺，而牟宗三先生的看法是：伊川「凡言心者，皆指已發而言」一語便是朱子必轉折而向新說之路走的決定性的過轉關鍵。

〔註126〕「凡言心者，皆指已發而言」一語出自《二程集・文集》卷九〈與呂大臨論中書〉。而《宋元學案》卷三十一〈呂范諸儒學案〉述呂大臨處，列有此文，有刪略，題曰：〈未發問答〉。

> 伊川此語之有問題，甚爲顯明。然而伊川之糾結卻佔滿了朱子之心
> 靈。然則其舊說之「致察於良心之發見」之義實以伊川之糾結爲背
> 景也。辭語如彼，而背景如此，難怪其對於「致察於良心之發見」
> 一路不能有眞切悟入也……故而一旦發見「已發爲心，未發爲性」
> 爲不妥時，遂全部自此路撤退，轉向而爲順伊川之糾結而前進矣！
> 此是過轉至中和新說之關鍵也。〔註127〕

前文曾論及牟先生認爲朱子實不契中和舊說所函之客觀義理系統，而其所以
不能夠相應於舊說一路之義理的原因與證據正在此處透出端倪，蓋朱子認爲
他以前所以認「心爲已發，性爲未發」，是因伊川此語而然，若如此，則朱子
所謂「致察於良心之發見」一工夫，也是在此背景下所提出者，然而伊川此
語實是在「以實然的觀點看心，心性不是一」這個背景之下，不肯認呂與叔
之所說的一「未當」、不諦之言〔註128〕，朱子只膠著於此句不諦之語，宜乎其
不能眞切悟入「致察於良心之發見」一路之義理系統，所以一旦發現「心爲
已發」有不妥時，便連帶地拋棄「致察於良心之發見」一路之義理，而作出
一個大轉向，因而此語便是朱子由中和舊說過轉到中和新說的關鍵所在。

　　言至此，我們可以將當代諸位研究者對朱子何以轉向中和新說一問題的
解答作一初步的統整：

　　　　1. 朱子因輕忽了「去聖經中求義理」一工夫而不安，又深覺道南一
　　　　　 系之指訣雖是偏著一邊，然亦不能捨棄，所以必至兼顧已發未發
　　　　　 之境乃可以已。（錢穆）

　　　　2. 整理校訂《二程集》讓朱子有一全面熟悉二程著作及其思想的機
　　　　　 會。對「主敬」工夫的反覆沉潛更是他由舊說向新說發展的「內
　　　　　 在契機」。（束景南）

〔註127〕牟宗三：《心體與性體（三）》，頁 123～125。

〔註128〕牟先生在《心體與性體》第二冊〈第二章 程伊川的分解表示〉「第六節中和
　　　　篇」曾對此語有所解析，即在「赤子之心是否爲中」之爭論中，伊川不能領
　　　　會呂與叔以「赤子之心爲中」只是「取義」，取其「純一無僞、無所偏倚」之
　　　　義（與孟子言「大人者不失其赤子之心」之義同），而從「實然的觀點」看待
　　　　「赤子之心」，將其視爲「自然的本能狀態」。此外，伊川又說了兩句不妥之
　　　　言，一是「赤子之心可謂之和，不可謂之中」；一是「凡言心者，皆指已發而
　　　　言」。前者之不當乃是因爲若純以實然地觀點觀之，「赤子之心」固雖屬已發，
　　　　非「中」，但亦無自覺地作道德實踐之義，因而亦不必是「和」。後者則經呂
　　　　與叔的駁難，伊川已自認「未當」矣。　見牟宗三：《心體與性體（二）》，頁
　　　　357～358。

3. 伊川「凡言心者，皆指已發而言」一語是朱子必轉折而向新說之路走的決定性的過轉關鍵。（牟宗三）

4. 朱子悔悟不可只任其不容已地發，故必在未發上應有一事先之工夫，以去其緣於氣稟物欲之雜而來的紛擾，然後可以言發而不乖之和。（唐君毅）

（三）朱子的自我省思

以上我們列舉了四種當代對朱子從中和舊說轉向新說的說明，然而朱子他自己本身又是如何反省的呢？朱子在乾道五年作〈已發未發說〉，在該文中，他說到：

> 因再思之，乃知前日之說，雖於心性之實未始有差，而未發、已發命名未當，且於日用之際欠卻本領一段工夫，蓋所失者不但文義之間而已。

牟宗三先生指出，在此反省中，朱子猶不肯承認舊說對於「心性之實」理解「有差」，只是「未發已發命名未當」。但是朱子新說後所確立者是平看的經驗實然的心，朱子在其自義方面雖可堅持其所體會者始終即是如此（此是對其舊說所函之義理系統根本有一誤解），但朱子於舊說的表達卻混本心發見之發與喜怒哀樂未發已發之發而為一，故既有混擾，則對「心之實」不能無差。又順舊說辭語之係絡與間架客觀地觀之，亦可以把其所說之心看成是孟子所說的本心，則在此方面也不能說未始有差。另外，在「性之實」方面，朱子在新說成立後，一貫而明確的態度是視性為理（超越的所以然），但舊說辭語所表示者（只就「只是來得無窮，便常有個未發底」說性）是未發已發一滾而下，缺乏異質的分別，故不能說「未始有差」。〔註129〕總之，朱子本人對舊說的反省言「於心性之實未有差」，這是在一極寬泛的意義下勉強言之，倘若嘗試作進一步的解析，則不免觸處有礙，故這僅是一儱侗的說法罷了。

但陳來先生的說法卻與此不同，他解釋「心性之實未有差」一語言：

> 這是指，丙戌舊說中確認的兩點：1.人只要生存，心的作用就不會停止（即心體流行無所間斷）。 2.性作為內心本質始終是通過他者表現，自身是隱而不發的。這些所謂「心性之實」並不錯誤，舊說

〔註129〕牟宗三《心體與性體（三）》頁 136～137；亦可參考劉述先《朱子哲學思想的發展與完成》 頁 102～103，因劉先生所說大體本牟先生之旨。

的錯誤在於認爲凡心有所作用（心體流行）即屬已發。〔註130〕
「未有差」是「並無錯誤」之意，此處，對或錯的判分標準應是以己丑之悟
所確定者爲依歸，即在新說的義理系統之下，朱子認爲他在己丑以前，對心、
性之實義的領會沒有偏失之處，也就是說，己丑以前對心、性之實的看法是
同於中和新說所體悟的，於是陳先生便提出，就心而言，心的作用不會止息；
就性而言，性本身雖是隱而不發的，卻始終通過他者而表現，這兩點便是所
謂的「心性之實」，是新、舊說所同者。

　　陳先生有此結論當然與他對「中和舊說」的解讀有關，他認爲：

> 在朱熹看來，人只要在生存，心的作用就沒有停止。即使是睡眠或
> 無所思想的時候也是知覺不昧，仍然是心體流行。……既然心總是
> 處於一種已發狀態，那麼未發便不是指心，而應當也只能指心之體
> 即性（性即是理），只有性才是眞正寂然不動的未發。因此他反對…
> 用未發已發把心體流行的過程劃分爲不同階段的觀點……由此，他
> 提出，所謂未發已發並不是指一個事物有發作之前與發作之後的區
> 別，未發是指內在的體，已發是指外在的用。〔註131〕

在此處，陳先生對所謂的「心體流行」一語，又有其特殊的體會與義涵，「這
裡心體的體非體用之體，乃程氏「其體則謂之易」之體，指變易的總體」，但
這一觀點的釐清，據陳來先生本人的研究，是遲至淳熙初年（甲午 1174 朱子
45 歲）心說之辯後才成熟確立的，若然，則此說是否能夠涵蓋或用以詮釋己
丑前的中和舊說「以性爲體（未發），以心爲用（已發）」一觀點恐仍有待商
榷，且若把未發、已發等同於體用的概念，則是否能言「心的作用」，亦可斟
酌。

　　總之，在「心性之實未有差」一語的討論上，呈現了兩種完全不同的看
法，此正因爲這一句話牽涉到研究者對朱子中和新說、舊說中「心」、「性」
概念的理解與詮釋，所以在述解上總是顯得曲折而複雜，且舊說諸函中，實
際上並沒有對心、性作明確的表述，故如何從各方面逼顯「心性之實」，在文
獻材料上確有困難存在。

　　筆者以爲在〈已發未發說〉之後，朱子又著〈與湖南諸公論中和第一書〉

〔註130〕陳來《朱子哲學思想研究》　頁 175。
〔註131〕陳來《朱子哲學思想研究》頁 163～164，案：陳來先生認爲此段所論是「人
　　　　自有生」前兩書的主要思想。

一文，而前者作爲原稿的可能性極大〔註132〕，若仔細對比〈已發未發說〉與〈與湖南諸公論中和第一書〉二文首段之文字，我們不難發現除了字詞使用的差異外〔註133〕，最大的差別便在：

> 前日之說，雖於心性之實未始有差，而未發、已發命名未當（〈已發未發說〉）

> 前日之說，非惟心、性之名，命之不當（〈與湖南諸公論中和第一書〉）

若前說是後書之原稿，則後書刪去了「心性之實未始有差」一語，並將命名未當者由「未發、已發」修改爲「心、性」，在此修訂之中，朱子是否別有用心呢？而且參照《文集》卷四十三〈答林擇之〉書六（所答二公問）一文，也有「疑舊來所說，於心性之實未有差，而未發、已發字頓放得未甚穩當」一段文字，則「心性之實未始有差」一語究竟是確有所指，抑或「只是鬆泛自諒地如此說，未經仔細剖解」，或者只是一時之言，終遭刪去之語呢？

是以筆者認爲較能確定的是，朱子轉向中和新說的原因還是在「日用工夫全無本領」（日用之際欠去本領一段功夫）一關鍵點上，即朱子對中和舊說所謂的「先察識」（即心見性）仍有不安之感存在，這不僅代表朱子對舊說所可能隱含的義理系統（孟子學）有一誤解，體會地不眞切。也反應出要在本心發處作工夫，確實是相當難以掌握的。楊祖漢先生析之甚切：

> 逆覺本心，或頓悟之工夫實亦是相當難以掌握的。逆覺是在本心呈現時當下警覺，而努力體現之，這一工夫須本心呈現方有辦法，但

〔註132〕牟宗三先生言：「意此〈說〉爲原稿…皆書函口氣，非論說體之文所應有也。及寄發時，辭語稍有改易，而所條之伊川語亦未錄寄，遂成爲〈與湖南諸公論中和第一書〉，而原稿保留，遂成爲〈說〉而編於〈雜著〉中矣。實則乃同一書文也。」見《心體與性體（三）》，頁133。陳來先生言：「此說可能爲朱熹己丑初悟時所作，而〈與湖南第一書〉似據此說略作修改而成。」且「〈與湖南諸公論中和第一書〉最初應當是寄與張栻的」見《朱子哲學思想研究》，頁174・註1、頁173。而束景南先生亦認爲二文大同小異，〈與湖南諸公論中和第一書〉乃就〈已發未發說〉上修改而成，只是兩文的寄發對象不同，故語氣稍異。見《朱熹年譜長編》，頁408～409；《朱子大傳》，頁285・註1。案：兩書中對「凡言心者，皆指已發而言」的詮釋有所不同（可參考牟宗三《心體與性體（二）》頁358），所以此兩書之不同應是初稿與修訂稿之別，恐非是針對不同的對象而作。

〔註133〕束景南先生認爲：據〈已發未發說〉中有云「比觀程子《文集》、《遺書》」，比〈與湖南諸公論中和第一書〉多一「比」字，可證是其在一悟中和新說後立即寫成。氏著：《朱子大傳》，頁285・註1。

> 人日常的生命活動，本心之呈現並非容易。「見孺子入井」及「見牛
> 而不忍殺」等觸動本心的特殊機緣，亦是可遇而不可求的。是故，
> 須有一日用常行的工夫，……讓本心之呈現，更爲容易。朱子之重
> 視未發時涵養，又重視持敬，可從這一角度來理解。〔註134〕

朱子在混「良心發見」之「發」與「喜怒哀樂未發已發」之「發」的情況下，
對於即用見體、逆覺體證的工夫不能有眞正的相契，或總覺得有不安的因素
存在，故必轉而尋求另一本領工夫，而這一下手工夫就是中和新說的「以敬
涵養」的工夫，既然工夫的落實處有別，則對於已發、未發的理解，心、性、
情的命名也都有了一番重新的安排與定位，而這就是朱子中和新說的緣起，
甚至朱子認爲這番重新的安排可以更加全面的相應於程子之言〔註135〕，這一
相合讓朱子對於中和新說增添了幾分自信，但也從此轉出另一種不同於「察
識本心發見」的義理型態。

五、結論

　　本文嘗試以朱子的文本作爲一開放的空間，讓當代的研究觀點均得以在
此展開對話、交談，並藉此體會各研究者的睿識與洞見。如在同樣肯定中和
問題之於朱子具有義理型態之決定性，當代學者或認爲其意義在突顯朱子重
融合融通的思想特色（錢穆），或代表朱子闢佛歸儒的一重要里程碑（束景
南），或主張朱子最終新說的領悟僅承伊川之說，但這一主張又有兩種評定：
陳來主張朱子從神秘主義到理性主義；而牟宗三先生認爲朱子走向了橫攝系
統。之所以會有如此分歧的看法其原因不一而足。

　　至於「中和舊說」的體悟究竟發生於乾道二年丙戌（1166）三十七歲，
抑或乾道四年戊子（1168）三十九歲。爭論的雙方更是各持己見，而筆者詳加
羅列其正反說法，發現最核心的關鍵便是〈中和舊說序〉的「往從而問」一
語。若此語指乾道三年朱子衡岳之游，則當主「戊子」年始悟舊說；然若此
語可指隆興二年（甲申1164年35歲）九月朱子赴豫章哭祭張浚，並與南軒面
論湖湘學，則可主「丙戌」悟中和舊說。而中和舊說四書的義理內涵，筆者
則嘗試在前賢研究的基礎上總結爲：

〔註134〕楊祖漢：〈朱子「中和說」中的工夫論新詮〉，《朱子學刊》創刊號（2004.11），
　　　　　頁20～21。
〔註135〕參本論文第二章〈朱子對伊川「中和」說之理解與詮釋〉

1. 所謂「未發」非「別有一物拘於一時，限於一處」，是乃天下之大本、寂然之本體、渾然全體應物而不窮者
2. 未發已發了無間斷隔截處，『未發本體』即在已發中
3. 工夫是「致察而操存之」，即據其已發者而指其未發者
4. 未發爲性，已發爲心；性體心用，即用乃可見體，捨心之發無以見性
5. 唯有眞切體會到「安宅」（仁）之所在，始能眞見大化流行，而不爲氣機鼓蕩所濫，更不可泛指天地以爲大化。

　　朱子中和舊說之悟的義理型態若單就文獻來看確實近於孟子，但同時關照到朱子爾後的自我反省以及對湖湘學者的非難（如《知言》疑議、觀過知仁說等），則朱子恐對於舊說的義理內涵並無眞切的體會，或許可以說，在這一即用見體的逆覺工夫方面，並非朱子的眞正得力處，故朱子最終轉向嘗試在未發上尋求一事先之工夫，此即「以敬涵養」的工夫，希望由此工夫能讓本心呈現，更加容易。以上，是筆者對朱子「中和舊說」之研究現況進行考察的一個初步結論。當然，受限於筆者的學術能力，也許當代的研究者尚有許多精義猶未被筆者充分正視，以致本文尚有許多考慮不夠周全之處，此則祈各博雅之士不吝指正。

附錄二　關於「仁說」之考證

（一）關於〈仁說〉、〈觀過說〉的著作時間

1.〈仁說〉的初稿與定稿

陳榮捷先生以《文集》卷三十三　〈答呂伯恭〉書十八（便中累辱手書）云：「『仁』字之說，欽夫得書云已無疑矣。」為〈仁說〉一文定稿之證，而該文論及欲作《洙泗淵源錄》一書，此書成於乾道九年（癸巳 1173 年 44 歲）六月，假設此書之完成須一、兩年，則〈仁說〉大致應抵定於乾道七年（辛卯 1171 年 42 歲）。〔註1〕

陳來與束景南兩先生俱以《別集》卷六〈答林擇之〉書十一（某此碌碌如昨）云：「〈尤溪學記〉及〈克齋記〉近復改定，及改去歲〈仁說〉、答欽夫數書，本欲寫去，而二公行速不暇。」為〈仁說〉定稿之證，而該書有言：「薛士龍物故」，考薛氏卒於乾道九年七月（癸巳 1173 年朱子時年 44 歲），故以「去歲」之說得證〈仁說〉初稿完成於乾道八年（壬辰 1172 年 43 歲）。〔註2〕

劉述先先生則雖然能同意朱子〈仁說〉初稿完成於〈克齋記〉（作於壬辰）之前〔註3〕，但認為牟先生推測關於「仁」說的論辯「大體開始於四十三歲，

〔註1〕陳榮捷：〈論朱子之仁說〉，《朱學論集》（臺北市：臺灣學生書局，1988 增訂再版），頁 40～41。

〔註2〕陳來：《朱子哲學研究》（上海：華東師範大學出版社，2000 年），頁 189，注1。束景南：《朱熹年譜長編》（上海：華東師範大學出版社，2001 年），頁 477。或見束氏：《朱子大傳》（北京：商務印書館，2003 年），頁 308，注1。

〔註3〕可參牟宗三：《心體與性體（三）》（臺北市：正中，1990 年），頁 229。陳榮捷：〈論朱子之仁說〉，《朱學論集》，頁 41。近年來陳來先生對〈克齋記〉有一考證，他指出此記有「先本」與「後本」之別，且在「仁」說之辯後（癸

其結束當在四十六、七之間」〔註4〕，年限放得太寬。而提出若以《文集》卷三十三〈答呂伯恭〉書二十四（仁說近再改定）云：「〈仁說〉近再改定，比舊稍分明詳細，已復呈錄矣。」為〈仁說〉一文最終定稿的紀錄，則據同卷〈答呂伯恭〉書十八、二十三與二十七等書便可以有很強的間接證據指明這封信當繫於癸巳（乾道九年1173年44歲），因此〈仁說〉最終定稿於乾道九年。〔註5〕

其實陳、束兩先生與劉先生的考訂並無太大的不同，蓋朱子對於〈仁說〉一文確實一再的修訂，且有跨年的情況。這一點可以從《東萊別集》卷十六〈答朱侍講所問〉〔註6〕中有「改定〈仁說〉比〈去歲本〉殊完粹」一語得到印證，據此可知，呂祖謙曾經看過朱子前後兩篇〈仁說〉，可名為「改定本」與「去歲本」，也就是說，〈仁說〉的初稿與定稿確有跨年的現象，因此說朱子的〈仁說〉初稿完成於乾道八年，而最終定稿於乾道九年〔註7〕，應無不可。

2.〈觀過說〉的寫作時間

關於〈觀過說〉的寫作時間，束景南先生首先斷定《續集》卷二〈答蔡季通〉書三十九（邑中水禍至此）一文與書四十五（答擇之并觀過說納去）乃先後相承之作（案：束氏訂為「書四十一、四十七」），因書四十五明確提到〈觀過說〉一文，故若能將此函與能提供寫作時間線索的它函相聯繫，便能推斷〈觀過說〉的寫作時間。而書三十九中言及崇安水災與泉州刊刻《程氏遺書》一事，於是束氏將〈觀過說〉繫於乾道四年八月（戊子1168年39歲），但其亦強調此時所成者僅為草稿，所以至乾道八年，朱子仍與湖湘學者

巳乾道九年1173年44歲）又曾修改。見陳來：〈論宋代道學話語的形成和轉變——論二程到朱子的仁說〉，《中國近世思想史研究》（北京：商務印書館，2003年），頁85。或見陳來：〈朱子《仁說》新論〉，朱杰人主編：《邁入21世紀的朱子學：紀念朱熹誕辰870週年、逝世800週年論文集》（上海：華東師範大學出版社，2001年），頁19～20。

〔註4〕 牟宗三：《心體與性體（三）》，頁230。

〔註5〕 劉述先：《朱子哲學思想的發展與完成》（臺北市：臺灣學生書局，1995年，增訂三版），頁139～144。同書，〈附錄：五、朱子的仁說、太極觀念與道統問題的再省察〉，頁601～608。

〔註6〕 （宋）呂祖謙：《東萊別集》（臺北：臺灣商務印書館《文淵閣四庫全書》第1150冊），卷十六，頁十（1150～355）。

〔註7〕 束景南先生在《朱子大傳》已提到朱子在乾道八年寫出〈仁說〉，到了乾道九年冬又修訂了〈仁說〉定稿（頁308、310。），但束先生在此並無提出其考證資料。

再一次展開論辯〔註8〕，然而束氏在《朱子大傳》中卻有不同的主張，他認為〈觀過說〉乃成於乾道八年（壬辰1172年）〔註9〕，於是，束氏本人的看法似有前後矛盾之處。

　　而陳來先生主張朱子作〈觀過說〉乃在乾道七年（辛卯1171年），此後便在辛卯、壬辰年間與湖湘學者展開「觀過知仁」說的論辯，但陳氏並沒有指出其考證的直接證據。〔註10〕

　　至於束氏所根據的〈答蔡季通〉書三十九一文，陳氏據王懋竑《年譜》訂「崇安水災」在丁亥年秋七月，故將此函繫於丁亥七、八月間〔註11〕，但依束景南先生的考證，朱子行視水災應在「乾道四年」〔註12〕，該函的寫作時間當以束說為佳。

　　然而此函是否真能與其他諸函（書四十、四十三、四十五）前後相承呢？筆者以為詳察該函所載，雖語及「觀過」之說，但依其文中所論實難以證明此函與其後諸函有相承之跡，故束氏的論斷（〈觀過說〉成於乾道四年）猶有可商榷處。此外，如陳來先生便認為《續集》〈答蔡季通〉書諸函乃承《文集》卷四十四〈答蔡季通〉書四（所示彪丈書）之作。但陳先生又疑此書似為數書相雜，故仍難以斷定著作時間，所以也只是姑且列於辛卯年。〔註13〕

　　總而言之，學界對〈觀過說〉的寫作年代實尚未發現堪為明確的考訂之證據。故筆者暫且提出值得注意的兩點，一者，朱子對「觀過知仁」說的注意應始自乾道四年，此可以上述所論〈答蔡季通〉書三十九與《文集》卷四十三〈答林擇之〉書二（熹奉養粗安）兩文為證〔註14〕。再者，若以《論語集注》為朱子的定見，則朱子本人認為其詮釋的觀點乃本自程伊川、尹和靖之說，此一說法在〈觀過說〉中同樣曾明言，並且在與蔡季通、胡伯逢、張敬夫、林擇之等人的信函中均曾提及，而此諸函大致均作於乾道七年、八年之間，故將〈觀過說〉繫於辛卯、壬辰實較為妥當。且朱子在與湖湘學者論「觀過知仁」說時亦嘗語及《知言》之疑議（41、42歲）〔註15〕與《洙泗言

〔註8〕束景南：《朱熹年譜長編》，頁401。
〔註9〕束景南：《朱子大傳》，頁310。
〔註10〕陳來：《朱子書信編年考證》（上海：人民出版社，1989年），頁80～86。
〔註11〕陳來：《朱子書信編年考證》，頁44。
〔註12〕束景南：《朱熹年譜長編》，頁398。
〔註13〕陳來：《朱子書信編年考證》，頁86～87。
〔註14〕關於答林書的考訂，請參看陳來：《朱子書信編年考證》，頁86。
〔註15〕關於〈知言疑義〉之年代考證，請參陳來：《朱子哲學思想研究》，頁183。束

仁錄》（42 歲）〔註16〕等問題，此亦可作為時間考訂之旁證。

（二）關於「心之德」一語的考證

1.「心之德」或「性之德」

眾所周知，言朱子對「仁」所下的定義，便是「心之德，愛之理」一語。而朱子對「愛之理」一詞的使用相當地肯定而明確，也留存了豐富的說明與解釋，因此學界對之較無異議〔註17〕。但相較而言，「心之德」一詞的『用語本身』並沒有經過「『仁』說論辯階段」〔註18〕的洗禮，在此階段朱子對此一名義的使用較不明朗，語意也較為模糊，因此在理解與詮釋上有一較大的空間。

陳榮捷先生便指出：「心之德」亦作「心之道」與「性之德」，而胡五峰《知言》有云：「仁者，心之道乎？」或於朱子有所啟示〔註19〕。確實，朱子論「仁」曾經以「心之道」言之：

> 蓋仁也者，心之道，而人之所以盡性至命之樞要也。（《文集》卷三十〈答張欽夫〉書十（所示彪丈書））

> 蓋主於身而無動靜語默之間者，心也；仁則心之道，而敬則心之貞也。
> （《文集》卷三十二〈答張欽夫〉書十八（諸說例蒙印可））〔註20〕

但顯然這兩封信函是稍早於「『仁』說論辯階段」的，且在《朱子語類》中，透過朱子對「道」與「德」兩字詞的使用之說明，我們亦可推斷朱子是不滿意於這樣的說法的。

景南：《朱熹年譜長編》，頁 456～457。

〔註16〕關於《洙泗言仁錄》的年代考證，請參陳來：《朱子書信編年考證》，頁 80。束景南：《朱熹年譜長編》，頁 476～477；《朱子大傳》，頁 307。

〔註17〕這是指「愛之理」一詞的「用語本身」而言，非是指義理的詮釋。其實朱子也使用過其他的詞語，如「愛之未發」（《文集》卷四十六〈答胡伯逢〉書四（知言之書））、「愛之本」（《文集》卷三十二〈又論仁說〉書十三（昨承開諭仁說之病））或「愛之體」（《文集》卷四十五〈答游誠之〉書一（示喻讀書玩理次第））等，但這些用語並不足以影響朱子使用「愛之理」一詞的肯定及其義理內涵。

〔註18〕依筆者上一小節的觀點，朱子對「仁」說的論辯主要在壬辰、癸巳兩年（43、44 歲），但若將稍早之前關於「觀過知仁」與《洙泗言仁錄》的論議合觀，則可再往前溯至辛卯年（乾道七年 1171 年 42 歲），朱子便與當時的學者展開關於「仁」的問題之論辯，故筆者使用「『仁』說論辯階段」乃指辛卯至癸巳年。

〔註19〕陳榮捷：〈論朱子之仁說〉，《朱學論集》，頁 43。

〔註20〕陳來先生將此兩函分別繫於乾道四年（戊子 1168 年 39 歲）與乾道五年（己丑 1169 年 40 歲），見氏著：《朱子書信編年考證》，頁 47、57。

仲思問：「五峰中、誠、仁如何？」曰：「『中者性之道』，言未發也；『誠者命之道』，言實理也；『仁者心之道』，言發動之端也。」又疑「道」字可改爲「德」字。曰：「亦可。『德』字較緊，然他是特地下此寬字。伊川答與叔書中亦云：『中者性之德，近之。』」（《語類》卷101，頁2583。）〔註21〕

又問：「『道』字不如『德』字？」曰：「所以程子云：『中者性之德爲近之。』但言其自然，則謂之道；言其實體，則謂之德。『德』字較緊，『道』字較寬。但他故下這寬字，不要挨拶著他。」（《語類》卷101，頁2583。）

這兩條語錄當僅是出於不同紀錄者的重出之作，雖然朱子說明的重心在「中者性之德」與「中者性之道」的比較，但也旁及了五峰「心之道」之說，我們從中也可以看出，朱子認爲「道」字之義較爲寬泛，不如「德」字來得緊要、切實〔註22〕。

　　然而在「『仁』說論辯階段」，朱子對「性之德」一詞的使用，卻是明顯地多過於「心之德」。

蓋人生而靜，四德具焉，曰仁，曰義，曰禮，曰智，皆根於心而未發，所謂理也，性之德也。（《文集》卷三十二〈答張敬夫論仁說〉書十二（天地以生物爲心））

殊不知仁乃性之德而愛之本。因其性之有仁，是以情能愛。但或蔽於有我之私，則不能盡其體用之妙。（《文集》卷三十二〈又論仁說〉書十三（昨承開諭仁說之病））

須知仁、義、禮、智四字一般，皆性之德，乃天然本有之理，無所爲而然者。但仁乃愛之理、生之道，故即此而又可以包夫四者，所

〔註21〕　（宋）黎靖德編，王星賢校點：《朱子語類》（北京：中華書局，2004年重印），卷101，頁2583。（以下本文引用《朱子語類》時，皆以此版本爲主，一概簡稱《語類》）

〔註22〕　對於「心之道」與「心之德」的差別，唐君毅先生說：朱子不說「仁者心之道」，蓋由「道」之一名，乃就心之由內達外之表現上說，而非直就心之內部，或此表現之本源處說。朱子之所以改取「仁者心之德」之言，即意在就此心之表現之內部之本源處說仁也。唐君毅：〈第十三章　朱子之理氣心性論〉，《中國哲學原論　原性篇》（臺北市：臺灣學生，1989年），頁413。
而陳榮捷先生認爲：「道」、「德」兩詞雖可通用，然畢竟「道」字言用，「德」字言體。陳榮捷：〈論朱子之仁說〉，《朱學論集》，頁43。

以爲學之要耳。(《文集》卷四十二〈答胡廣仲〉書五(熹承諭向來
爲學之病))

蓋仁者，性之德而愛之理也；愛者，情之發而仁之用也。(《文集》
卷四十二〈答吳晦叔〉書十(復非天地之心)) 〔註23〕

面對這樣的論述，就筆者所知，學界目前有幾種看法(試以三位先生爲例)：

第一，劉述先先生說：「說仁是心之德，只是虛說，意謂心當具此仁德，……
故嚴格言之，仁乃是性之德，此即伊川所謂『仁性』之微意。」「仁畢竟是性
之德、愛之理，所謂心之德者只是虛說，不是實說。」〔註24〕

第二，金春峰先生說：「朱熹或說仁是『心之德』，或說仁是『性之德』。『心』、
『性』交互替代，異名同謂，所指皆是心之道德本體或道德本心。」〔註25〕

第三，趙峰先生則認爲上述朱子對「仁」所作的各種論述，相較於〈仁
說〉的定稿或《論語集注》所言者，只是「不成熟的表述形式」。而且若這麼
提也就不能包含「仁乃天地生物之心」這一最重要的意思了。〔註26〕

以上三說，意即對「心之德」或「性之德」的取捨是：(1)當以「性之
德」爲主；(2)兩語實相同而無別；(3)當以「心之德」爲主。

第一說(劉氏之說)與第二說(金氏之說)的理據除了上所引述之諸信
函外，主要乃是論者對朱子義理思想的辨析下所做的判斷與取捨。至於第三
說，趙先生的論據則是在義理辨析外，復強調《文集》卷六十七中的〈仁說〉
一文與《論語集注》中的詞語使用情形。

若我們暫時撇開義理思想的辨析與判斷來看，今日《朱子文集》中所收
錄的〈仁說〉一文確實是採用「心之德」一詞，且就《論語集註》、《孟子集
註》乃至《論語或問》來看〔註27〕，則可更進一步地肯定朱子乃是採用「心
之德」一詞作爲對「仁」字的定義。

然而《論語或問》卷九〈子罕〉篇(9.1)卻有「仁者，性之德也，然必

〔註23〕陳來先生將此諸函均繫於乾道八年(壬辰1172年43歲)，見氏著：《朱子書
信編年考證》，頁90、94、95。

〔註24〕劉述先：《朱子哲學思想的發展與完成》，頁152、192。

〔註25〕金春峰：《朱熹哲學思想》(臺北市：東大，1998年)，頁90。

〔註26〕趙峰：《朱熹的終極關懷》(上海：華東師範大學出版社，2004年)，頁184、
同頁注2。

〔註27〕案：「心之德」一語見《論語集註》〈學而〉1.2、1.3；〈雍也〉6.5；〈述而〉7.29；
〈衛靈公〉15.8。《論語或問》〈學而〉1.3；〈公冶長〉5.18；〈雍也〉6.5；〈衛
靈公〉15.8。《孟子集註》〈梁惠王上〉1..1〈告子上〉11.11。

忠信篤敬，克己復禮，然後能至」一語，但筆者以爲若考量朱子對《集註》、
《或問》的編修寫作經過〔註 28〕，則我們可以了解到《集註》乃是朱子困心
衡慮、逐字稱等，不斷修訂，終至「添一字不得，減一字不得」〔註 29〕的晚
年定論，而《或問》一書則在丁酉年（淳熙四年 1177 年 48 歲）成書後便無暇
修訂，因而與《集註》有不相應處，最終朱子還表示「不須看」〔註 30〕的一
部著作。所以雖有此例之存在，可是筆者仍主張就考證上來說，還是應該以
肯定「心之德」一詞爲詮釋的出發點爲佳。

　　首當聲明的是，筆者此處並非逕認爲「性之德」一詞便是錯誤的用語，
畢竟在『「仁」說論辯階段』朱子使用「性之德」一詞作爲「仁」字的定義是
不掩的事實，然筆者之意僅在表達：有鑑於朱子是一位對文獻的章句訓詁有
很深的修養的學者，他對於「名義」（字義）的重視程度遠甚於他人，因此他
在《論語集註》、《孟子集註》中對「仁」所下的定義——「仁者，愛之理，
心之德也」，當是他幾經考慮後的定見。是故當我們對前賢的文獻進行理解與
詮釋之際，若可能的話，也當盡量使用其本人所採用的詞語作爲詮釋的出發
點。

　　至於「心之德」與「性之德」兩詞在義理上，究竟有何差別之處？筆者
實尚未尋獲『朱子本人』明確的解說，故此點仍祈博雅之士不吝指正了〔註 31〕。

〔註 28〕　參考錢穆：〈朱子之四書學〉，《朱子新學案（四）》（臺北市：聯經，1982 年，
　　　　錢賓四先生全集本），頁 201～256。錢穆：《朱子學提綱》（臺北市：素書樓文
　　　　教基金會出版：蘭臺出版社，2001 年），頁 170～178。束景南：《朱熹年譜長
　　　　編》，頁 585～588。束景南：《朱子大傳》，頁 397～404、813～818。（宋）朱
　　　　熹撰；黃珅校點：《四書或問》（上海：上海古籍出版社 2001 年），〈校點說明〉
　　　　（以下本文引用《四書或問》時，皆以此版本爲主）。
〔註 29〕　《語類》卷 19，頁 437。
〔註 30〕　《語類》卷 105，頁 2630。朱子此時認爲不須看的理由是「支離」。
〔註 31〕　對於「性之德」一詞，筆者的認識是：朱子曾留意伊川〈與呂大臨論中書〉
　　　　中有「子居對以中者性之德，卻爲近之」一語，與胡五峰「中者性之道」一
　　　　語，朱子認爲「性之德」一詞較妥（參《語類》卷 101）。且在《語類》卷 62
　　　　載「中，性之德；和，情之德」，這一句話完整的表述應該是：「中者，所以
　　　　狀性之德而形道之體；和者，所以語情之正而顯道之用。」（《文集》卷四十
　　　　二〈答胡廣仲〉書五（熹承諭向來爲學之病）），蓋「中」字乃一狀詞（不偏
　　　　不倚之義），故可用以形容『性之德』，是以《中庸或問》卷一作：「謂之中者，
　　　　所以狀性之德，道之體也」。
　　　　另外，牟宗三先生曾略及這兩詞的差異，他認爲這是「心具」（心之德）與「性
　　　　具」（性之德）的不同，亦可備爲一說。請參牟宗三：《心體與性體（三）》，
　　　　頁 264。

2.「心之德」一語的來源：得自南軒？

「愛之理」一詞爲朱子所創發，這可以張南軒〈答朱元晦秘書〉一函言：「來書披玩再四，所以開益甚多。所謂『愛之理』，發明甚有力，前書亦略及之矣。」〔註32〕爲證。

至於「心之德」一詞，一般多認爲是朱子所獨創（但亦未見任何證據，筆者暫採此說），然而劉述先先生以《文集》卷四十七〈答呂子約〉書二十五（熹再叨祠祿）〔註33〕一書爲證，認爲此語「得自南軒的建議」〔註34〕，而田浩先生亦欣然從此說〔註35〕。

但筆者以爲此函雖憶及十數年前的〈仁說〉這場論辯，但詳論者（劉、田兩先生）所引的證據，其全文如下：

> 今欲改「性之德，愛之本」六字爲「心之德，善之本，而天地萬物皆吾體也」，但「心之德」可以通用。其他則尤不著題。更須細意玩索，庶幾可見耳。

筆者認爲「欲改『性之德，愛之本』六字」者恐非是張南軒，而是「今日」致書朱子之人（呂子約），蓋呂氏此時甚關注「仁」字的討論，可參該卷〈答呂〉書第二十六函。

因此也就是說，在淳熙十二年，呂子約熱衷於〈仁說〉的寫作，因而與朱子展開討論，呂氏致書朱子言其欲改「性之德，愛之本」六字爲「心之德，善之本，而天地萬物皆吾體也」，於是朱子回信表示「心之德」一詞可以通用，至於其他兩語則不能切合於「仁」的名義。

如此一來，朱子說：「『心之德』可以通用」，恐怕便不是朱子回應南軒的建議（南軒建議朱子改爲「心之德」一詞，但朱子認爲此語太泛。劉述先先生語），而是朱子回應呂氏的話，蓋朱子認爲在呂氏修改後的文句中，只「心之德」一句尚可，但「心之德」一詞「可通用於義、禮、智諸德」。如《語類》卷25載：問：「曾見先生說『仁者，心之德』。義、禮、智皆『心之德』否？」

〔註32〕（宋）張栻著；朱熹編：《南軒集》（《文淵閣四庫全書》第1167冊）卷二十〈答朱元晦秘書〉書十三（來書披玩再四）。

〔註33〕據陳來的考訂作於淳熙十二年（乙巳1185年56歲）見氏著：《朱子書信編年考證》，頁230。

〔註34〕劉述先：《朱子哲學思想的發展與完成》，頁189。

〔註35〕見田浩：《朱熹的思維世界》（西安：陝西師範大學，2002年），頁88。或見田浩：〈《仁說》：朱熹與張栻論仁〉，鍾彩鈞主編：《國際朱子學會議論文集》（臺北市：中研院文哲所，1993年），頁613。

曰：「都是。只仁是個大底。」〔註36〕又如《語類》卷 20 亦載：問：「『仁者心之德』，義、禮、智亦可為心之德否？」曰：「皆是心之德，只是仁專此心之德。」〔註37〕故必合「心之德」、「愛之理」兩語乃可謂「仁」字之標準名義，若單取「心之德」為名則恐怕尚不足以界定「仁」字。

故以此封書信證明朱子「心之德」一語得自南軒，恐怕難以成立。

〔註36〕《語類》卷 25，頁 607～608。
〔註37〕《語類》卷 20，頁 465。

參考書目

以下書目，典籍部分依時代，其他部分依姓名筆劃順序排列

一、典籍

（一）朱熹原典

1. （宋）朱熹撰：《晦庵集》，《文淵閣四庫全書》第 1143～1146 冊，臺北市：臺灣商務印書館，1986 年。

2. （宋）朱熹撰；朱傑人、嚴佐之、劉永翔主編：《朱子全書》，上海：上海古籍出版社；合肥：安徽教育出版社，2002 年。

   （含《延平答問》、〈太極圖解〉、〈太極圖說解〉、〈通書注〉、〈西銘解〉、《論孟精義》、王懋竑《朱子年譜考異》等書）

3. （宋）朱熹撰；陳俊民校編：《朱子文集》，臺北市：德復文教基金會出版，2000 年。

4. （宋）朱熹撰；黎靖德編，王星賢校點：《朱子語類》，北京：中華書局，2004 年重印。

5. （宋）朱熹撰：《四書章句集註》，臺北市：鵝湖出版社，1984 年。

6. （宋）朱熹撰；黃珅校點：《四書或問》，上海：上海古籍出版社，2001 年。

7. （宋）朱熹編：《中庸輯略》，《文淵閣四庫全書》第 198 冊，臺北市：臺灣商務印書館，1983 年。

（二）相關原典

1. （宋）周敦頤、張載：《周張兩先生全書》，《四庫全書存目叢書》子部第 2 冊，臺南：莊嚴文化事業有限公司，1995 年。

2. （宋）張載：《張載集》（四部刊要本），臺北縣：頂淵出版社，2004 年。

3. （宋）程顥、程頤著；王孝魚點校：《二程集》，北京：中華書局，2004 重印。

4. （宋）楊時著：《龜山集》，《文淵閣四庫全書》第 1125 冊，臺北市：臺灣商務印書館，1986 年。

5. （宋）謝良佐撰，朱熹編：《上蔡語錄》（近世漢籍叢刊），臺北市：中文出版社，1980 年。

6. （宋）張栻著；朱熹編：《南軒集》《文淵閣四庫全書》第 1167 冊，臺北市：臺灣商務印書館，1986 年。

7. （宋）呂祖謙撰：呂祖儉、呂喬年編：《東萊集》，《文淵閣四庫全書》第 1150 冊，臺北市：臺灣商務印書館，1983 年。

8. （明）曹端著，王秉倫校點：《曹端集》，北京：中華書局，2003 年。

9. （明）黃宗羲編，全祖望補訂：《宋元學案》，臺北市：臺灣中華書局，1984 年。

10. （清）江永集註，（宋）朱熹纂集：《近思錄》，臺北縣：廣文書局，1981 年再版。

11. （清）張伯行集解，（宋）朱熹編：《近思錄》，臺北市：臺灣商務印書館，1996 年臺一版 12 刷。

12. 程樹德：《論語集釋》，北京：中華書局，1997 年四刷。

二、專著

（一）朱熹研究專著

1. （美）田浩：《朱熹的思維世界》，西安：陝西師範大學出版社，2002 年。

2. 申美子：《朱子詩中的思想研究》，臺北市：文史哲出版社，1988 年初版。

3. 牟宗三：《心體與性體（三）》，臺北市：正中書局，1990 年。

4. 束景南：《朱熹年譜長編》，上海：華東師範大學出版社，2001 年。

5. 束景南：《朱子大傳》，北京：商務印書館，2003 年。

6. 余英時：《朱熹的歷史世界》，北京：生活・讀書・新知三聯書店，2004 年。

7. （韓）金永植著，潘文國譯：《朱熹的自然哲學》，上海：華東師範大學出版社，2003 年。

8. 金春峰：《朱熹哲學思想》，臺北市：東大圖書公司，1998 年。

9. 范壽康：《朱子及其哲學》，臺北市：台灣開明書局，1995 年三版。

10. 陳來：《朱子哲學思想研究》，上海：華東師範大學出版社，2000 年。

11. 陳來：《朱子書信編年考證》，上海：上海人民出版社，1989 年。

12. 陳榮捷：《朱學論集》，臺北市：臺灣學生書局，1988 增訂再版。

13. 陳榮捷：《朱熹新探索》，臺北市：臺灣學生書局，1988 年。

14. 陳榮捷：《朱熹》，臺北市：東大圖書公司，1990 年。

15. 陳志信：《朱熹經學志業的形成與實踐》，臺北市：臺灣學生書局，2003 年。

16. 張立文：《朱熹思想研究》，北京：中國社會科學出版社，2001 年 12 月 2 版。

17. 張立文：《朱熹評傳》，南京：南京大學出版社，2000 年 2 刷。

18. 曾春海：《朱熹易學析論》，臺北：輔仁大學出版社，1990 年再版。

19. 曾春海：《朱熹哲學論叢》，臺北市：文津出版社，2001 年。

20. 趙峰：《朱熹的終極關懷》，上海：華東師範大學出版社，2004 年。

21. 蔡方鹿：《朱熹與中國文化》，貴陽：貴州人民出版社，2000 年。

22. 蔡方鹿：《朱熹經學與中國經學》，北京：人民出版社，2004 年。

23. 劉述先：《朱子哲學思想的發展與完成》，臺北市：臺灣學生書局，1995 年，增訂三版。

24. 錢穆：《朱子新學案》（錢賓四先生全集本），臺北市：聯經出版社，2001 年。

25. 錢穆：《朱子學提綱》，臺北市：素書樓文教基金會出版：蘭臺網路總經銷，2001 年。

（二）相關研究對象專著

1. 丁為祥：《虛氣相即——張載哲學體系及其定位》，北京：人民出版社，2000 年。

2. （美）田浩著，姜長蘇譯：《功利主義儒家——陳亮對朱熹的挑戰》，南京：江蘇人民出版社，1997 年。

3. （韓）洪軍：《朱熹與栗谷哲學比較研究》，北京：中國社會科學出版社，2003 年。

4. 胡元玲：《張載易學與道學》，臺北市：臺灣學生書局，2004 年。

5. 徐遠和：《洛學源流》，濟南：齊魯書社，1987 年。

6. （日）島田虔次著，蔣國保譯：《朱子學與陽明學》，西安：陝西師範大學，1986 年。

7. 梁紹輝：《周敦頤評傳》，南京：南京大學出版社，2002 年。

8. 黃秀璣：《張載》，臺北市：東大圖書公司，1987 年。

9. 陳俊民：《張載哲學思想及關學學派》，北京：人民出版社，1986 年。

10. 張建民：《張載思想研究》，臺北市：文津出版社，1989 年。

11. 張德麟：《程明道思想研究》，臺北市：臺灣學生書局，1986 年。

12. 張永儁：《二程學管見》，臺北市：東大圖書公司，1988 年。

13. 張加才：《詮釋與建構——陳淳與朱子學》，北京：人民出版社，2004 年。

14. 彭永捷：《朱陸之辯：朱熹陸九淵哲學比較研究》，北京：人民出版社，2002 年。

15. 楊柱才：《道學宗主》，北京：人民出版社，2004 年。

16. （英）葛瑞漢著，程德祥譯：《中國的兩位哲學家：二程兄弟的新儒學》，鄭州：大象出版社，2004 年。

（三）宋、明學術思想專著

1. 方東美：《新儒家哲學十八講》，臺北市：黎明文化，1993 年 4 版。

2. （美）田浩編，楊立華、吳艷紅等譯：《宋代思想史論》，北京：社會科學文獻出版社，2003 年。

3. （美）包弼德著，劉寧譯：《斯文：唐宋思想的轉型》，南京：江蘇人民出版社，2000 年。

4. 牟宗三：《心體與性體》，臺北市：正中書局，1990 年。

5. 牟宗三：《從陸象山到劉蕺山》，臺北市：臺灣學生書局，2000 年再版 4 刷。

6. 牟宗三：《宋明儒學的問題與發展》，臺北市：聯經出版社，2003 年。

7. 呂思勉：《理學綱要》，臺北市：華世出版社，1977 年台一版。

8. 余英時：《宋明理學與政治文化》，臺北市：允晨文化，2004 年。

9. 杜保瑞：《北宋儒學》，臺北市：臺灣商務印書館，2005 年。

10. 何俊：《南宋儒學建構》，上海：上海人民出版社，2004 年。

11. 高令印：《福建朱子學》，福建：福建人民出版社，1999 年 2 刷。

12. 范立舟：《理學的歷史及其歷史命運》，西安：陝西人民出版社，2001 年。

13. 姜廣輝：《理學與中國文化》，上海：上海人民出版社，1995 年 2 刷。

14. 祝平次：《朱子學與明初理學的發展》，臺北市：臺灣學生書局，1994 年初版。

15. 孫振青：《宋明道學》，臺北市：國立編譯館，1986 年。

16. 徐洪興：《思想的轉型——理學發生過程研究》，上海：人民出版社，1996 年。

17. （日）荒木見悟著，杜勤、舒志田等譯：《佛教與儒教》，鄭州：中州古籍出版社，2005 年。

18. 陳鐘凡：《兩宋思想述評》，臺北市：華世出版社，1977 年臺一版。

19. 陳來：《宋明理學》，上海：華東師範大學出版社，2003 年二版。

20. 陳來：《中國近世思想史研究》，北京：商務印書館，2003 年 10 月一版一刷。

21. 陳榮捷：《宋明理學之概念與歷史》，臺北市：中研院文哲所籌備處，2004 年二刷。

22. 陳榮捷：《新儒學論集》，臺北市：中研院文哲所，1995 年。

23. 張君勱：《新儒家思想史》，臺北市：弘文館出版社，1986 年。

24. 張立文：《宋明理學研究》，北京：人民出版社，2002 年。

25. 張立文：《宋明理學邏輯結構的演化》，臺北市：萬卷樓發行：三民總經銷，1993 年初版。

26. 蒙培元：《理學的演變──從朱熹到王夫之戴震》，福建：福建人民出版社，1998 年 2 版 2 刷。

27. 蒙培元：《理學範疇系統》，北京：人民出版社，1998 年 2 刷。

28. 蔡仁厚：《宋明理學 北宋篇》，臺北市：臺灣學生書局，1985 年初版七刷。

29. 蔡仁厚：《宋明理學 南宋篇》，臺北市：臺灣學生書局，1989 年增定三版。

30. 蔣義斌：《宋儒與佛教》，臺北市：東大圖書公司，1997 年初版。

31. 鄧廣銘：《鄧廣銘治史叢稿》，北京：北京大學出版社，1997 年。

32. 鄧克銘：《宋代理概念之開展》，臺北市：文津出版社，1993 年。

33. （美）劉子健著，趙冬梅譯：《中國轉向內在──兩宋之際的文化內向》，南京：江蘇人民出版社，2001 年。

34. （美）墨子刻著，顏世安、高華、黃東蘭譯：《擺脫困境──新儒學與中國政治文化的演進》，南京：江蘇人民出版社，1990 年。

35. 錢穆：《宋明理學概述》，臺北市：蘭臺出版社，2001 年。

36. 錢穆：《宋代理學三書隨箚》，臺北市：東大圖書公司，1983 年初版。

37. 關長龍：《兩宋道學命運的歷史考察》，上海：學林出版社，2001 年。

38. 羅光：《中國哲學思想史 宋代篇》，臺北市：臺灣學生書局，1980 年。

（四）學術思想史著作

1. 王邦雄等編著：《中國哲學史》，臺北：國立空中大學，1995 年。

2. 任繼愈主編：《中國哲學史（三）》，北京：人民出版社，2003 年。

3. （日）宇野哲人撰，馬福辰譯：《中國近世儒學史》，臺北：中國文化大學出版部，1982 年重排。

4. （日）赤塚忠等人合著，張昭譯：《中國思想史》，臺北市：儒林圖書，1981 年。

5. 余雄（張岱年、宇同）：《中國哲學概論》（又名《中國哲學問題史》、《中國哲學大綱》），高雄市：高雄復文書局，1991 年初版。

6. 侯外盧、邱漢生、張豈之主編：《宋明理學史》，北京：人民出版社，1997 年 2 版。

7. 韋政通:《中國思想史》,臺北市:水牛出版社,1988 年。

8. 苑淑亞編:《中國觀念史》,鄭州:中州古籍出版社,2005 年。

9. 徐復觀:《中國思想史論集》,臺北市:臺灣學生書局,1975 年四版(臺再版)。

10. 徐復觀:《中國思想史論集續編》,臺北市:時報文化出版事業公司,1982 年。

11. 徐復觀:《中國人性論史 先秦篇》,臺北市:台灣商務印書館,1969 年。

12. 唐君毅:《中國哲學原論 導論篇》,臺北市:臺灣學生書局,1993 年,全集校定版二刷。

13. 唐君毅:《中國哲學原論 原性篇》,臺北市:臺灣學生書局,1991 年,全集校訂版。

14. 唐君毅:《中國哲學原論 原教篇:宋明儒學思想之發展》,臺北市:臺灣學生書局,1990 年,全集校定版二刷。

15. 陳榮捷選編,楊儒賓等合譯:《中國哲學文獻選編》,臺北市:巨流圖書,1993 年。

16. 馮友蘭:《中國哲學史新編》,北京:人民出版社,2004 年。

17. 馮友蘭:《中國哲學史》,臺北市:臺灣商務印書館,1999 年增訂臺一版 4 刷。

18. 張立文:《中國哲學範疇發展史 天道篇》,臺北市:五南圖書,1996 年。

19. 張學智:《明代哲學史》,北京:北京大學出版社,2000 年。

20. 勞思光:《中國思想史(三上)》,臺北市:三民書局,2001 年。

21. (日)福永光司、山井湧編著,李慶譯:《氣的思想——中國自然觀和人的觀念的發展》,上海:上海人民出版社,1990 年。

22. 葛兆光:《中國思想史》,上海:復旦大學出版社,2001 年。

23. 萬榮晉:《中國哲學範疇導論》,臺北市:萬卷樓發行:三民總經銷,1993 年。

24. 錢穆:《中國學術思想史論叢(五)》,臺北市:東大圖書公司,1991 年。

(五)其他相關著作

1. 古清美:《近思錄今註今譯;大學問今註今譯》,臺北市:臺灣商務印書館,2000 年初版 1 刷。

2. 牟宗三:《圓善論》,臺北市:臺灣學生書局,1985 年。

3. 余英時:《錢穆與中國文化》,上海:上海遠東出版社,1996 年 2 刷。

4. 成中英:《合內外之道——儒家哲學論》,北京:中國社會科學出版社,2001 年。

5. 吳展良編：《朱子研究書目新編 1900～2002》，臺北市：臺大出版中心，
   2004 年。

6. （美）狄百瑞著，李弘祺譯：《中國自由傳統》，臺北市：聯經出版公司，
   1983 年。

7. 李申：《易圖考》，北京：北京大學出版社，2000 年。

8. 杜維明、東方朔著：《杜維明學術專題訪談錄：宗周哲學之精神與儒家文
   化之未來》，上海：復旦大學出版社，2001 年。

9. 李明輝：《儒家與康德》，臺北市：聯經出版公司，1990 年。

10. 李明輝：《四端與七情——關於道德情感的比較哲學探討》，臺北市：臺大
    出版中心，2005 年。

11. 袁保新：《孟子三辨之學的歷史省察與現代詮釋》，臺北市：文津出版社，
    1992 年。

12. 陳大齊：《孟子待解錄》，臺北市：台灣商務印書館，1991 年初版三刷。

13. 陳榮捷：《近思錄詳註集評》，臺北市：臺灣學生書局，1992 年初版 2 刷。

14. 陳榮捷：《王陽明與禪》，臺北市：臺灣學生書局，1984 年。

15. 楊祖漢：《從當代儒學觀點看韓國儒學的重要論爭》，臺北市：臺大出版中
    心，2005 年。

16. 楊祖漢：《當代儒學思辨錄》，臺北市：鵝湖出版社，1998 年。

17. 楊祖漢：《儒家的心學傳統》，臺北市：文津出版社，1992 年。

18. 楊祖漢：《中庸義理疏解》，臺北市：鵝湖出版社，1997 年修訂三版。

19. 楊祖漢：《儒學與康德的道德哲學》，臺北市：文津出版社，1987 年。

20. 楊儒賓：《儒家身體觀》，臺北市：中研院文哲所，1996 年。

21. 楊儒賓、祝平次編：《儒學的氣論與工夫論》，臺北市：臺大出版中心，2005
    年。

22. 蔡仁厚：《儒家心性之學論要》，臺北市：文津出版社，1990 年。

23. 蔡仁厚：《新儒家的精神方向》，臺北市：臺灣學生書局，1984 年再版。

24. 蔡仁厚：《新儒家與新世紀》，臺北市：臺灣學生書局，2005 年。

25. 鄭吉雄：《易圖象與易詮釋》，臺北市：喜馬拉雅基金會，2002 年。

26. 劉述先：《理想與現實的糾結》，臺北市：臺灣學生書局，1993 年。

27. 劉述先：《儒家思想意涵之現代闡釋論集》，臺北市：中研院文哲所籌備處，
    2000 年。

28. 劉述先：《現代新儒學之省察論集》，臺北市：中研院文哲所，2004 年。

29. 戴君仁：《戴靜山先生全集》，臺北市：戴靜山先生遺著編輯委員會，1980
    年。

三、學位論文

1. 王大德:《朱陸異同——以「心與理」、「心與物」兩個向度爲主軸所作之探索》,臺北:文化大學哲學研究所博士論文,2001 年。

2. 白百伶:《宋元之際朱陸異同論》,臺北:文化大學中文研究所碩士論文,2004 年。

3. 何家駿:《《近思錄》研究》,臺北:臺灣師範大學國文研究所碩士論文,2001 年。

4. 江右瑜:《朱熹對道家評論之研究》,南投:暨南大學中文研究所碩士論文,1999 年。

5. 沈享民:《朱熹理一分殊哲學之溯源與開展》,臺北:臺灣大學哲學研究所碩士論文,1993 年。

6. 林明賢:《《近思錄》思想研究》,臺北:輔仁大學中文研究所碩士論文,2003 年。

7. 孟淑慧:《朱熹及其門人的教化理念與實踐》,臺北:臺灣大學歷史研究所碩士班,2001 年。

8. 洪翠屏:《朱熹孟子學外王思想研究》,高雄:高雄師範大學國文教學研究所碩士論文,2004 年。

9. 許銘義:《朱熹政治思想研究》,臺北:文化大學哲學研究所碩士論文,2000 年。

10. 陳俊良:《朱熹論語集註的思想史分析》,臺北:文化大學歷史研究所博士論文,2004 年。

四、論文、期刊

(一) 朱子學論文集

1. 朱杰人主編:《邁入 21 世紀的朱子學:紀念朱熹誕辰 870 週年、逝世 800 週年論文集》,上海:華東師範大學出版社,2001 年。

2. 朱杰人、嚴文儒主編:《《朱子全書》與朱子學——2003 年國際學術討論會論文集》,上海:華東師範大學出版社,2004 年。

3. 杜保瑞主編:《哲學與文化:朱熹哲學專題》,臺北市:哲學與文化月刊出版,2005 年。

4. 楊儒賓主編:《朱子學的開展——東亞篇》,臺北市:漢學研究中心,2002 年。

5. 鍾彩鈞主編:《朱子學的開展——學術篇》,臺北市:漢學研究中心,2002 年。

6. 鍾彩鈞主編:《國際朱子學會議論文集》,臺北市:中研院文哲所,1993 年。

（二）論文集單篇文章

1. 白奚：〈二程與朱子對「仁」的詮釋及其思想史意義〉，黃俊傑編：《中日《四書》詮釋傳統初探（上）》（臺北市：臺大出版中心，2004 年 8 月初版），頁 237～259。

2. 牟宗三：〈研究中國哲學之文獻途徑〉，《牟宗三先生全集》（臺北市：聯合報系文化基金會出版，2003 年）第 27 冊《牟宗三先生晚期文集》，頁 329～347。

3. 古清美：〈從《近思錄》看北宋理學中幾個重要觀念與易卦的關係〉，《慧菴存稿》（臺北市：大安出版社，2004 年），頁 1～39。

4. 任文利：〈朱熹對程顥《定性書》的詮釋——兼談生活體驗與語言分解〉，趙金昭主編：《二程洛學與實學研究》（北京：學苑出版社，2005 年 4 月一版一刷），頁 197～208。

5. 李清良：〈朱子對理解之蔽的認識——兼論中西闡釋理論的一項本質差別〉，黃俊傑編：《中日《四書》詮釋傳統初探（下）》（臺北市：臺大出版中心，2004 年），頁 453～474。

6. （韓）金忠烈：〈張橫渠“心統性情”說直解〉，趙吉惠、劉學智主編：《張載關學與南冥學研究》（北京市：社會科學文獻出版社，2004 年）

7. 林月惠：〈朱子與劉蕺山對《中庸》首章的詮釋〉，楊儒賓主編：《朱子學的開展——東亞篇》（臺北市：漢學研究中心，2002 年），頁 125～183。

8. 林月惠：〈中韓儒學的「情」——以朱子與李退溪爲例〉，高明士編：《東亞文化圈的形成與發展：儒家思想篇》（臺北市：臺大出版中心，2005 年）

9. 邵東方：〈朱子讀書解經之詮釋學分析——與伽達默爾之比較〉，鍾彩鈞編：《朱子學的開展——學術篇》（臺北市：漢學研究中心，2002 年），頁 69～93。

10. 范立舟：〈二十世紀中國大陸的宋明理學研究與新課題〉，《中國文哲研究通訊》第十卷第三期（2000.09），頁 263～291。

11. 洪漢鼎：〈從詮釋學看中國傳統哲學：「理一而分殊」命題的意義變遷〉，黃俊傑編：《中國經典詮釋傳統：通論篇》（臺北市：喜馬拉雅基金會，2001 年），頁 367～402。

12. 陳立勝：〈朱子讀書法：詮釋與詮釋之外〉，李明輝編：《儒家經典詮釋方法》（臺北市：喜馬拉雅基金會發行，2003 年），頁 207～234。

13. 陳榮開：〈朱子《中庸》首章說試釋〉，黃清連編：《結網集》（臺北：東大圖書公司，1998 年），頁 407～488。

14. 黃俊傑：〈從朱子《孟子集註》看中國學術史上的注疏傳統〉，《儒學傳統與文化創新》（臺北市：東大圖書公司，1983 年），頁 43～73。

15. 黃俊傑：〈思想史方法論的兩個側面〉，黃俊傑編譯：《史學方法論叢》（臺

北：臺灣學生書局，1981 年，增訂再版），頁 243～301。

16. 張亨：〈《定性書》在中國思想史上的意義〉，《思文之際論集——儒道思想的現代詮釋》（台北：允晨文化，1997 年），頁 407～468。

17. 張亨：〈張橫渠的工夫歷程與實際〉，台大中研所主編：《宋代文學與思想》（臺北市：臺灣學生書局，1989 年），頁 749～767。

18. 張崑將：〈朱子對《論語·顏淵》「克己復禮」章的詮釋及其繼起爭議〉，黃俊傑編：《中日《四書》詮釋傳統初探（上）》（臺北市：臺大出版中心，2004 年 8 月初版），頁 159～211。

19. 郭曉東：〈論朱子在對《中庸》的詮釋過程中受呂與叔的影響及其對呂氏的批評〉，黃俊傑編：《中日《四書》詮釋傳統初探（下）》（台北市：台大出版中心，2004 年），頁 293～324。

20. 楊祖漢：〈胡五峰之體用論與朱子「中和舊說」的關係〉，編輯小組編：《含章光化——戴璉璋先生七秩哲誕論文集》（臺北市：里仁書局，2002 年），頁 21～57。

21. 楊祖漢：〈朱子對孟子的詮釋〉，黃俊傑主編：《孟子思想的歷史發展》（臺北：中央研究院文哲研究所籌備處，1995 年），頁 129～152。

22. 楊儒賓：〈一陽來復——《易經·復卦》與理學家對先天氣的追求〉，楊儒賓、祝平次編：《儒家的氣論與工夫論》（臺北市：臺大出版中心，2005 年）

23. 楊儒賓：〈《中庸》、《大學》變成經典的歷程〉，李明輝編：《中國經典詮釋傳統：儒學篇》（臺北市：喜馬拉雅基金會，2002 年），頁 113～157。

24. 楊儒賓：〈水月與記籍：理學家如何詮釋經典〉，李明輝編：《中國經典詮釋傳統：儒學篇》（臺北市：喜馬拉雅基金會，2002 年），頁 159～192。

25. 楊儒賓：〈人倫與天理——伊藤仁齋與朱子的求道歷程〉，黃俊傑編：《儒家思想在現代東亞：日本篇》（臺北市：中國文哲籌備處，2000 年），頁 87～134。

26. 鄭宗義：〈論朱子對經典詮釋的看法〉，鍾彩鈞編：《朱子學的開展——學術篇》（臺北市：漢學研究中心，2002 年），頁 95～127。

27. 鄭宗義：〈大陸學者的宋明理學研究〉，劉述先主編：《儒家思想在現代東亞：中國大陸與臺灣篇》（臺北市：中研院文哲所籌備處，2000 年），頁 123～159。

28. 潘玉愛：〈論錢穆與牟宗三對朱子中和說的研究〉，2005 年「錢穆先生思想研究論文發表會」論文集，頁 323～335。

29. 潘德榮：〈閱讀與理解：朱子與施萊爾馬赫詮釋思想之比較〉，黃俊傑編：《中日《四書》詮釋傳統初探（下）》（臺北市：臺大出版中心，2004 年），頁 435～452。

30. 鍾彩鈞：〈現代日本學者有關中國朱子學研究之概況〉，黃俊傑主編：《儒家思想在現代東亞：日本篇》（臺北市：中研院文哲所籌備處，2000 年），頁 333～379。

（三）期刊

1. 李紀祥：〈《近思錄》之「錄」與《傳習錄》之「錄」〉，《人文學報》第廿、廿一期合刊（2000.06），頁 55～95。

2. （美）包弼德：〈對余英時宋代道學研究方法的一點反思〉，《世紀哲學》第四期（2004 年），頁 92～102。

3. （日）佐藤仁著，盧瑞容譯：〈朱子的仁說〉，《史學評論》第五期（1983.01），頁 115～131。

4. （美）狄百瑞著，蕭衛儀譯：〈朱熹與《中庸》〉，《朱子學刊》總第二輯（1990），頁 8～19。

5. 杜保瑞：〈朱熹哲學研究進路〉，《哲學與文化》第卅二卷第七期（2005.07），頁 93～109。

6. 東方朔：〈上達體悟與下學窮理——朱子、南軒仁說之辨所表達的工夫方向〉，《世界中國哲學學報》第六期（2002.01）頁 82～106。

7. 林月惠：〈宋儒對於「仁」的詮釋——以《論語》「觀過，斯知仁矣」爲例〉，《鵝湖學誌》第二十六期（2001.06），頁 35～66。

8. 林安梧：〈我對朱子哲學的一些看法〉，華梵大學哲學系主辦：「第八屆儒佛會通暨文化哲學學術研討會」（2005.03），
http://www.hfu.edu.tw/~lbc/BC/8th/pdff/8.pdf。

9. 高柏園：〈論唐君毅先生對二程理學之理解態度（上）〉，《鵝湖》第二八卷一一期（2003.05），頁 33～40。

10. 高柏園：〈論唐君毅先生對二程理學之理解態度（下）〉，《鵝湖》第二八卷一二期（2003.06），頁 15～22。

11. 高柏園：〈論唐君毅與牟宗三對朱子思想之理解態度〉，
http://www.hfu.edu.tw/~lbc/BC/4TH/BC0432.HTM。

12. 柳秀英：〈張載「太虛即氣」詮釋異說研究〉，《美和技術學院學報》第二十一期（2002 年），頁 78～93。

13. 黃俊傑：〈從孟子集註看朱子思想中舊學與新知的融會〉，《史學評論》第五期（1983.01），頁 251～276。

14. 陳來：〈從「思想世界」到「歷史世界」〉，《二十一世紀》第七九期（2003.10），頁 130～139。

15. 陳立驤：〈張載天道論性格之衡定〉，《鵝湖》第二六卷十一期（2001.05），頁 44～53。

16. 陳代湘：〈論錢穆與牟宗三對朱子中和學說的研究〉，《泉州師範學院學報》第 20 卷第 1 期（2002.01），頁 97～100。

17. 彭國翔：〈20 世紀宋明理學研究的回顧與前瞻（上）（下）〉，《哲學動態》（2003 年第 4、5 期），頁 41～44、38～40。

18. 楊祖漢：〈朱子「中和說」中的工夫論新詮〉，《朱子學刊》創刊號（2004.11），頁 14～24。

19. 楊儒賓：〈宋儒的靜坐說〉，《台灣哲學研究》第四期（2004.03），頁 39～86。

20. 楊儒賓：〈變化氣質、養氣與觀聖賢氣象〉，《漢學研究》第 19 卷第 1 期（2001.06），頁 103～135。

21. 楊儒賓：〈論「觀喜怒哀樂未發前氣象」〉，《中國文哲研究通訊》第 15 卷第 3 期（2005.09），頁 33～74。

22. 楊儒賓：〈戰後臺灣的朱子學研究〉，《漢學研究通訊》第 19 卷第 4 期（2000.11），頁 572～580。

23. 楊儒賓：〈如果再迴轉一次「哥白尼的迴轉」〉，《當代》第一九五期（2003.11），頁 125～141。

24. 楊儒賓：〈我們需要更多典範的轉移〉，《當代》第一九八期（2004.02），頁 97～105。

25. 鍾彩鈞：〈二程心性說析論〉，《中國文哲研究集刊》創刊號（1991.03），頁 413～450。

26. 鍾彩鈞：〈二程本體論要旨探究〉，《中國文哲研究集刊》第二期（1992.03），頁 385～421。

27. 鍾彩鈞：〈二程道德論與工夫論述要〉，《中國文哲研究集刊》第四期（1994.03），頁 441～475。

28. 葛兆光：〈拆了門檻便無內外：在政治、思想與社會史之間〉，《當代》第一九八期（2004.02），頁 86～96。

29. 葛兆光：〈回到歷史場景：從宋人兩個說法看哲學史與思想史之分野〉，《河北學刊》第 24 卷第 4 期（2004.07），頁 19～23。